教育部人文社会科学研究青年基金项目资助（12YJC880025）

浙江省社科规划课题成果（12JCJY10YB）

# 英国教育福利政策研究

何伟强 著

中国社会科学出版社

**图书在版编目(CIP)数据**

英国教育福利政策研究/何伟强著.—北京：中国社会科学出版社，2016.10
ISBN 978-7-5161-7645-0

Ⅰ.①英… Ⅱ.①何… Ⅲ.①教育政策—福利政策—研究—英国
Ⅳ.①G556.10

中国版本图书馆CIP数据核字(2016)第032711号

出 版 人 赵剑英
责任编辑 陈雅慧
责任校对 黎玲玲
责任印制 戴 宽

出　　版 中国社会科学出版社
社　　址 北京鼓楼西大街甲158号
邮　　编 100720
网　　址 http://www.csspw.cn
发 行 部 010-84083685
门 市 部 010-84029450
经　　销 新华书店及其他书店

印　　刷 北京金瀑印刷有限责任公司
装　　订 廊坊市广阳区广增装订厂
版　　次 2016年10月第1版
印　　次 2016年10月第1次印刷

开　　本 710×1000 1/16
印　　张 13
插　　页 2
字　　数 206千字
定　　价 50.00元

# 目　录

# 第一章　导论

## 第一节　关于论题的说明

### 一　选题的缘起及意义

（一）选题缘起

在社会转型过程当中，贫富阶层分化、贫困代际传递等社会问题日益凸现，如何破解类似社会难题，是摆在世界各国政府面前的艰巨任务，对于我国而言亦是如此。当前，注重“社会公平”成为我国社会福利政策的核心价值诉求，教育福利政策作为社会福利政策的重要一环，在社会各个领域发挥着重要的调节和整合功能，在促进社会公平、破解贫困难题、提升人民福祉等方面发挥着特殊作用。《国家中长期教育改革和发展规划纲要（2010—2020年）》明确将“促进公平”作为今后10年我国教育改革的5大工作方针之一，它确立的一大战略目标是：“形成惠及全民的公平教育。坚持教育的公益性和普惠性，保障公民依法享有接受良好教育的机会。建成覆盖城乡的基本公共教育服务体系，逐步实现基本公共教育服务均等化，缩小区域差距。努力办好每一所学校，教好每一个学生，不让一个学生因家庭经济困难而失学。切实解决进城务工人员子女平等接受义务教育问题。保障残疾人受教育权利。”可见，鉴于社会转型时期某些地区出现“义务教育不义务，教育福利无福利”的尴尬局面，以及其他种种教育不公平现实状况，我国政府已经表现出发展公共教育福利事业的负责任态度。随着“服务型政府”“大社会”“善治”等理念为越来越多的社会人士所认识，发展教育福利事业的主导力量光靠“国家角色”是否足够？教育福利政策的价值取向究竟该如何定位？教育福利在破解家庭贫困代际传递与实现社会公平方面到底是怎样发挥作用的？这一系列问题需要我们予以回答，于是关于教育福利政策的研究似乎显得颇为紧要了。

英国作为举世公认的福利国家代表之一，其在二战以后十分重视教育福利事业的发展，其教育福利政策在福利国家现代化进程中经历了几番调整与变革，积累了不少可资借鉴的经验。英国的福利国家现代化之路先后经历了“经典福利国家→福利国家紧缩→社会投资国家”的发展，伴随着这一历程，英国政府的社会福利观念相应经历了“普惠型福利→选择型福利→混合平衡型福利”的转变，其教育政策伦理观基本取向也相应经历了“社会共同善优先取向→个体权利优先取向→社会共同善与个体权利平衡取向”的变革。与此发展路径类似，我国从计划经济向市场经济的转型过程中，政府的社会福利观念逐渐从“普惠型福利”转向“选择型福利”、“混合平衡型福利”，教育政策伦理观基本取向也逐渐从“社会共同善优先取向”向着“个体权利优先取向”、“社会共同善与个体权利并重取向”转变。从英国教育福利政策变革进程中汲取可资借鉴的经验，对我国确立有关教育福利政策，进行有关教育福利改革有着重要意义。

（二）研究意义

1. 理论意义

“教育福利政策”是一个较新的研究领域，它涉及教育政策学与福利社会学等多个交叉学科。本书拟以“英国”为研究个案，遵循历时态的分析思路，对英国福利国家现代化进程中的教育福利政策变革状况进行系统深入的研究，相关研究成果将有助于丰富教育政策学、比较教育学、福利社会学等有关学科的理论知识。

2. 实践意义

“教育福利政策”的宗旨在于维护和保障公民的受教育权利，促进教育公平进而深刻影响社会生活的其他领域，推动社会协调全面发展。英国是世界上公认的社会福利制度典范国家，本书拟通过对二战结束以来英国教育福利政策演变的综合分析，展现英国在处理教育公平问题上积累的经验与教训，其对于当前我国城市化进程中的教育福利改革实践具有重要的借鉴意义。

## 二 国内外相关研究状况

“英国”一直是教育学、社会学等学术领域重点关注的国家。多年来，国内外已经累积了不少与本研究相关的研究成果。概括地说，其大致可以分为以下三大类：

（一）关于英国福利国家制度与社会政策方面的研究

英国著名的社会学家 T. H. 马歇尔（T. H. Marshall）对公民权利与社会福利的研究至今仍有着很大的影响，他于 1949 年在《公民权利与社会阶级》中第一次从社会学的视角系统地梳理了公民权利理论，他将公民权利分为民事权利、政治权利和社会权利三种，认为社会权利是保障性的权利，它关系到人民生活是否能够真正幸福，他的研究为英国建成福利国家制度奠定了重要的理论基础。理查德·蒂特马斯（Richard Titmuss）的研究影响了英国和许多其他国家的社会福利政策研究与发展，其代表作主要有：《福利国家论集》（1958 年）、《福利责任》（1968 年）等，其重要贡献在于提醒人们关注意识形态和价值观念对社会政策的巨大影响作用。1980 年英国学者迈克尔·希尔（Michael Hill）出版了《理解社会政策》，书中对英国的社会政策体系进行了清楚明了的介绍，并作出了充分的评论，从而帮助人们对社会政策有了更好的理解。米什拉的《资本主义社会的福利国家》一书，讨论了发达资本主义国家在福利国家问题上存在的一些差异，尤其讨论了自 20 世纪 70 年代以来涌现出的两种不同的社会政策模式或做法，即新保守主义或新自由主义（市场导向与个人主义）和社会合作主义（政府导向与集体主义）。国内学者陈晓律（1996）的《英国福利制度的由来与发展》堪称我国第一部系统论述英国福利制度的佳作，他对福利国家的本质，产生条件，思想渊源，与古老的济贫制度的联系与区别，建立社会保障制度的过程，福利制度的基本内容，社会各阶层、各政党对该问题的态度，对英国福利制度的评价与发展前景的估计等，都做了系统深入的阐述。周弘（2006）在其《福利国家向何处去》一书中对福利国家的来龙去脉、发生、发展，以及当前趋势和未来走向做了比较系统的论证和分析。孙洁（2008）出版了《英国的政党政治与福利制度》专著，该书从英国政党竞争和政党轮替的角度，分析了二战以来英国社会保障政策与社会福利制度的发展历程，探讨了英国政党政治所包含的一系列重要因素对福利制度的影响，并考察了英国政党轮替对福利政策连续性和有效性的影响。郭静（2010）在其《政党轮替的政策价值：英国社会保障政策的政治分析》专著中，通过观察和分析第二次世界大战后英国执政党在现代社会保障制度发展演变过程中的作用，从中探讨了英国执政党之间出现政策继承现象的政治社会根源。

（二）关于英国教育政策与教育改革方面的研究

关于英国教育政策方面研究的集大成者当属英国伦敦大学的著名教育政策专家克莱德·奇蒂（Clyde Chitty），他在其所著的《英国教育政策》（2004）一书中对1945—2003年英国的教育政策进行了深入研究，全书贯穿了两条明晰的线索：一条是时间线索，在前面几章他分1944—1976年、1976—1997年、1997—2003年三个阶段对英国的有关重要政策进行了梳理；另一条是专题线索，他分“教育私有化”“教育政策变革”“5—14岁课程演进”“14—19岁教育一体化”“高等教育”“早期教育与终生学习”“教育多样性与教育公平”等专题进行了逐一讨论。他还于2009年对此书进行了修订并出版了第二版，在修订版中他将布莱尔第二、三任期的重要教育政策内容给丰富补充进去，同时还适当涉及了布朗政府的教育政策。此外，英国基尔大学的肯·琼斯（Ken Jones）教授在其（2003）所著的《英国教育：1944年至今》一书中从历史角度对二战后到2002年这段时间英国教育改革发展脉络进行了系统梳理，它试图描述与解释英国教育变革与延续的历程以及一直伴随的有关教育争议，它综合运用了经济的、政治的、文化的与社会的教育研究方法。英国著名教育历史学专家德里克·吉拉德（Derek Gillard）对英国从600年到2010年的教育发展进行了历时态研究，并将其所有研究成果公布在个人网站上，其内容仍在不断丰富与更新之中，而且里面还建立了大量政府重要教育政策文本、重要学者的研究文献等相关链接，他为研究英国教育的人们创造了极大便利。许建美（2004）博士在其撰写的《教育政策与两党政治——英国中等教育综合化政策研究》学位论文中围绕英国工党与保守党关于中等教育综合化这一教育政策的争论焦点，着重讨论了英国1918—1979年政党政治在教育政策演变过程中的作用。梁淑红（2008）博士在其《利益的博弈：英国高等教育大众化政策的制定过程研究》学位论文中立足于问题研究，从政策分析的角度，对英国高等教育大众化政策的发展过程进行了深入分析。何伟强（2014）博士在其《英国教育战略研究》专著中讨论了英国新工党1997年执政以来将教育确定为国家优先发展战略的动因，其三届任期内所作的历次教育战略规划的历史演进逻辑，其出台的各级教育子战略运作计划的内容关联，以及政党轮替后英国未来教育政策变革的可能趋势等问题。

（三）关于英国教育福利政策方面的研究

国内外专门针对"英国教育福利政策"方面的研究尚不多见。最具代表性的应数牛津大学的著名教育学专家萨利·汤姆林森（Sally Tomlinson），他先后于2001年、2005年出版了《后福利社会的教育》（*Education in a Post-welfare Society*）第一版与第二版。在此书中，他遵循时间与专题两条线索，先是分1945—1979年、1980—1987年、1988—1994年、1994—1997年、1997—2000年、2000—2005年几个不同历史时期对英国福利国家建成以后工党与保守党的教育政策进行了系统梳理，再分"教育与中产阶级""教育公平""教育与经济"等专题对英国相关教育福利政策进行了综合解读。国内学者陈峥（2011）在其《英国义务教育福利化的历史发展》一文中围绕《1870年初等教育法》《1891年免费教育法》《1918年教育法》《1944年教育法》等重要教育政策法规回溯了英国义务教育福利化的发展历史。

总体而言，国内外相关研究中，有关"教育福利政策"对于促进教育公平、提升教育福祉等方面作用的认识基本一致，但是已有研究关于"英国教育福利政策"的论述大多只是零星出现在"关于英国福利国家制度与社会政策方面的研究"或"关于英国教育政策与教育改革方面的研究"之中，而专门围绕英国教育福利政策、英国教育政策伦理方面展开全面深入的研究成果相对较少。

## 三　研究思路与方法

（一）研究思路

本书总体上遵循历时态的研究思路，分成经典福利国家时期

(1945—1979 年)、福利国家紧缩时期(1979—1997 年)、社会投资国家时期(1997—2010 年)以及卡梅伦政府执政时期(2010 年以来)四个不同历史阶段，分别对各个阶段英国教育福利政策的出台背景、政策内容、价值取向等进行了分析讨论。

(二)研究方法

与上述研究思路相应，本研究一方面采取了历史研究的方法，着重对英国四个特定历史时期的社会主流意识形态、社会福利特点、教育福利政策伦理观基本取向等方面的演进逻辑进行了深入分析；另一方面则采取了文本分析与个案研究的方法，选取了英国福利国家现代化进程中每个历史阶段最具代表性的教育政策法规或典型历史事件作为分析视角，从中剥离出其背后潜藏的政党政治博弈、社会现实背景、政策价值取向等深层意蕴，并对展现英国各个历史时期教育福利政策不同价值取向特点的内容逐一进行政策解读。

## 四　研究目标与内容

(一)研究目标

本书着眼于对英国福利国家现代化进程中的教育福利政策历史演进进行全面分析，挖掘不同历史时期英国政府教育福利政策背后的主导意识形态与核心伦理价值诉求，并论及每个时期英国政府的教育福利改革经验，旨在为我国处理相关问题提供可资借鉴的经验。

(二)研究内容

本研究的主要内容主要包含四个方面：

1. 经典福利国家时期(1945—1979 年)：社会共同善优先伦理观取向的教育福利政策

(1)追溯英国福利国家产生的历史源流，分析《贝弗里奇报告》问世和福利国家制度确立背后的主要思想基础，重点讨论学术界关于贫困问题的认识，以及“费边社会主义”“新的自由主义”“凯恩斯主义”等带有集体主义色彩的社会主流思潮；(2)以《1944 年教育法》作为重点政策分析对象，挖掘其中“社会共同善优先”的教育政策伦理精神，同时围绕“中等教育综合化改革”这一义务教育福利制度变革的焦点事件，展现经典福利国家时期工党和保守党两大主要政党论争博弈以及最终达成“社会民主主义福利共识”的全过程。

2. 福利国家紧缩时期（1979—1997 年）：个体权利优先伦理观取向的教育福利政策

（1）剖析英国福利国家紧缩政治的社会现实背景，重点讨论凯恩斯主义失灵的缘由，以及撒切尔首相领导的保守党政府在“新右派思潮”影响之下，所确立的“个体权利优先”伦理取向、“市场主导型”的社会公共福利治理模式改革；（2）讨论教育领域中的“撒切尔主义”和福利国家紧缩时期保守党政府的教育福利改革举措，同时以《1988 年教育改革法》作为政策分析对象，挖掘其中“个体权利优先”的教育政策伦理精神。

3. 社会投资国家时期（1997—2010 年）：社会共同善与个体权利平衡伦理观取向的教育福利政策

（1）论述英国从福利国家紧缩向社会投资国家转型的社会现实背景，重点讨论布莱尔首相领导的新工党政府在吉登斯的“第三条道路”政治哲学影响下，所确立的社会共同善与个体权利平衡伦理观取向、“市场—政府平衡型”的社会投资国家战略框架；（2）以新工党政府三届任期内出台的一系列重要教育政策文本作为分析对象，挖掘其中的积极福利观念意蕴以及综合取向的教育政策伦理精神，分别梳理出新工党带有“社会共同善”和“个体权利”两种不同伦理观取向的教育福利政策。

4. 卡梅伦政府教育福利政策的发展新动向（2010 年以来）

（1）回顾新工党连续执政 13 年遗留的政治遗产，讨论后金融危机时期英国政府焦头烂额的经济状况，并从 2011 年爆发全球轰动的“青少年社会暴力骚乱”事件管窥英国社会治理的现实伦理困境，如：“大社会，小政府”施政理念与社会贫富分化加剧需要政府有更大作为的矛盾；（2）基于 2010 年英国大选保守党竞选纲领与联合政府施政纲领中的教育政见作为文本分析对象，挖掘其中的教育福利政策伦理意蕴，并讨论卡梅伦政府 2010—2015 年首届任期内的教育福利改革举措，同时基于 2015 年保守党竞选纲领中的教育政见分析，预测英国教育福利政策的可能发展动向。

## 第二节　有关概念的界定

### 一　福利、社会福利与教育福利

（一）福利（welfare）

"福利"一词是从英文"welfare"翻译过来的，它是由英文的"well"和"fare"组合而成的一个复合词，其本义是"美好幸福的生活状况"。它描述的是一种状态，陆谷孙主编的《英汉大词典》对"welfare"的解释是"一种健康、幸福、无拘无束的令人向往的生活状况"[①]。现代意义上的"福利"，通常被视为具体的公共援助或者社会补助项目，是"能给人带来幸福的因素，其中既包含物质的因素，也包含精神和心理的因素"[②]，是"使得人们的身体和头脑都得到自由发展与生活幸福的条件"[③]。福利的来源是多元的，既可以来自个人的劳动所得，也可以来自家庭成员、亲朋好友、社区邻里的相互接济；既可以来自慈善机构的施舍救济，也可以来自国家政府的援助，还可以来自各行业/职业团体的互助活动……它是人们为解决生活问题而有意识地制定的对策和采取的措施。福利的概念视历史与文化的变迁有所变异，但它所涵盖的范围通常包括维持人们基本生活所需的食物、住宅、健康、教育与工作机会等内容[④]。

（二）社会福利（social welfare）

20世纪20年代前后，现代社会学和社会工作学传入中国，"social welfare"一词也就相应地被译成"社会福利"，以后一直沿用至今。社会福利既可以被理解成一个价值观念，也可以被理解成一套具体的社会福利制度；既可以指政府的社会福利政策，也可以指具体的社会福利服务。因而要对"社会福利"下一个确定性的定义是很困难的，更何况它还是一个动态发展的概念，其内涵和外延总是随着社会政治经济环境

---

① 陆谷孙：《英汉大词典》，上海译文出版社1993年版。

② 李琮：《西欧社会保障制度》，中国社会科学出版社1989年版，第145页。

③ 周弘：《福利的解析：来自欧美的启示》，上海远东出版社1998年版，第2页。

④ 闵凡祥：《福利：国家与社会——从英国社会福利观的演变看撒切尔政府社会福利制度改革》，南京大学博士学位论文，2005年，第14页。

的变化而变化。即便如此，从大体上看，国际比较公认的认识是从补缺型、制度型、发展型三个角度，或从狭义和广义两个方面来对其作出解释。

1958 年，哈罗德·威伦斯基（Harold Wilensky）和查理斯·莱博克斯（Charles Lebeaux）在《工业社会与社会福利》（*Industrial Society and Social Welfare*）一书中将社会福利区分成“补缺型福利”（Residual Welfare）和“制度型福利”（Institutional Welfare）两种形态①，此后这也一直成为社会福利研究领域的经典性论述。“补缺型福利”将社会福利看成是一种在常规的社会机制（家庭和市场机制）不能正常运转，或者不能满足一部分社会成员某些较为特殊的社会需求时而采取的应急措施，因此，社会福利的目标被定为“为社会特殊的弱势群体（如穷人、病人、残疾人等）服务”，这是一种带有选择性的社会福利（selective welfare）。“制度型福利”则将社会福利看成是一个社会所必需的重要的社会职责和社会功能，主张以制度化的社会福利体系积极地为全体社会成员和社会群体服务，使每位社会成员和社会群体都获得发展的机会，它把福利的对象从特殊的弱势群体扩大到社会中的全体公民，从而实现了从“补缺型福利”到“普惠型福利”（universal welfare）的转变。

在这一认识基础上，阿尔弗雷德·卡恩（Alfred Kahn）和约翰·罗曼尼斯科因（John Romanyshyn）等学者从更广泛意义上提出了“发展型福利”（developing welfare）概念，他们认为“制度型福利”观点也仅仅是把社会福利作为防止或矫正社会问题的制度，这只是一种消极福利的视角。“发展型福利”则是一种积极福利视角，它主张社会应建立起一套旨在提高人民生活质量和满足人类发展需要的福利制度，而不是仅仅去解决社会问题。1968 年在联合国第一届国际社会福利部长级会议上，最重要的议题就是讨论“发展型社会福利”观念，会议强调了社会福利发展的原则与目的：以提高全民生活水准来加强人类福利；确

---

① Wilensky, Harold L., Lebeaux, Charles N., *Industrial Society and Social Welfare: The impact of Industrialization on the Supply and Organization of Social Welfare Services in the United States*, New York: Russell Sage Foundation, 1958.

保社会正义及公平分配国家的财富；加强人们的能力，以便更好地参与健康、教育和社会发展①。

上述三个角度对社会福利的解释，也可以归结为狭义和广义之区分。狭义的社会福利是指为帮助特殊的社会群体、疗救社会病态而提供的服务。其目的是疗救社会病态，对象是所谓的弱势群体。这种服务在社会生活中的作用是补缺型的，属于“补缺型福利”或“选择型福利”。广义的社会福利是指国家和社会为实现社会福利状态所做的各种制度安排。其目的是促进和实现人类的共同幸福，对象扩大到全体公民，所采取的项目体系也由单纯的社会救济扩大到社会保障或收入保障，包括社会保险和社会救助、医疗服务、教育、住房等项目，这种福利属于“制度型（普惠型）福利”或“发展型福利”②。

（三）教育福利（educational welfare）

教育与福利虽各有其相对独立的政策和制度体系，但二者有着密切联系。表现为：“第一，从目的来看，福利的目的主要是谋求公民生活的充实与提高，而教育无疑是其得以实现的最有效的手段之一。教育的最终目的就是要提高个人乃至人类社会整体的福祉，二者有一定的契合之处。第二，由于一个人接受教育的程度不仅影响到个人的幸福和利益，而且对整个社会的存在方式和状态都有非常重要的作用，因而，教育便成为社会福利的重要方面。第三，教育的功能要求我们必须关注支撑教育的生活基础与条件，这时的社会福利水平又在一定意义上决定了公民个人接受教育的程度。”③ 可以说，“没有福利就没有教育，没有教育就没有福利”④。特别是社会弱势群体的受教育问题，更是天然地与福利问题联系在一起。

教育福利是社会福利的重要组成部分之一，因而我们同样可以按照定义“社会福利”概念的方式，分狭义和广义两个方面来对“教育福利”概念作出解释。“从狭义的社会福利出发，教育福利是指处于社会

---

① 范斌：《福利社会学》，社会科学文献出版社 2006 年版，第 16 页。

② 尚晓援：《“社会福利”与“社会保障”再认识》，《中国社会科学》2001 年第 3 期，第 113—121 页。

③ 尹力：《多元化教育福利制度构想》，《中国教育学刊》2009 年第 3 期，第 37 页。

④ ［日］小川利夫：《教育福祉的基本问题》，（日本）劲草书房 1985 年版，第 2 页。

不利地位儿童的受教育权、学习权保障问题，也就是我们通常所说的社会弱势群体的受教育权利保障问题，其对象是处于不利地位的公民。若从广义的社会福利定义出发，我们还可以得出广义的教育福利的内涵，意即所有公民的受教育权保障问题，旨在通过各种制度安排保障公民享受到令人满意的、好的教育，其对象是所有公民。”① 前者属于“选择型（或补缺型）教育福利”，是基于事实上的教育不公平状态和促进教育的整体效用考虑，倾斜性地为某些因自身障碍或缺乏经济、政治、社会机会而在社会上处于不利地位的弱势群体提供福利服务，保障其受教育权利落到实处。后者属于“普惠型（或制度型、发展型）教育福利”，强调所有社会成员都有权享有一定年限或某种类型的教育，并通过一定的制度设计维护其受教育的权利或机会②。

## 二　社会政策与社会福利政策

（一）社会政策（social policy）

“社会政策”概念一般被认为是由德国社会政策学领域的著名学者阿道夫·瓦格纳（Adolph Wagner）最早提出的。1891 年，瓦格纳在其发表的《社会政策、财政政策和租税政策》一文中对社会政策概念下了明确的定义，“所谓社会政策，就是要把分配过程中的各种弊害，采取立法及行政手段，以争取公平为目的而加以清除的国家政策”③。从这一定义中，我们可以对社会政策作三个方面的理解：（1）社会政策是一种国家或政府实施的政策；（2）社会政策是一种具有再分配性质的政府干预行为；（3）社会政策以促进社会公平为目的④。之后，许多英国学者受到费边社会思想观念的影响，开始将社会福利与社会服务的概念融入对社会政策的理解之中。其中，英国社会政策学的鼻祖 T. H. 马歇尔（T. H. Marshall）认为：“社会政策是指政府所采取的一系列通过提供服务或资金，来直接影响公民福利的行动。其核心内容包括社会

① 尹力：《多元化教育福利制度构想》，《中国教育学刊》2009 年第 3 期，第 37 页。

② 吴至翔、刘海湘：《我国教育福利政策的功能与价值分析》，《福建省社会主义学院学报》2009 年第 1 期，第 86 页。

③ 转引自何子英《社会政策》，中国人民大学出版社 2012 年版，第 13 页。

④ 何子英：《社会政策》，中国人民大学出版社 2012 年版，第 24 页。

保险、公共（国家）救助、卫生福利服务以及住房政策。”① 马歇尔不仅再次肯定了社会政策是一种国家或政府行为，而且将这种行为目标从瓦格纳的“促进社会公平”拓展到了“影响公民福利”，这对后来的社会政策学者产生了深刻影响，而“福利”也逐渐成为社会政策研究关注的核心概念。英国社会政策学的另一重要代表人物理查德·蒂特马斯（Richard Titmuss）在其 1963 年发表的《福利的社会政策分类》一文中，将福利区分为社会福利（国家福利）、财政福利和职业福利三个方面②。这里的“社会福利就是指社会服务，或那些直接公共服务（如教育和健康照料）和直接现金给付（如退休金和养老金）；财政福利指具有明确社会目标的特别减税和退税措施；职业福利指与就业或缴费记录有关的由企业提供的各种内部福利”③。蒂特马斯对社会政策学的主要贡献在于，他“将影响公民福利的主体或制度从传统的政府‘单中心’引向了市场部门和社会组织”④。其观点也为 20 世纪 80 年代兴起的福利多元主义奠定了重要的思想基础。当代英国著名的社会政策学者迈克尔·希尔（Michael Hill）在其所著的《理解社会政策》一书中简洁地定义说“社会政策这个一般性的表达方式主要是用来界定与公民福利有关的国家所起的作用，是‘影响福利的政策行为’或‘影响公共福利的国家行为’”⑤。在他看来，社会政策是影响公民福利的“社会性”公共政策，其范围包括就业、社会保障、医疗卫生、教育、住房及个人社会服务等⑥。

（二）社会福利政策（social welfare policy）

在社会政策研究中，社会福利政策常常是一个能与社会政策交替使用的概念。特别是从广义上来讲，社会福利政策与社会政策基本同义，

---

① T. H. Marshall, *Social Policy*, London: Hutchinson University Press, 1965, p. 7.

② R. M. Titmuss, *Essays on "The Welfare State"*, 2nd ed., London: Allen & Unwin, 1958, p. 42.

③ 黄晨熹：《社会政策》，华东理工大学出版社 2008 年版，第 6 页。

④ 林卡、陈梦雅：《社会政策的理论和研究范式》，中国劳动社会保障出版社 2008 年版，第 15 页。

⑤ Michael Hill, *Understanding Social Policy*, 6th ed., London: Blackwell Publishers Ltd., 2000. pp. 1 – 2.

⑥ ［英］迈克尔·希尔：《理解社会政策》，商务印书馆 2003 年版，第 15 页。

它指的是“政府选择作为或不作为，并因而影响其人民的生活质量的任何事情。它包括了几乎所有政府所做的事情——从税收、国防和能源保护，到健康照顾、住房和公共救助”①。但如果从严格意义上加以区分，那么“社会政策概念相对而言更具抽象性和总括性，而社会福利政策概念则突出的是社会政策的具体性和项目性，是政府出台实施的所有关于社会福利的立法、制度、政策、项目的总和”②。

## 三　教育政策与教育福利政策

### （一）教育政策（educational policy）

“教育政策”是隶属于“社会政策”的子概念之一，因而我们可以将关于社会政策的理解迁移到关于教育政策的认识上来，当然教育政策也具有它自身的特殊性和相对独立性，我们有必要从学理上厘定“教育政策”这一概念。在国内外诸多关于教育政策的概念界定上，国内著名学者孙绵涛教授的观点比较有代表性。他认为，“教育政策是一种有目的、有组织的动态发展过程，是政党、政府等政治实体在一定历史时期，为了实现一定的教育目标和任务而协调教育的内外关系所规定的行动依据和准则”③。从这一界定中，我们可以对教育政策作三个方面的理解：（1）教育政策是动态发展过程，言下之意不同历史时期的教育政策是有所变动的。（2）教育政策是一种政党、政府等政治实体实施的政策，因而政治实体的政治意识形态与教育政策的价值取向密切关联。（3）教育政策是一种有目的、有组织的行动依据和准则，它规定着教育事业可能有的行动方式和发展方向。

### （二）教育福利政策（educational welfare policy）

在国内，“教育福利政策”的提法并不流行，与此相近的概念有“教育资助政策”“教育救助政策”等。但是，采用“资助”或“救助”的概念表述，强调的往往是经济援助或某一方面的教育扶助举措，其背后逻辑更多体现为一种救济施舍而非公共教育服务的责任担当，这

① ［美］戴安娜·M. 迪尼托：《社会福利：政治与公共政策》（第五版），何敬、葛其伟译，中国人民大学出版社 2007 年版，第 2 页。

② 何子英：《社会政策》，中国人民大学出版社 2012 年版，第 30 页。

③ 孙绵涛：《教育政策学》，武汉工业大学出版社 1997 年版，第 8 页。

是一种基于“选择型（或补缺型）”教育福利观念的狭义理解，它不足以涵盖教育福利政策的核心要义。

刘世清博士把教育政策看作是“关于教育机会、教育资源分配或调整的规定和规则，直接关系到受教育者群体的利益”①。从这一意义上理解，“教育政策”亦即“教育福利政策”，因为“教育政策”本身关乎受教育者群体的福祉利益。如果非要专门下一个定义，“所谓教育福利政策是指国家和社会针对具有普遍意义的教育公平问题，为调节和满足社会或特定群体的教育需求，提升其教育福祉，通过一定的决策程序，制定并颁布实施的系列法律、条例、措施和办法的总称”②。这是一种基于“普惠型（或制度型、发展型）”教育福利观念的广义理解。事实上，教育福利政策安排既有普惠发展的价值作用，也有救济补缺的功能体现。它兼具普惠性和补缺性的双重特征：一方面，它需要设法满足全体社会公民的基本教育需求（如义务教育福利政策）；另一方面，它又需要调节特定社会群体的特殊教育需求（如针对贫困儿童、残疾儿童等特殊儿童的特殊教育福利政策）。本书所使用的教育福利政策概念正是广义上的理解，在分析英国某个特定历史时期的教育福利政策过程中，我们会同时兼顾到上述两个方面。

### 四　教育福利政策伦理观取向

教育福利政策是动态发展的，倘若就英国某个特定历史时期的横断面而言，由于社会经济背景的变化，主要政党执政理念和主流意识形态的差异，其教育福利政策所呈现出来的侧重点会有所不同。特别是在处理不同群体的教育利益关系上，是平等对待还是区别对待来自不同社会阶层成员的教育利益需求，是教育福利政策制定过程中无法回避的基本问题。这里就涉及一个教育福利政策伦理观取向问题。

“公正（justice）”是伦理学关注的基本问题，“对于教育政策而言，公正或正义理应成为基本的伦理诉求，尤其是在现代社会，公正的

---

①　刘世清：《教育政策伦理》，上海教育出版社2010年版，第2页。

②　吴至翔、刘海湘：《我国教育福利政策的功能与价值分析》，《福建省社会主义学院学报》2009年第1期，第86页。

教育制度设计与教育政策安排不仅直接影响受教育者能够享受的公共教育资源与教育机会，而且对于保护弱势群体的教育利益，阻止少数‘特权阶层’不正当地占有大量教育资源，促进社会平等与良序发展，都具有重要现实意义。”① 对于公正的认识，伦理学界观点不一，但是概括地说不外乎以下三种观点取向：

第一，“社会共同善优先”伦理观取向。“社会共同善优先”伦理观取向的教育福利政策更加强调“国家责任”，倡导政府主导，崇尚“公平优先，兼顾效率”的伦理价值原则，它以满足最大多数人的基本教育需求，亦即实现“社会共同善”（the common good）——普惠型的教育福利作为重要价值旨归。

第二，“个体权利优先”伦理观取向。“个体权利优先”伦理观取向的教育福利政策更加强调“国民权利”，倡导市场主导，崇尚“效率优先，兼顾公平”的伦理价值原则，它以满足不同个体的特殊教育需求，亦即实现“个体自由发展”——选择型的福利作为重要价值旨归。

第三，“社会共同善与个体权利平衡”伦理观取向。“社会共同善与个体权利平衡”伦理观取向的教育福利政策认为“国家责任”与“国民权利”这两大社会政策的理论基石应当并重，倡导政府和市场“两条腿”走路，崇尚“公平与效率平衡”的伦理价值原则，它以既满足最大多数人的基本教育需求，又满足不同个体的特殊教育需求，亦即实现“社会总体公平”和“个体相对自由平等”——混合平衡型的福利作为重要价值旨归。

英国在战后福利国家现代化进程中，其不同历史阶段的教育福利政策所呈现出的伦理观取向是不同的，在后面章节中我们将详细地加以讨论。

① 刘世清：《教育政策伦理》，上海教育出版社 2010 年版，第 152 页。

# 第二章　经典福利国家时期（1945—1979年）

## ——社会共同善优先伦理观取向的教育福利政策

“经典福利国家”（classic welfare state）这一概念最初是由安妮·迪格比（Anne Digby）提出的，它常常用以指称1945年至20世纪70年代这一段时期的福利国家。“1945年、1979年、1997年这三个年份非常重要，它们既是政党政治发展过程的重要标志，也是社会保障制度演变过程的里程碑。”① 出于研究的需要，本书将1945—1979年这段时期统称为“经典福利国家时期”。1945年大选，工党第一次取得了压倒性胜利，二战后第一任首相克莱门特·理查德·艾德礼（Clement Richard Attlee）领导的工党政府，在凯恩斯主义经济学的影响下采纳了贝弗里奇的社会福利主张，不仅建立起福利国家，也在很大程度上改变了保守党的信仰，两大主要政党渐渐达成了第一次社会福利共识，开始进入长达30余年的福利国家发展“黄金时代”。

## 第一节　从多元民间救助福利到福利国家制度的确立

### 一　历史追溯：1945年以前的多元民间救助福利格局

英国早期的社会福利供给并不是一种国家行为，其来源是多元化的、非正式的。长期以来，英国政府将古典自由主义哲学奉为圭臬，认为“政府是守夜人”“管得最少的政府是最好的政府”，因而政府在社

---

① 孙洁：《英国的政党政治与福利制度》，商务印书馆2008年版，第1页。

会福利供给上一直扮演着“局外人”（Outer）的角色。社会福利服务通常被认为更多的是民间力量考虑的事情，“家庭、社区、教会、行会、工人互助组织和慈善团体都是人们获取社会福利服务的重要来源与渠道，它们为其成员在日常生活上给予一定照顾并在其遭逢危困时提供一些特殊帮助以帮他们渡过暂时的困难”①。

（一）传统的多元民间救助力量

1. 个人自助与家庭、亲友和邻里的互助

个人自助一直是英国社会福利领域的重要传统。这种自助传统的基本观点是：“社会的发展和进步最终不是依靠集体的行为，也不是依靠议会的立法，而是依靠自助实践的发扬和扩大。”② 所以，在社会活动中每个人都需要努力寻找自力更生的方式和手段。不论是农业社会，还是工业社会，抑或是今天，个人自助都是英国社会所极力倡导的生存方式。在农业社会，普通劳动者所赖以生存的主要是土地资源。每个劳动者都必须通过自己的辛勤耕耘来换取基本生活的物质。进入工业社会之后，普通民众失去了农业时代赖以生存的土地资源，出卖劳动力成为其生活的唯一途径。每个家庭成员都必须尽力通过从事力所能及的劳动，来赚取维持生计的基本费用，尤其是那些多子女家庭、父亲是非技术工人的家庭以及有病人的家庭更是如此，从而避免陷入极度贫困的危机之中。所以，在英国进入工业社会之后的一段很长时期里，人们最基本的生存方式还是自助。“特别是到 19 世纪，自助更是成为英国社会的重要美德和最受欢迎的座右铭。它不仅成为英国政府制定社会政策的根本出发点，而且是各种团体机构活动的一个基本准则，成为英国社会的一个重要标志。一直到今天，英国社会对自助行为仍赞赏有加。”③

除了个人自助之外，家庭、亲友和邻里间的互助也是英国早期社会福利供给的一种原始而朴素的形式。“古代社会属于‘礼俗社会’，它是亲密的、传统的、持久的，并建立在非正式的关系上。‘礼俗社会’

---

① 闵凡祥：《福利：国家与社会——从英国社会福利观的演变看撒切尔政府社会福利制度改革》，南京大学博士学位论文，2005 年，第 21 页。

② Asa Briggs, Samuel Smiles, “The Gospel of Self-help”, *History Today*, Vol. 37, 1987, p. 36.

③ 陈晓律等：《英国发展的历史轨迹》，南京大学出版社 2009 年版，第 276 页。

的核心是亲属、邻居和友谊。这三种关系构成了社会生活或活动的准则。"[①]"家庭和邻里是一种具有亲密人际关系的社会组织。家庭和亲友关系带有情感色彩，其成员在共同的生活中相互帮助，在感情上相互慰藉和支持。家庭是关系到每个人的生命健康和幸福的初级群体，它为每个人提供福利、情感支持、自我价值的实现、社会安全等保障。事实证明，家庭、亲友和邻里所提供的各种支持，无论对个人的健康成长，还是对社会的稳定与和谐都发挥不可或缺的作用。"[②]

2. 行会、友谊会、工会、合作社等组织化的互助

传统社会中较早出现的另一支民间救助力量是行会、友谊会、工会、合作社等组织化的互助。行会组织出现于中世纪城市复兴之时，并一直延续到18世纪末。它除具有经济职能外，还具有社会救济职能。它不仅保障本行会成员的工资收入，而且对行会成员的生、老、病、死都给予一定的帮助，为成员提供一种安全感和基本的生活保障。法国著名社会学家埃米尔·迪尔凯姆指出，传统的行会组织具有一种道德力量，"它遏制了个人利己主义的膨胀，培植了劳动者对团结互助的极大热情，防止了工业和商业关系中强权法则的肆意横行"[③]，它为行会组织中的穷人成员提供基本的福利保障，并把大家紧密地团结在一起，形成共同生活的联合体。

工业革命诞生之后，英国的各行各业都迅速发展起来，与之伴随的是出现了一个庞大的工人阶级。"互助在工人层内更加流行，友谊会、工会、合作社是他们互助的三种主要形式。"[④] 友谊会大致于17世纪末18世纪初出现在英格兰的北部和西部等工业发达地区，其成员在自愿基础上定期交纳会费后，即可在遭遇到不测（如失业、疾病、年老、死亡等）时，向友谊会提出救助申请，协会和其他会员就

---

① ［德］费迪南·滕尼斯：《礼俗社会与法理社会》，商务印书馆1999年版，转引自［美］马克·赫特尔《变动中的家庭——跨文化的透视》，宋践、李茹等译，浙江人民出版社1988年版，第68页。

② 丰华琴：《从混合福利到公共治理——英国个人社会服务的源起与演变》，中国社会科学出版社2010年版，第30页。

③ ［法］埃米尔·迪尔凯姆：《社会分工论》，渠东译，生活·读书·新知三联书店2000年版，第22页。

④ 陈晓律等：《英国发展的历史轨迹》，南京大学出版社2009年版，第276页。

有义务为其提供必要的福利救助。除友谊会外，工会在组织工人运动、争取工人权益的同时也承担了很大程度的集体福利事业，其重在协调劳资之间的关系、确定劳动条件，提高工人福利，会员限定在某种特定的职业上。合作社是 19 世纪 20、30 年代的“合作运动”（co-operative movement）的产物，多以社员集股形式建立。这种互助形式一般不涉及对成员的救济问题，但其成员可以从中得到一种工资外的福利。它包括消费性与生产性两类合作社，社员既能满足对商品的需要，又能按股分红。

3. 教会救济和社会慈善救助

教会一直是英国社会的重要救助力量，它不仅为贫困者提供物质支持，而且为其提供基本的生活指导，帮助他们挺过难关。基督教的博爱观念和救赎理念使教会成为救济任务的重要承担者。宗教法规明确规定，照顾穷人是神职人员的重要责任。教会向穷人提供膳食、衣物、药物、教育等社会福利救助。个体也向教会捐赠财物，甚至将死后所有财产都遗赠给教会，由教会来统一组织救济。英国宗教改革后，大量修道院被解散，教会财产被没收，其社会救助力量也渐渐受到削弱，其原有的救济责任在很大程度上由慈善和政府承担起来。

宗教改革后，教会无力承担起以往的社会责任，而正在进行工业化的国家，对社会问题基本采取不干涉政策，于是社会责任便落到了慈善头上。与社会巨变一致，慈善活动也开始了重要的转型，并成为 19 世纪社会救助的主要力量。需要指出的是，工业革命中，中产阶级凭借自己的奋斗与勤俭积累了雄厚的财富，成为社会中新兴的富有阶层，原有的贵族阶层却在逐渐衰弱。中产阶级认为贫困是由个人懒惰、不节俭造成的，而与社会制度无关。因而中产阶级不像以往的个人一样采取死后遗赠的方式行善，而更多的是在现世中行善，以个人的形式展开活动。慈善逐渐由以往的教会行为变成个人行为，世俗慈善在很大程度上取代了以往的教会慈善。这种世俗慈善也由最初分散的个人活动逐步发展到有组织的集体行为，科学的工作方法被引入，慈善活动出现了职业化的特点①。

---

① 陈晓律等：《英国发展的历史轨迹》，南京大学出版社 2009 年版，第 278—280 页。

（二）国家救助力量的渐趋介入

16 世纪以后，由于资本原始积累的需要，英国爆发了史无前例的圈地运动。大量的农民由此失去了土地，纷纷涌入城市，成为一无所有的雇佣劳动者，在城市迅速形成庞大的贫困人口群体，并导致犯罪、卖淫和社会不满急剧增加。在这种情况下，传统单一的教会救济或民间慈善形态已经无法应对弱势群体的福利需求和日趋激烈的社会冲突，客观上要求国家力量的介入[①]。面对这种情况，1601 年英国女王伊丽莎白一世颁布了《伊丽莎白济贫法》（*Elizabethan Poor Law*）。这也是“第一部表明政府承担公民福利责任的正式法律”[②]，它将穷人的救济制度首次以立法形式确立，从而将原本分散化、应急性的济贫事务转化成为国家的一项主要社会职能。“该法案用征税的办法向圈地运动中流离失所的贫民实施救助，主要依托教会实施，如由每个教区负责向居民和房地产所有者征收济贫税，用以救助无力谋生的人，并负责组织失业者从事劳动，安排孤儿当学徒等。”[③] 英国政府通过实施该法，开始有意识地运用国家机器来解决工业社会中的社会贫困问题。

此后很长一段时期里，《伊丽莎白济贫法》被保留下来，并在社会救济方面发挥了重要作用。18 世纪下半叶，随着工业革命的开始，英国再次进入一个巨大社会变动的时代。工人阶层生活状况的悲惨，工人组织的发展，以及法国革命和美国独立战争的爆发，使得具有妥协传统的英国统治阶级不得不采取各种措施来缓和社会矛盾，“政府必须将贫穷的人数和贫穷的程度控制在一个不致引起动乱的‘度’上”[④]。1796 年，英国政府又通过了著名的《斯品汉姆莱法》（*Speenhamland Law*），该法的意义在于“把济贫的范围扩大到有人就业的贫穷家庭，建立了一种广泛的户外救济制度，使低工资收入者得到了某种最低限度的生活保障”[⑤]。

---

① 范斌：《福利社会学》，社会科学文献出版社 2006 年版，第 8 页。

② ［美］威廉姆 · H. 怀特科、罗纳德 · C. 费德里科：《当今世界的社会福利》，解俊杰译，法律出版社 2003 年版，第 151 页。

③ 顾俊礼：《福利国家论析》，经济管理出版社 2002 年版，第 8 页。

④ 陈晓律：《英国福利制度的由来与发展》，南京大学出版社 1996 年版，第 15 页。

⑤ 同上书，第 14 页。

客观地说，《伊丽莎白济贫法》和《斯品汉姆莱法》等法律的相继出台，只是英国政府为了避免社会冲突的权宜之计，其背后缺乏相应的理论依据。随着工业革命的进展，社会化大生产将人们前所未有的紧密联系起来，济贫法不仅未能消除贫穷问题，反而使济贫范围不断扩展。这就迫使人们思考，在社会经济生活中那些无法维持生存的人到底应该如何处置？究竟是个人责任还是政府责任？福利国家的思想基础基本上是围绕这一问题的争论而逐渐发展形成的。英国古典经济学家亚当·斯密（Adam Smith）率先对此进行了理论探究。他认为："个人利益和社会利益都能通过市场经济活动的自动调节而达到理想状况，对人类事务的干预有百害而无一利，政府的干预和管理未必比无为而治更有效。"[①]因而，他认为政府不应向穷人伸出援助之手，穷人应对自己的命运负责。"虽然斯密否定了政府行动，但理论家加入这一争论的事实本身，已经表明了英国社会政策的发展进入了一个新的阶段，其权宜性和随意性消失。自此以后，英国社会政策的发展与福利思想的发展就建立起了一种密不可分的关系。可以说，自斯密以后，社会政策的变革都是在特定的理论指导下进行的。"[②]

亚当·斯密的观点得到了托马斯·马尔萨斯（Thomas Robert Malthus）、大卫·李嘉图（David Ricardo）等学者的进一步论证。马尔萨斯认为贫困是一种必要的社会因素，它既可限制穷人人口的增长，又可刺激穷人为了生存的工作热情。他对济贫的看法是："一个降生到已经人满为患的世界上来的人，如果父母无力承担抚养他的责任，而社会又不需要他的劳动，他就没有权利得到一点食物。"[③] 李嘉图认为"济贫法不能改善贫民的生活状况，而只能使贫富都趋于恶化；它不能使贫者变富，而使富者变穷"[④]，因此应将工人的工资维持在一种刚好能维持其生存的水平上，从而避免"人口的过剩"。斯密、马尔萨斯和李嘉图等一系列学者创立的自由主义哲学观点无疑为中产阶级撑了腰，他们据

---

① 陈晓律等：《英国发展的历史轨迹》，南京大学出版社 2009 年版，第 282 页。

② 陈晓律：《英国福利制度的由来与发展》，南京大学出版社 1996 年版，第 17 页。

③ T. R. Malthus, *An Essay on the Principle of Population*, London: Routledge, 1826, p. 450.

④ ［英］彼罗·斯拉法：《李嘉图著作和通信集》，郭大力译，商务印书馆 1983 年，第 88 页。

此更加坚定了“贫困是个人因素所致，而与社会制度无关”的认识。

中产阶级的自由主义价值观在杰米里·边沁（Jeremy Bentham）和埃德温·查德威克（Edwin Chadwick）那里得到了更进一步的发展。边沁于1789年在其《道德和立法原则导论》（*An Introduction to the Principles of Morals and Legislation*）一书中，提出了“功利主义”（Utilitarianism）原则，即对任何事物的判断都需要依据是否合乎最大多数人“最大幸福”（Maximum Happiness）的原则。边沁实际上否认了斯密等人关于“政府不干预”的观点，他指出：“政府唯一应该追求的目标是社会最大可能的幸福……个人的享受基本上应由他自己去考虑，政府行动的原则是保护个人免受痛苦。”① 他主要表达了两层意思：一方面，政府必须对那些不合乎最大多数人的最大幸福原则的事物加以改造；另一方面，个人应该有自由地追逐其幸福的权利。边沁的“功利主义”原则为中产阶级的社会改革提供了理论基础，而第一个在这种系统理论指导下对英国的社会政策进行重大改革并由此奠定了现代福利国家基石的人是查德威克。查德威克认为，原有的济贫制度破坏了人的劳动本能，必须以一种新的原则来重新修改济贫法。为此，查德威克提出了两大基本原则：“第一，任何游手好闲者的生存状况不应明显好于最低收入阶层的独立劳动者的状况，即‘劣等处置’（Less Eligible）原则；第二，为保证接受救济者的生活状况低于独立劳动者，停止一切户外救济，将一切救济活动集中在济贫院内进行，即‘济贫院检验’（Workhouse Test）原则。”②

查德威克倡导的“劣等处置”与“济贫院检验”两大原则受到英国议会内外的广泛欢迎。1834年，以这两大原则为基础的《济贫法修正案》（*Poor Law Amendment Act*）（也称“新济贫法”）在议会顺利通过并付诸实施。“新济贫法”包含了以下几个方面内容：（1）建立一个由3人组成的“国家济贫法委员会”，负责监督法令的实施。该委员会对议会负责，每年向首相汇报一次工作。（2）在地方，合并教区成立“教区济贫联合会”，由每一个教区或镇的纳税人选举产生的监护人来

---

① Jeremy Bentham, *Theory of Legislation*, London: Continuum Intl Pub Group, 1894, pp. 95 – 98.

② 陈晓律等：《英国发展的历史轨迹》，南京大学出版社2009年版，第283页。

管理。(3) 限制有劳动能力的人（和他们的家庭）申请进入济贫院，在济贫院中实施“劣等处置”原则，即济贫院的条件要比独立的劳动者的情况更差。(4) 免除 1832 年改革法案中给予穷人的选举权。“新济贫法”的通过与实施意义重大，它预示了英国社会福利思想史上至此确立了一条极其重要的原则，即“个人的命运是一个社会问题，国家对个人的命运承担着一种不可推卸的责任”①，这也为日后英国政府将惩罚贫困为主的社会政策转变为真正的福利政策埋下了“种子”，而未来福利国家的很多特点实质上源出于此。可以说，由查德威克推动的济贫制度改革预示着古典自由主义哲学的某种终结，也奠定了未来福利国家建立的基石。

## 二　社会主流思潮的“左转”与福利国家制度的确立

“一个时代占主导地位的社会思潮既是那个时代政治、经济和文化传统的产物，又反过来给予那个时代以重大影响，它的出现有助于使各种利益的协调和制度的发展合理化。”② 19 世纪，第一次工业革命给英国经济带来了巨大变化，而伴随而来的社会贫困形势却是日趋严峻。一场关于贫困问题的大讨论与重新认识，在很大程度上促成了这一时期社会主流思潮的“左转”，以费边社会主义（Fabian Socialism）和新自由主义（New Liberalism）为代表的集体主义思潮逐渐代替古典自由主义思潮占据主导地位，从而为福利国家制度的确立奠定了思想基础。

### （一）对贫困问题的重新认识与社会主流思潮的“左转”

#### 1. 对贫困问题的重新认识

1834 年“新济贫法”实施以后，英国政府试图在解决社会贫困问题上承担一定的责任。虽然说政府在济贫问题上所花的费用逐年上升，但是社会贫困问题并未因之而得到缓解。更有甚的一个事实是：中产阶级认定的“贫困的主要责任在于个人”的观念并没有得到改变。从 1875 年开始，英国结束了维多利亚时代经济发展的黄金时期，步入了一个经济停滞的大萧条周期。其带来的直接影响是工人阶级的就业状况

① 陈晓律：《英国福利制度的由来与发展》，南京大学出版社 1996 年版，第 29 页。

② 同上书，第 18 页。

急剧恶化，社会矛盾再度激化。在此情形之下，英国的社会主义团体如费边社、社会民主联盟等呼吁公众关注贫困问题及与其相关的社会改革。一些学者则试图通过实证研究来考察贫困产生的根本原因，其中最具代表性的要数查尔斯·布思（Charles Booth）和希伯姆·朗特里（Seebohm Rowntree）。

布思的第一个贡献在于为19世纪末的人们提供了一份关于贫困的范围和程度的详细的调查资料，他使人们对贫困的理解建立在以科学统计为基础的客观事实上。他在大量的调查、访谈、研究基础上撰写成了一本《伦敦人的生活与劳动》巨著。在该著作中，他对贫困、各行各业的收入、穷人的社会道德等进行了详细的论述。布思的另一个重要的贡献在于提出了“贫困线”的概念，他认为应该用统一的标准来衡量贫困，否则就无法在贫困问题上达成共识。布思以可靠的统计数据显示出，在伦敦这个富庶的地方居然仍有30%的人生活在贫困线之下，这引起了整个英国社会的震惊。在布思研究的基础上，朗特里进一步提出了“基本贫困线”的概念，他证实了伦敦之外的地区也存在着贫困现象，贫困是一种普遍存在的社会现象。他还第一个证明了贫困的原因在于社会经济结构本身存在问题，他的分析推翻了贫困是个人懒惰所致的结论。朗特里还提出了“贫困周期”的重要概念。他指出，任何工人阶级家庭成员在其一生都要经历贫困，贫困是一个代际循环的过程，这大大加深了人们对贫困是一个社会问题的认识。

布思和朗特里对贫困与穷人的研究结论，使政府和公众都更明确地认识到贫困问题的严重存在，认识到贫困的主要原因并不像人们以前所认为的那样是由于懒惰等个人原因，而更多的是由于社会结构和社会制度的不合理。因此，必须进行社会改革来解决这些问题。在新一代社会改革家们眼里，新形势下社会主流思潮需要转型升级。一种倾向于让政府在解决社会贫困问题中发挥积极主导作用，变过去的“补缺型福利（或选择型福利）”为“制度型福利（或普遍型福利）”的温和集体主义精神正逐渐上升为当时社会的一种主导思想。

2. 社会主流思潮的“左转”

古典自由主义实质上是一种片面强调依靠市场这只“无形的手”来提高经济效率的观念体系。随着19世纪末英国经济步入大萧条周期，这种带有一定“右倾”色彩的社会思潮已渐渐褪去往日耀眼的光环，这似乎意味着古典自由主义哲学主导下的自由放任时代将寿终正寝。而一种呼吁适时“左转”，强调依赖政府这只“有形的手”来解决社会贫困、提高社会公平的带有集体主义取向的社会思潮呼之欲出。费边社会主义（Fabianism）、新的自由主义（New Liberalism）[①] 与凯恩斯主义（Keynesian），正是集体主义社会思潮的几个主要代表。

（1）费边社会主义

“费边社会主义”又称“费边主义”，属于英国社会改良主义团体——“费边社”的思想体系。“费边社”创立于 1884 年，其宗旨是在英国建立民主的社会主义国家。早期费边社会主义是一个庞大的思想体系，它涵盖了政治、经济、社会等多个领域的思想。概括地说，其关于社会福利的政策主张主要包括以下几个方面：

①关于社会与个体关系的认识。费边社会主义者认为，社会是一个有机整体，个体的活动与有机体内任何其他个体的活动紧密结合在一起，而且一同构成社会有机体活动的组成部分。社会有机体的重要性远远超过个体，个体目标必须服从于更高的公共福利的目标。因此，个体必须为社会有机体的进步而努力，社会有机体也必须为个人提供健康发展的必要条件。

②关于贫困问题的认识。费边社会主义者认为，在劳动阶级中广泛存在的贫困现象是由非个人的因素造成的。现存的经济制度，即资本主义私有制是造成贫困的根本原因。而消除贫困的办法就是把土地所产生的租金以及资本所带来的利润当作社会公共财富用到公共事业上。诚如费边社会主义代表人物乔治·肖伯纳（George Bernard Shaw）所言：“社会贫困的根源并不是产生混乱和邪恶的永恒的源泉，它仅只是一种人为的制度，容许受到无限的修改和调整……真正趋向社会改革的政府，应该转而注意工业和农业租金，并应该把这种租金用来增进整个社

---

① 为了与第三章以及后文所提到的“新自由主义”（Neoliberalism）进行更好的区分，此处特别将带有集体主义色彩的“New Liberalism”翻译成“新的自由主义”。两者有着很大区别，“新的自由主义”是修正古典自由主义关于“小政府”的观点，主张国家干预的自由主义；而“新自由主义”则是主张恢复古典自由主义的新自由主义，它反对国家对经济的干预。

会的福利。”①

③关于失业问题、最低工资标准等问题的认识。费边社会主义者认为：“失业是一种社会现象，它主要不是由于个人的原因引起，因此，社会应该采取措施解决失业问题……必须由国家制定一个最低工资标准，这是维持国民最低生活标准的基本前提……在任何一个社会中，病人、身体孱弱者以及没有劳动能力者都会存在，他们的一切需要都应该由公共福利来承担，而不能要求他们去承担任何公共的负担。”②

④关于教育福利问题的认识。费边社会主义者指出，为了使所有的儿童特别是最贫困的儿童能受到充分的教育，国家必须采取一系列举措。比如：增加政府对学校的拨款，废除小学的学杂费，在需要的地方设立各类技术学校与中等学校，同时在中等学校建立奖学金制度，帮助家境贫寒而又勤奋好学的学生顺利接受教育等。

费边社会主义的上述认识与主张得到了英国工党的高度重视，其在英国福利国家制度构建中起到了十分重要的作用。

（2）新的自由主义

在英国19世纪末的动荡年代里，与费边社会主义同时产生且并行发展的还有另外一股重要的思想流派——“新的自由主义”。所谓“新的自由主义”，是相对于古典自由主义而言的。19世纪末，古典自由主义所主张的“经济放任自由”“最小化政府”等观点开始遭到社会的普遍质疑和挑战，而“新的自由主义”的适时出现正是为了应对古典自由主义的理论缺陷，它试图对古典自由主义作出某种修正。

新的自由主义者将自由区分成“消极自由”与“积极自由”两种，他们认为古典自由主义所提倡的自由是一种“消极自由”，仅仅是不受法律限制的自由。而“积极自由”则“不只是意味着法律上的自由，而且也包括按照现有条件发展人的能力的实际可能性，以及个人真正增加分享社会有价值事物的权利，同时还包括为了扩大共同利益作出贡献

---

① ［英］肖伯纳：《费边论丛》，袁续藩等译，生活·读书·新知三联书店1958年版，第220—235页。

② 丁建定：《社会福利思想》（第2版），华中科技大学出版社2009年版，第141—142页。

的能力”。[①] 他们倡导应该以这种积极的自由去取代消极的自由。基于此，新的自由主义者不赞同古典自由主义对国家的戒备，主张应让国家角色发挥更大的作用。积极的国家干预不仅不会妨害自由，相反会保护和增进个人自由，为个人的发展提供更多的机会。不过，他们强调干预本身并非目的，其最终目的仍在于确保个人自由。

与费边社会主义者类似，新的自由主义者也对个人与社会的关系作出了新的解释。他们强调个人与社会的关系应是一种互换的责任和义务关系：“个人有勤奋工作的义务，而社会则有为他提供获得文明生活手段的责任。”[②] 通过这一解释，新的自由主义者把个人自由、个人主义和集体主义三者协调了起来。“正因为个人的发展、个人财富的获得等都离不开社会，所以，集体主义并不是削弱了个人的自由，而是扩大和增进了个人的自由。如果个人主义强调的重点是指人的自助和勤奋精神，集体主义强调的重点则是为每个人提供发挥才能的同等机会。因此，个人主义与集体主义并非是一种针锋相对，而是一种互补的关系。”[③]

此外，新的自由主义者也对贫困问题进行了理论上的分析。他们认为：“广泛存在的贫困是财富分配不均的结果，市场机制的缺陷要求国家在经济领域发挥更大的作用。对于工业化进程中产生的贫穷问题，国家负有救助之责。”[④] 而根治贫穷的办法在于，“实行某种程度的社会财富转移，从而使每个人获得真正的自由”[⑤]。

可以看出，新的自由主义者与费边主义者在对待社会与个体关系、贫困问题等方面的认识都存在相似之处，两者均主张要运用国家干预的手段对社会财富实行再分配。当然，与费边主义者最大的区别在于，新的自由主义者的“最终目标是希望通过改革完善资本主义，而费边主义者认为这些改革只不过是通往社会主义的阶梯”[⑥]。新的自由主义与

---

① Richard Hudelson, *Modern Political Philosophy*, New York: M. E. Sharpe, 1999, p. 65.

② ［英］霍布豪斯：《自由主义》，朱曾汶译，商务印书馆 1996 年版，第 83 页。

③ 陈晓律：《英国福利制度的由来与发展》，南京大学出版社 1996 年版，第 78 页。

④ ［英］霍布豪斯：《自由主义》，朱曾汶译，商务印书馆 1996 年版，第 80—81 页。

⑤ 同上书，第 100 页。

⑥ 陈晓律：《英国福利制度的由来与发展》，南京大学出版社 1996 年版，第 83—84 页。

费边主义这两股集体主义社会思潮，为英国通往福利国家之路架设了一座桥梁。

（3）凯恩斯主义

1929年的世界性经济危机一爆发，就迅速席卷至英国。这场经济危机给英国带来了空前的失业问题，原有的经济理论业已无法医治市场失灵这一“顽症”，凯恩斯主义正是在这样的背景之下应运而生的。虽然说费边主义与新自由主义论证了解决贫困问题和国家干预的重要性，但是其缺陷在于并未解决国家如何干预、如何攻克失业和贫困等社会难题，而凯恩斯主义的出现，则很好地弥补了这一缺憾。1936年，约翰·梅纳德·凯恩斯（John Maynard Keynes）的《就业、利息和货币通论》（*The General Theory of Employment, Interest, and Money*）一书正式出版，这标志着凯恩斯主义正式形成，而这也成为经典福利国家时期历届执政党社会经济战略的主要思想基础。

凯恩斯主义本质上属于宏观经济学思想，它强调通过政府的积极干预来克服“市场失灵”所带来的种种社会经济问题。其理论体系的核心是解决失业和贫困问题。凯恩斯认为造成工人非自愿失业的很大原因在于社会有效需求不足。而要解决这一问题的基本途径有二：一是扩大社会消费需求；二是扩大社会投资需求。凯恩斯认为这两条途径都必须依靠政府力量，“政府职能必须扩大……这是唯一切实的办法”①。其主张运用宏观层面的财政政策和货币金融政策来刺激消费，增加投资，尤其是增加公共开支，降低利率，以弥补消费与投资需求的不足。20世纪30年代以后，凯恩斯主义在世界范围内产生了实质性的影响，各国政府纷纷开始积极干预本国社会和经济的发展。比如，包括英国在内的欧洲许多国家所推行的福利国家建设计划、美国罗斯福总统实施的“新政”等都反映出凯恩斯主义在社会经济发展实践中的影响。②

凯恩斯主义与费边社会主义、新的自由主义具有许多共通之处。虽说三者的理论出发点各不相同，但是“它们在解决现代化进程中的贫

① ［英］约翰·梅纳德·凯恩斯：《就业、利息和货币通论》，高鸿业译，商务印书馆1963年版，第322页。

② 何伟强：《英国教育战略研究》，浙江教育出版社2014年版，第12—13页。

困问题上有着的共同诉求，它们在有关资本主义市场经济的缺陷、对社会财富的再分配实行国家干预的必要性等方面达成了某种程度的共识。正是因为这种共识，福利国家政策才具备了扎实而坚固的理论根基。正是基于此种共识，福利国家政策才会获得广泛的支持，才有了现实的可能性”①。

（二）《贝弗里奇报告》的问世与福利国家制度的确立

从费边社会主义、新的自由主义到凯恩斯主义，各种有关社会政策的理论已从不同的角度论证了社会福利制度建立的必要性和可行性，这些带有集体主义色彩的社会主流思潮为英国福利国家制度的建立奠定了坚实的理论基础。当然，这些理论要转化成实际社会政策却仍需一个十分重要的中间环节。这个中间环节的工作恰恰是由威廉·贝弗里奇（William Beveridge）爵士继而完成的。

1940 年 5 月，由丘吉尔（Churchill）首相牵头的三党联合政府成立，为应对战时国内的社会经济问题，联合政府吸收了大批专家共同制订改革计划。1941 年 5 月，丘吉尔政府专门设立了“各部研究社会保险及有关福利联合委员会”，任命了后来被誉为“福利国家之父”的贝弗里奇为该委员会主席，负责考察和研究英国的社会福利制度问题。这项工作开始之初，贝弗里奇就为英国福利国家体系建设确立了“3U”社会福利思想原则：“普享型原则（Universality），即所有公民不论其职业为何，都应被覆盖以预防社会风险；统一性原则（Unity），即建立大一统的福利行政管理机构；均一性原则（Uniformity），即每一个受益人根据其需要，而不是根据收入状况，获得资助。”② 在此基础上，1942 年 12 月，贝弗里奇领导的委员会向英国政府递交了题为“社会保障及其有关服务”（Social Insurance and Allied Services）的研究报告，亦即著名的《贝弗里奇报告》（*Beveridge Report*）。《贝弗里奇报告》的问世，“致力于根除五大邪恶：贫（Want）、病（Disease）、愚（Ignorance）、

① 郑丽：《试论英国艾德礼政府的福利国家政策》，华中师范大学硕士学位论文，2003 年，第 24 页。

② 阎照祥：《英国政治思想史》，人民出版社 2010 年版，第 428 页。

脏（Squalor）、惰（Idleness）”①。当然，其最终目的在于消除贫困，保证每个人都能获得维持健康生存所必需的生活资料（即不低于国民最低生活标准）。为此，该报告确立了包含三条指导原则、三项基本任务、三种实施方式和十二个实施要点的一套详细的综合性社会保障计划。

可以说，《贝弗里奇报告》第一次真正意义上把社会福利作为一项社会责任确定下来，把原来的救济贫民改变为保障国民最低生活标准，从而“使英国社会保障内容的深度和广度都发生了质的飞跃”②，所以该报告也被喻为“贝弗里奇革命”。较之于以往研究，该报告最大的区别在于，“它对英国以往提供的各种福利进行了系统反思，确定了国家提供福利的原则是基于国家利益而不是某些群体的局部利益。是一个关于福利‘完全’的报告，它从人们的需要出发，提出相应的对策，涉及人们各方面的需要，而形成一个完整的福利体系”③。

《贝弗里奇报告》发表以后，受到了各个阶层的普遍好评。从此，“福利国家”一词被广为传颂，并逐渐成为人们对于实现社会正义、民主平等的愿望的一个代名词。在该报告基础上，英国各个利益集团和主要政党达成了社会福利共识，并逐渐将该报告付诸实践。1945 年大选，工党以绝对多数席位胜选。以克莱门特·理查德·艾德礼（Clement Richard Attlee）为首相的工党内阁一经组建，就开始落实贝弗里奇报告的有关建议。艾德礼政府先后通过了《国民保险法》（*National Insurance Act*，1946）、《国民健康服务法》（*National Health Service*，1946）、《国民救助法》（*National Assistance Act*，1948）等一系列重要社会福利立法，这些立法“奠定了战后 50 年代英国社会福利政策的基石，也标志着英国在 19 世纪福利政策的基础上确立了福利国家的最终形态”④。

① ［英］安东尼·吉登斯：《社会学》（第五版），李康译，北京大学出版社 2009 年版，第 303 页。

② 刘波：《当代英国社会保障制度的系统分析与理论思考》，学林出版社 2006 年版，第 33 页。

③ 孙洁：《英国的政党政治与福利制度》，商务印书馆 2008 年版，第 26 页。

④ Nicholas Barr, *The Economics of the Welfare State*, London: Weidenfeld and Nicholson, 1987, p. 38.

1948 年 7 月 5 日，《国民保险法》《国民健康服务法》《国民救助法》在英国同时生效，“这三个法律连同在教育（《1944 年教育法》）（1944 Education Act）和住宅（《1946 年住宅法》）（1946 Housing Act）方面的立法构成了所谓的‘福利国家’”①。这一天，英国政府向全世界宣称英国已经建成了“从摇篮到坟墓”（from cradle to grave）的全部社会福利。至此，英国福利国家制度正式确立。

## 第二节　社会共同善优先伦理观取向的教育福利政策

自从英国建成福利国家之后，国家角色开始成为提供各种社会福利服务的主体，“政府以促进公共福利为目的的行政服务功能得到了极大发挥，福利干预行为渗透到人民生活的方方面面”②。英国开始形成一整套涵盖社会保障、国民健康服务、教育、住房、个人社会服务等在内的社会福利政策体系。教育作为战后英国经济重建和福利国家体系的重要组成部分，自然受到政府的高度重视。

### 一　《1944 年教育法》：教育福利政策总体框架的确立

#### （一）从补缺型到普惠型：英国教育福利制度的变迁轨迹

“教育福利”作为社会福利体系中的重要一环，它的制度变迁自然是与社会福利制度的整体变迁交织在一起的。纵观英国 1945 年以前的教育福利制度变迁，它也与其社会福利制度变迁历程一样，经历了从民间力量救助为主到国家力量渐趋介入、从“补缺型福利”到“普惠型福利”（或“制度型福利”）的发展轨迹。

在欧洲教育发展史上，英国算是较迟以国家力量干预国民教育的一个国家。在资产阶级革命期间，一些进步人士曾提出国家干预教育建立国民教育制度的建议，但一直未能实现。在当时，教育一直被认为是某

---

① 陈晓律等：《当代英国——需要新支点的夕阳帝国》，贵州人民出版社 2000 年版，第 326 页。

② 丰华琴：《从混合福利到公共治理——英国个人社会服务的源起与演变》，中国社会科学出版社 2010 年版，第 70 页。

些阶层的特权，是私人、宗教或民间团体的事情，国家对教育事业采取不管不问的基本立场。“直到19世纪30年代以前，英国的初等教育基本上由宗教团体、慈善机构或个人捐资兴办，是一种慈善事业。英国政府对任何形式的小学校，都没有建设或供给的命令。”[①] 很长一段时间里，英国来自民间的自发力量，特别是教会体系成为当时提供教育服务的主导力量，而国家角色迟迟没有介入教育。对于广大下层劳动者的子女而言，学校教育只是一种宗教慈善团体的救助与施舍，而不是一种作为普通公民应享有的基本社会权利。比如像18世纪英国教会体系所创办的“主日学校”（Sunday schools）或“慈善学校”（charity schools），它们专门招收贫困儿童或童工在星期天进行学习。这些学校最主要的初衷是教会儿童识字并看懂圣经话语，旨在对基督教义的教导与传播。尽管宗教在国家力量介入教育资源分配前扮演着重要的角色，但在此背景下能接受教育的人毕竟仍属少数，只有作为行政中心的伦敦和其他设有大教堂的地区才有较多的就学机会。直至19世纪，英格兰与威尔士两地儿童就学率均未超过10%。“这是工业革命前社会普遍对于教育需求不强所致，而且教育若是属于慈善性质，就有其先天数量上的限制。”[②]

进入19世纪之后，随着工业革命影响的不断深入，许多民族国家出于建立现代化国家的需求，开始一心一意朝工业化发展。东西欧许多国家在“国家主义”（Nationalism）的影响之下逐渐重视国民教育，这给了英国相当大的影响。[③]“在一批国家通过实施国民教育纷纷崛起的形势下，长期持国家不干预教育的英国再也按捺不住了。”[④] 英国在发展海上霸权的同时，开始着力思考如何借由教育的普遍实施以充实国力，并与同时期欧洲大陆所兴起的民族国家竞争。另外，这一时期英国以约翰·斯图尔特·密尔（John Stuart Mill）为代表的一批近代自由主

---

① ［英］E. H. 雷森纳：《德法英美教育与建国》，崔载阳编译，上海民智书局1930年版，第194页。

② W. B. Stephens, *Education in Britain 1750–1914*, London: Routledge, 1998, p. 22.

③ W. Mitter, “Nationalism, Regionalism and Internationalism in Europe”, in K. Schleicher (ed.), *Nationalism in Education*, Berlin: Peter Lang, 1993.

④ 魏所康：《国民教育论——和谐社会建设与公共教育政策》，东南大学出版社2008年版，第76页。

义思想家对古典自由主义思想进行了新的发展，他们提出了“有限度的自由”，主张政府不能放任自由，而要实行一定程度的国家干预。在这一政治哲学的助推下，英国逐渐开始重视教育对国家所带来的整体贡献，并开始意识到原有教会主导的补缺式教育，已经不太符合新形势下国家发展的需要。至此开始，国家逐步以积极的姿态介入教育福利事业，并扩大其影响力。

1833 年，鉴于各地教会对于培养工业化国家建设所需人才方面的贡献，但其又无法独立解决日益陈旧校舍整修所需的庞大经费开支，英国国会通过了《教育补助金法案》（*Education Grant Bill*），决定每年从国库中拨款 2 万英镑，作为对学校的建筑补助经费。尽管数目并不起眼，但这是英国第一次由国会通过的教育法案，这也意味着国家机器对于教育介入初露端倪。1834 年，英国国会审议通过了第一个《工厂法》，该法规定 9—13 岁的童工每天应接受 2 小时的义务教育。《工厂法》的正式颁布对于英国建立国民教育制度和实施普及义务教育起到了积极作用。不仅是国家层面，此时因为工业化对教育发展的需求，教育的性质已从宗教教义的教导，逐渐转化为一种适应工业化所需而做出的重大转变。1839 年，直属英国女王的“枢密院教育委员会”（Committee of the Privy Council on Education）成立，标志着“国家角色终于稍微正式地与教育链接到一起”①。1840 年，英国对于教育的补助经费由 1833 年的每年 2 万英镑提升为每年 5 万英镑。“枢密院教育委员会”的主要功能即是监督各地方对于国会所补助的教育建设经费是否合理运用。通过对教育补助款项运用的考核，国家逐渐树立了在教育实施上的权威。1846 年，在枢密院教育委员会首任主席詹姆斯·凯·沙图华兹（James Kay-Shuttleworth）主持下建立了教师教育制度，它规定了经费补助、经费使用、负责机构、师资培训等过程，由此可看出教育实施过程开始有了制度化的特质。直到 1860 年，国会已经对当时的公学（public schools）、捐助学校（endowed schools）与大众教育（popular education）的运作逐渐介入并显示其力量，这一时期可谓是英国建立教

① J. Lawson & H. A. Silver, *Social History of Education in England*, London: Methuen & Co. Ltd., 1973, p. 268.

育体系的开端。其重要的意义在于它从一个由教会长期主导的服务体系，开始转向了一个借由经费补助而逐步实现的国家实质性介入。

到了19世纪60年代，国际竞争的挑战以及国内社会经济形势的压力，越来越凸显了加强义务教育的重要性和进行教育立法的迫切性。1867年英国议会通过改革法，近百万工人获得了选举权，普及教育成为政治上的迫切需要。议会改革法提出了“我们必须教育我们的主人”的口号。事实上，工人阶级子女中，6—10岁和10—12岁儿童的在校注册人数分别只占到2/5和1/3，实际接受教育的人更少。这种状况不能适应资本主义经济发展的迫切需要，这引起了英国各界的关注。正是在这种背景下，1870年，时任英国枢密院副院长兼教育署署长的威廉·福斯特（W. E. Forster）向议会提出了请求颁布教育法令的报告，报告建议通过立法的形式给所有的儿童提供初等教育。在经过激烈的讨论后，福斯特提出的《初等教育法案》（*The Elementary Education Act*）最终获得正式通过。该法案规定：（1）国家继续拨款补助教育，并在缺少学校的地区设初等学校。（2）全国划分学区，由选举产生的学务委员会监督本区的教育，学务委员会有权征收地方教育税。（3）各学区有权实施5—12岁儿童的强迫义务教育。（4）各派教会兴办或管理的学校可作为国家教育的组成部分，但不能从地方财政中得到补助。（5）学校的普通教育与宗教分离，凡接受公款补助的学校，一律不得强迫学生上宗教教义课程。该法案旨在完善现有的宗教和慈善团体办理的初等教育制度，英国教育史上公立学校与教会学校并存的初等教育制度从此形成，这也奠定了整个英国义务初等教育福利制度的基础。

1870年的《福斯特法案》促使英国的初等教育得到较快的发展。此后一段时期诸多教育法案陆续颁布，这成为国家积极介入基础教育的重要阶段。自1870年起，英国陆续在各地成立了“学校委员会”（school boards），负责各地的基础教育事宜，并于1880年通过了《1880年教育法》（*Education Act of 1880*），规定所有6—10岁的儿童均应接受规定的义务教育。19世纪80年代，全国学龄儿童入学率达到90%，大部分儿童能受到6—7年的正规教育。很多学校面临需要为儿童提供高一级的教育的新问题，发展中等教育成为主要问题。有些地方开办了更高一级的学校，但受旧的经费补助条例的限制，新开办的学校进行的教育，不能称为中等教育，这些学校被称为高级学校，从而造成教育行政管理上的混乱现象。在这种形势下，1902 年议会通过了保党政府首相阿瑟·詹姆斯·贝尔福（Arthur James Balfour）提出的教育法案。该法案史称《1902 年教育法》（*Education Act of 1902*）。该法案规定：（1）在中央成立“教育委员会”（Board of Education），取代先前枢密院教育委员会的运作，负责统筹规划全国统一的教育政策；（2）设立“地方教育当局”（local educational authorities，LEAs），以取代先前地方性的“学校委员会”，负责当地学校的供应和教学监督。此外，还确立了以国家力量筹划延续小学教育的中学教育学制。传统的文法学校（grammar schools）虽然仍然存在，但已与新式的中学成为一种双轨并行的后小学教育制度，有别于 19 世纪末以经费补助作为介入教育的主要方式，此时各地的 LEAs 已经逐渐以国家机器执行机构的身份，于各地建立有别于宗教团体或慈善个人兴办教育的学校以及课程内容。《1902 年教育法》结束了英国教育的长期混乱状态，促进了英国中等教育的发展，它使英国公立教育突破了初等教育的范围，进入中等教育阶段。它也标志着英国形成了以地方教育局为主体，议会、教育委员会（1944 年改称教育部）和地方教育局相结合的教育行政领导体制，这成为英国教育发展史上一个重要的教育法案。

第一次世界大战以后，由于战争的消耗和战后世界性经济危机的不断打击，英国的经济、军事实力和国际地位不断下降。在这段时间里，为了与其他资本主义国家继续竞争，同时也由于人民群众争取教育权的斗争和“新教育”思潮的冲击，英国力图不断地提高本国的教育水平。1918 年，英国议会通过了一项以当时文教大臣费舍尔名字命名的教育法案——《费舍尔法案》（*The Fisher Act*），旨在建立面向所有人的公共教育制度。主要内容有：（1）地方当局为 2—5 岁儿童开办幼儿学校。（2）小学一律实行免费教育，将义务教育年限延伸至 5—14 岁，分初等学校为 5—7 岁和 7—11 岁两个阶段。（3）加强地方教育当局发展教育的权力和国家教育委员会制约地方教育当局的权限。（4）为超龄青少年设立继续教育学校（学生年龄初为 14—16 岁，后改为 14—18 岁），免费提供一定的学习课程和教育训练。（5）改革考试制度。精简后的校外考试分学校证书考试（16 岁）和高级学校证书考试（18 岁）两种。(6) 禁止雇用不满 12 岁的儿童做工。《费舍尔法案》初步确立了一个包括幼儿学校、小学、中学和各种职业学校的公共学校系统，它在英国历史上首次宣布国家要建立面向全体有能力受益的人的全国公共教育制度。然而上述学校的学生多为劳动人民子女。富裕家庭出身的青年仍然经过家庭教育或预备学校升入公学和文法中学，为将来升入大学作准备。显然这一时期的英国教育仍实行双轨制，在不同的学制轨道上学习的青年和儿童有着明显不同的经济背景，因而这种不公平的学制受到多方面的批评。其中当时比较活跃的英国社会活动家、工党教育发言人托尼（R. H. Tawney）就于 1922 年对此进行了严厉的批判："从 1839 年枢密院委员会表示希望把初等教育与'工人与雇工身份'紧紧联系在一块起，差不多到 19 世纪末，英国的公立教育是作为一个阶级制度发展起来的。'初等'教育就是'自由贫民'的教育，是统治阶级因宗教、经济与人道的考虑为他们建立起来的。中等教育则是富人的教育。有关这种制度的最明显的事实，就是初、中等教育的划分，不是建立在教育因素之上而是建立在社会和经济因素之上的。教育分化不是始于小学之后，而是之前；与儿童的前途无关，而与其家长的地位有关。"①"这种沿着社会阶级划分而发展起来的组织结构是英国教育遗传的恶疾。"②

1924 年工党提出了"人人受中等教育"的口号，强烈要求中等教育向大众开放。1926 年，以亨利·哈多（Henry Hadow）爵士为主席的教育调查委员会发表了《青年教育》报告（亦称《哈多报告》），呼吁中等教育要面向全体儿童。该报告指出：(1) 儿童在 11 岁以前所受到的教育称为初等教育；(2) 儿童在 11 岁以后所受到的各种形式的教育均称为中等教育，中等教育阶段设立四种类型的学校：文法学校、选择性现代中学、非选择性现代中学、公立小学高级班或高级小学；(3) 为了使每个儿童进入最合适的学校，应当在 11 岁时进行选择性考试。《哈多报告》第一次从国家的角度阐明了中等教育应当面向全体儿童的

① 瞿葆奎：《英国教育改革》，人民教育出版社 1993 年版，第 31 页。

② H. Silver, *Equal Opportunity in Education: A Reader in Social Class and Education Opportunity*, London: Methuen & Co. Ltd., 1973, pp. 51 – 55.

思想，并从儿童发展的角度，明确提出了初等教育后教育分流的主张，以满足不同阶层人们的需要。随着经济发展对技术人才的需求越来越突出，1938 年，以史宾斯为首的英国教育调查委员会提出了以改革中等教育为中心的报告——《史宾斯报告》（*Spens Report*）。该报告根据英国初级技术学校增加的现实，进而把《哈多报告》中的双轨教育方案扩展为三轨，即：文法学校、现代中学和技术中学，使得技术中学成为中等教育的重要组成部分。同时，该报告还提出了在同一所中学设立建有文法、现代和技术学科的多科性中学的设想。《史宾斯报告》的出台，促进了英国中等教育的发展。到第二次世界大战之前，英国基本上形成了中等教育格局。“人人受中等教育”的观念已经为公众所接受。

“英国教育总是在发生社会或政治危机的时刻取得最大的进展。”①早在二战爆发前，社会各界就发出了教育改革的呼声。战争期间，由于英国全民族卷入战争而引起的民主意识加强，以及科学和工业的迅速发展，使得教育改革成为人们讨论战后社会重建的主要议题之一。在这种情况下，保守党、工党和自由党三大政党都发表了有关教育重建的小册子。1941 年中央教育委员会（Board of Education）向各社会团体和组织发放了一份题为“战后教育”（Education after the war）的绿皮书，它不仅提出了有关教育改革的各种建议，而且欢迎人们批评或提出新的建议。当时的教育委员会主席、保守党政治家拉布·巴特勒（Rab Butler）连续好几个月忙于同各种机构就绿皮书进行磋商，1943 年 7 月，在巴特勒的推动下发表了题为“教育的重建”（Educational Reconstruction）白皮书，其中描绘了有关教育改革的建议和设想。该白皮书一开始就阐述了教育重建的基本宗旨，“政府提出本白皮书所叙述的种种改革的目的，在于使儿童得到一个更幸福的童年和生活上更好的开端；保证青年人得到更充分的教育和机会，并为全体公民提供种种手段发展他们所被赋予的各种才能，从而丰富他们国家的遗产”②。这份白皮书奠定了英国战后教育改革与政策的基础。1944 年，这份白皮书被正式立法，亦

① ［美］艾萨克·康德尔：《教育的新时代——比较研究》，王承绪等译，人民教育出版社 2001 年版，第 64 页。

② 同上书，第 73 页。

即《1944年教育法》（*1944 Education Act*），又称《巴特勒教育法》（*Butler Education Act*）。该法在英国教育发展史上具有里程碑的意义，它与《国家保险法》（1946）、《国家健康服务法》（1948）一起被称作是福利国家的三大支柱。该法为战后乃至整个20世纪后半期英国国民教育制度的发展和完善，确立了法律制度框架。它的颁布，意味着从此开始政府为公民提供包括中等教育在内的免费教育服务不再是慷慨与恩赐，而是法定的应尽职责，而公民接受政府提供的教育服务也成了一种法定的教育福利。正如英国著名教育家邓特所说的，“它也许构成了英国教育史上所取得的最重要的和最有意义的一个进展”①，也是“英格兰和威尔士在后来的二十五年时间内教育空前大发展的序曲”②。二战后英国教育福利政策的改革和发展就是以这个法案为基础的。

（二）社会共同善优先：《1944年教育法》中的教育福利政策伦理意蕴

1942年问世的《贝弗里奇报告》将儿童补助与教育问题放在首位，该报告中所建议的三项基本任务中的第一项就是“为所有15岁以下的儿童提供补助，或让所有的儿童接受全日制教育直到16岁为止”。《1944年教育法》正式以法律形式将贝弗里奇报告中的有关教育改革建议加以明确，它也由此被称作是“教育上的贝弗里奇”。③

1944年教育法共包含5大部分，122个条款的内容。概括地说，其在教育福利政策方面所作的内容安排和主要贡献大致包含以下四大方面：

（1）加强了国家对教育的领导与控制，确立了“国家体系，地方管理”教育管理体制。

之前，受古典自由主义的影响，英国的教育管理体制实行地方分权制，各个地方教育局往往自行其道，各自为政。因而中央对地方的管理权限是有限的。成立于1902年的“教育委员会”虽说名义上作为中央一级的教育主管部门，负责监督管理英格兰和威尔士的教育事业，但实

① 滕大春：《外国教育通史》（第五卷），山东教育出版社1995年版，第181页。

② ［英］邓特：《英国教育》，杭州大学教育系外国教育研究室译，浙江教育出版社1987年版，第22页。

③ Kenneth O. Morgan, *Labour in Power 1945 – 1951*, Oxford: Clarendon Press, 1984, p. 174.

质上它却只有劝说与仲裁的权力，并不能对全国教育资源进行统筹管理，更不能对国民教育产生决定性的作用。《1944 年教育法》在这一方面有了实质突破，它将原有的“教育委员会”提法变更为“教育部”（Ministry of Education）①，其第 1 条就规定了教育大臣的主要职责是：“负责促进英格兰和威尔士人民的教育，并且促进致力于该目的机构的不断发展，还要确保地方当局在他的领导和指导下有效地执行国家政策，在每一个地区提供各种综合教育的服务。”② 这样，全国教育的领导权与控制权由此明确掌握在了代表中央政府履行职能的教育部手中，国家角色也第一次真正意义上全面承担起发展国民教育事业的职责。同时，法令还取消了原教育委员会所属的教育咨询委员会，代之以两个中央教育咨询委员会（Central Advisory Councils for Education），一个是英格兰中央教育咨询委员会，另一个是威尔士和蒙茅斯郡中央教育咨询委员会。这两个咨询委员会的成员由教育国务大臣任命，它们需要对教育国务大臣负责，需要提出它们认为恰当的有关教育理论和实践的建议，并完成教育国务大臣委托它们研究的问题并提出建议。

虽然《1944 年教育法》明显加强了国家对教育的领导与控制，但它并没有因此而削弱地方教育当局的权力。反之，它还进一步明确和扩大了地方教育当局的职责权限。它明确将郡议会和郡级自治市议会规定为唯一负责教育的地方教育当局，并规定其需要接受教育大臣的领导，同时对其所在地区各种类型的公共教育设施负有法律上的责任。它规定各地方教育当局必须保证在本地区开办足够的学校，“如果一个地区开

---

① 此后英国教育部名称还经历了频繁的变更，具体为：1964 年，“教育部”（Ministry of Education）名称变更为“教育与科学部”（Department of Education and Science）；1992 年，“教育与科学部”又变更为“教育部”（Department for Education）；1995 年，“教育部”变更为“教育与就业部”（Department for Education and Employment）；2001 年，“教育与就业部”变更为“教育与技能部”（Department for Education and Skills）；2007 年，“教育与技能部”一分为二，分别变更为“儿童、学校与家庭部”（Department for Children，Schools and Families）和“创新、大学与技能部”（Department for Innovation，Universities and Skills），两者分别负责义务教育阶段的教育和义务教育阶段后的教育；2010 年，“儿童、学校与家庭部”又变更为“教育部”（Department for Education），而“创新、大学与技能部”则变更为“商业、创新与技能部”（Department for Business，Innovation and Skills）。

② *Education Act*, 1944, p. 1. 转引自瞿葆奎《英国教育改革》，人民教育出版社 1993 年版，第 142 页。

办的学校没有在数量、性质和设备方面足以向所有学生提供教育机会，没有按照学生的不同年龄、不同能力、不同性向以及他们可能在校学习的不同期限提供令人满意的各种教学和训练，那么将被认为该地区没有开办足够的学校”①。地方教育当局除了必须承担提供良好的初等教育和中等教育的职责之外，还需为义务教育年龄以上的青少年提供足够的继续教育服务，以及提供包括教育福利设施、幼儿教育、残疾儿童的特殊教育等教育福利服务。由此可见，地方教育当局的教育管理权限被进一步加强了。

综合地看，一方面，《1944 年教育法》大大加强了教育的中央集权化，它强化了国家角色对国民教育的介入和控制，使国民教育得到了前所未有的稳定与充足的资源保障，由此大大提高了教育资源配置效率，也更好促进了教育福利服务的供给。另外，该法确立了一种“国家体系，地方管理”（A National System，Locally Administered）②，由中央和地方共同合作管理的教育管理体制。它明确了每一级教育行政主体的权限与职责，“中央政府层面负责制定国家教育政策和分配教育资源；地方教育当局层面负责依据国家教育政策制定地方政策，并为当地学校分配教育资源；学校层面则负责制定学校政策并管理自身拥有的资源”③。

（2）建立了统一而完整的三级公共教育体系，对饱受诟病的“双轨制”做了改良设计。

在 1944 年改革之前，“英国的初等教育一般在 13 岁时结束，中等教育则从 10 岁或 11 岁开始，有时甚至更早一些。因此，初等教育和中等教育之间有几年是交叉的，这种状况限制了中等教育的发展”④。为此，《1944 年教育法》对英国的公共教育体系进行了改组，“法定的公共教育系统将由初等教育（Primary Education）、中等教育（Secondary

---

① *Education Act*, 1944, p. 5. 转引自瞿葆奎《英国教育改革》，人民教育出版社 1993 年版，第 146 页。

② Clyde Chitty, *Education Policy in Britain*, New York: Palgrave Macmillan, 2004, p. 21.

③ Derek Gillard, Education in England: A Brief History, http://www.educationengland.org.uk/history. 2011.

④ 闫玲玲：《英国 1944 年教育法述评》，华中师范大学硕士学位论文，2006 年，第 9 页。

Education）和继续教育（Further Education）三个衔接的阶段组成”[①]。这次改革正式结束了战前公立初等教育体系占主导地位，以及公立初等教育与中等教育互不衔接的状况，确立了统一的国民教育制度。与此同时，“继续教育”作为英国公共教育体系的第三个阶段，也被纳入公共教育体系，这说明英国对这一阶段的教育是非常重视的。该法第 41 条规定，“地方教育当局将负责保证向本地区的继续教育提供足够的设施”[②]。

应该说，战前英国的“双轨制”教育带有浓厚的贵族性、精英性和阶级性，其目的是培养有才能的统治者，而非普遍提高国民的素质。诚如理查德·奥尔德里奇（Richard Aldrich）所言：“20 世纪校内外实施的教育与其说决定了社会阶级，倒不如说依然反映了社会阶级。”[③]作为教育现代化的一个重要标志，就是要由贵族精英教育向大众普及教育发展。显然，“双轨制”严重阻碍了教育的民主化，不利于教育现代化的实现。因而，英国教育要迈向现代化就必须对饱受诟病的“双轨制”进行重新设计。1944 年教育法对此进行了改良，它规定由国家兴办和维持的学校从此改称郡立学校（County School），由教会兴办的学校从此改称民办学校（Voluntary School）。如此一来，“教会学校被有效地纳入全民性的公立教育体系。国家提供的免费教育持续排挤私立教育，从而使后者的地位在 20 世纪不断下降”[④]。民办学校根据获得资助与所承担责任的不同，又被区分为三种不同类型的学校，即：受控民办学校（Voluntary Controlled School）、受助民办学校（Voluntary Aided School）、特别协议民办学校（Voluntary Special Agreement School）。借此划分，一方面英国政府构建了英格兰和威尔士统一的公共教育体系，进一步加强了中央政府对教育的领导权；另一方面那些接受政府控制和

---

① *Education Act*, 1944, p. 4. 转引自瞿葆奎《英国教育改革》人民教育出版社 1993 年版，第 145 页。

② *Education Act*, 1944, p. 33. 转引自瞿葆奎《英国教育改革》人民教育出版社 1993 年版，第 177 页。

③ Peter Gorden, etc. , *Education and Policy in England in the Twentieth Century*, London: The Woburn Press, 1991, p. 111.

④ ［英］霍华德·格伦内斯特：《英国社会政策论文集》，苗正民译，商务印书馆 2003 年版，第 99 页。

资助的民办学校，就有义务保留一些学额供那些有能力但又无力支付学费的学生入学，从而增加了更为公平的受教育机会，助推了教育民主化的进程。

(3) 加大教育投入比重，延长义务教育年限，确立了“普惠型”的义务教育福利制度。

体现国家是否如实对教育加强了领导与控制的一个重要衡量指标，主要看其是否加大了教育投入比重。“经费是一切的中心问题，以往本国教育所以受约束，就是因为缺乏经费，引擎是合理装置了，但没有汽油。”① 早在1918年的教育法中，就确立了一条关于教育投入的基本精神，即：中央政府的教育经费补助要随着地方经费开支的增加而增加。《1944年教育法》不但保留了这一基本精神，而且还提高了中央财政拨款在总的教育经费中的比重，即由战前的48%提高到55%。如此一来，教育经费分担机制趋于更加合理和平等。教育财政负担的重心更多地转移到中央政府身上，各地方教育当局能够获得的补助比例将视地方经济条件和学龄人口规模大小而定。贫困的地区可以获得更多额外经费补助，这样有利于教育均衡化发展。另外，中央政府和地方教育当局还共同为各个阶段学生提供奖学金、助学金和其他津贴等教育福利服务，以便增进学生们的学习机会。

有了教育经费投入的保证，《1944年教育法》还适当延长了义务教育年限。法案明确了“义务教育年龄”是指5—15岁的儿童，并认为时机成熟的时候可把义务教育年龄上限提高至16岁。这相比于之前的义务教育年限5—14岁已经有了1—2年时间的延长。法案第36条还对家长保证子女接受教育的职责进行了规定：“每一个义务教育适龄儿童的家长将负责让他的子女通过正规上学或别的途径，接受适合其年龄、能力和性向的全日制良好教育。”② 通过这几项法令，“不仅使得‘人人受中等教育’的口号变为现实，而且还确保了人人都能接受四年（五年）专业的中等教育，减少了各阶级儿童所受教育数量与质量上的不

① ［英］W. O. L. 史密斯：《英国的教育》，（台湾）开明书店1968年版，第65页。

② *Education Act*, 1944, p. 29. 转引自瞿葆奎《英国教育改革》，人民教育出版社1993年版，第173页。

平等”①。这样，一种面向所有适龄儿童的从小学到中学的“普惠型”的免费义务教育福利制度正式得以确立。

（4）对特殊学生的教育进行了有意义的改革，对学校福利设施的改善做了有益的规定。

英国的特殊教育最初也是由民间自愿组织举办的，这些组织只是为学生提供一些职业训练，还谈不上提供真正的教育福利服务。之后陆续出台的教育法案在这一方面有了很大改观。但直到《1944 年教育法》颁布以前，地方教育当局关于“特殊教育”的主要职责更多局限于查明“由于心智缺陷和身体缺陷，而不能在普通初等学校接受适当教育的儿童，以及由于严重的癫痫病而不适宜去公立初等学校学习的儿童”②，并负责提供一些必要的特殊教育设施。《1944 年教育法》在这一问题上比以往的法规有了很大的进步，它在第 8 条、33 条、34 条、38 条等多个条款上对特殊学生的教育做了规定。其中，第 8 条第 2 款第 3 项规定了各地方教育当局“要保证作好准备，在特殊学校（Special Schools）或其他学校，向身心残疾的学生提供特殊教育设施，也就是说，通过适合残疾学生的特殊方法提供教育”③。与之前相比，《1944 年教育法》在特殊儿童教育上至少有两项富有意义的改革：“一是缺陷儿童开始接受义务教育的年龄与正常儿童相同（以前除了盲童、聋童以外，其他缺陷儿童七岁才开始享受义务教育）；二是缺陷儿童不必证明有智力或身体方面的缺陷，便可享受适合其特殊需要的教育。第二项改革特别令人欣慰，因为证明一个儿童为心智缺陷者，从而把他们送进与正常儿童隔离的特殊学校，往往会使很多家长和儿童感到羞辱。”④显然，《1944 年教育法》在提供特殊教育福利关怀上更富人性化，它更加关照到特殊学生的心理感受和需求特点。

---

① 闵凡祥：《福利：国家与社会——从英国社会福利观的演变看撒切尔政府社会福利制度改革》，南京大学博士学位论文，2005 年，第 191 页。

② ［英］邓特：《英国教育》，杭州大学教育系外国教育研究室译，浙江教育出版社 1987 年版，第 110 页。

③ *Education Act*, 1944, p. 5. 转引自瞿葆奎《英国教育改革》，人民教育出版社 1993 年版，第 146 页。

④ 闫玲玲：《英国 1944 年教育法述评》，华中师范大学硕士学位论文，2006 年，第 12 页。

英国的学校福利设施包含的内容非常广泛，有儿童医疗保健、牛奶膳食、寄宿设施、服装供应、文体设施、交通设施等诸多方面。《1944年教育法》中从第48条至第57条整整7页篇幅对学校福利供应方面做出了翔实的规定。在儿童医疗保健上，法案规定“各地方教育当局将负责作出安排，保证向地方教育当局维持的学校或郡立学院中接受初等教育、中等教育或继续教育的学生提供免费医疗”[①]。它将免费医疗范围推广到了公办的中等教育和继续教育的学生。在牛奶和膳食的供应上，1944年之前地方教育当局有自行决定权，因而此项福利服务的效果不甚理想。为此，《1944年教育法》第49条对此进行了硬性规定，“教育和科学国务大臣制定的规章将要求地方教育当局负责向地方教育当局维持的学校和郡立学院的在校生提供牛奶、膳食和其他点心”[②]。在寄宿设施上，法案第8条第2款第4项规定地方教育当局要“保证在寄宿学校或其它学校，向家长和地方教育当局认为适合寄宿生教育的学生提供寄宿设施”[③]。第50条第1款还专门针对特殊学生的寄宿设施供应做出了规定，“为了使某位特殊学生能够接受所要求的特殊教育，向他提供寄宿设施是必不可少的”[④]。在服装供应上，法案第51条第一次授权地方教育当局在公办学校中供应服装，“如果任何一所学校注册的学生由于衣着不适而不能充分享受学校所提供的教育，那么地方教育当局理应为其提供必要的服装”。在文体设施上，法案第53条规定，“各地方教育当局将负责向本地区的初等教育、中等教育和继续教育提供设施，包括向娱乐活动、社交训练和体育活动提供足够的设施”。[⑤] 在交通设施上，法案第55条第1款规定，地方教育当局“提供交通设施和其它设施，方便学生就读于学校，就读于郡立学院，或者参加课程或班级的学习。根据这种安排所提供的交通设施将是免费的”。[⑥] 上述一系

① *Education Act*, 1944, p. 41. 转引自瞿葆奎《英国教育改革》，人民教育出版社1993年版，第185页。

② 同上。

③ 同上书，第146页。

④ 同上书，第186页。

⑤ 同上书，第187页。

⑥ 同上书，第190页。

列范围广泛、内容多样的学校福利设施供应，使学龄儿童受到更多的社会关心，同时也减轻了家长（特别是贫困家庭）的负担。

综合上述讨论，我们不难看出，“1944 年教育法案提供社会福利以一种必行的教育制度”[①] 与英国战后的“福利国家”制度是一脉相承的。随着教育福利制度的建立和国家公共教育体系的形成，英国教育福利政策中的“国家主义”“政府干预”取向日益明显。国家在教育福利运作中的重要作用已经逐渐被人们所认可，“国家不是自由的敌人和潜在权利的侵犯者，而是能够促进所有人自由和保护每个人权利的唯一机构。它可以保证追求公共目标，满足社会需求”。[②] 中央政府加强对地方教育当局的领导与控制，建立统一而完整的公共教育体系，将民办学校纳入国家教育系统，加大教育经费投入等一系列举措都是这种“国家本位（或社会本位）”政策伦理倾向的最好体现，它们均是“以国家的强大为教育的最高目的”[③]。而《1994 年教育法》中那些关于“双轨制”的改良设计，弱化教会力量对公立教育的影响，延长义务教育年限，确立“普惠型”的义务教育福利制度，对特殊学生教育的改革，对学校福利设施的改善等一系列举措，无非是为了实现边沁所说的“最大多数人的最大幸福”这一共同目标，或者说是为了实现“社会共同善”的美好夙愿。简言之，“社会共同善优先”是《1944 年教育法》中的教育福利政策内容所折射出来的伦理意蕴与基本取向。

## 二　社会共同善优先伦理观主导下的教育福利政策进展

自 1945 年至 1979 年这一段经典福利国家时期，工党与保守党两大政党几番轮流执政，其中工党主政的时间是：1945—1951 年、1964—1970 年、1974—1979 年；保守党执政的时间是：1951—1964 年、1970—1974 年，整体而言这段时期真正唱主角的是工党政府。值得一提的是，在 1945 年 7 月英国的议会大选中，工党以 146 席的绝对多数获胜，最终组建了以艾德礼为首相的工党政府内阁。之后，在工党政府

① ［英］W. O. L. 史密斯：《英国的教育》，（台湾）开明书店 1968 年版，第 73 页。

② 丰华琴：《从混合福利到公共治理——英国个人社会服务的源起与演变》，中国社会科学出版社 2010 年版，第 72 页。

③ ［英］罗素：《教育论》，靳建国译，东方出版社 1990 年版，第 23 页。

的主导之下，英国在世界范围内率先建立起了福利国家，取得了举世瞩目的成就，工党也因此一夜成名。这一切都促使处于相对劣势的保守党深刻反思，它有意识地开始淡化与工党的意识形态冲突，在政策取向上主动向“左”靠拢，大体上接受了工党施行的社会民主主义政策主张，从而形成了二战之后两大政党之间难得的“巴茨克尔主义”[①] 共识政治局面。此次共识，“是以凯恩斯经济学理论为指导，以需求管理、国家干预理论为依据，以贝弗里奇的普享型福利模式为蓝图，以工党的社会民主主义思想为依托而建立起来的关于社会政策的共识”[②]，“社会共同善优先”成为这一时期两大主要政党社会政策的核心伦理价值诉求。《1944 年教育法》作为一项宏观教育政策，集中体现了“社会共同善优先”的伦理价值诉求，它为战后很长一段时期英国两党政治格局下的教育福利政策发展趋势确立了一个总体框架。下面我们将对经典福利国家时期英国的教育福利政策进展情况进行讨论分析。

（一）中等教育综合化[③]：义务教育福利制度的结构性变革

《1944 年教育法》中最有意义的改革之一，在于“中等教育”一词涵义的改变。在此之前，这一名词仅针对含有学术性的教育而言，享受此种教育者往往需缴纳学费。自此以后，这种狭义的界说已由较广泛的概念所取代，中等教育成为每一个儿童所必经的教育阶段之一，其职责在于促进和协助每一个儿童如何最大限度地发展自己的能力[④]。该法案对英国的公立教育制度作了大刀阔斧的改革，“确立了三个相互衔接的教育阶段即初等教育、中等教育和继续教育组成的国民教育制度，使初等学校学生在 11 岁向中等学校过渡合法化，并规定了公立中学免收学费，从而真正确立了一个普及的中等教育制度。但是，在关于这个制度应采取什么样的组织形式这一点上，1944 年教育法未作出任何明确

① “巴茨克尔主义（Butskellism）”是由 20 世纪 50 年代先后担任工党和保守党政府财政大臣的盖茨克尔（Gaitskell）和巴特勒（Butler）两人的姓氏拼合而成，表明两党在基本社会政策取向上的趋同。

② 孙洁：《英国的政党政治与福利制度》，商务印书馆 2008 年版，第 231 页。

③ “自 1944 年以来，综合中学问题在英国是教育改革的核心问题。”（［英］埃德蒙·金：《别国的学校和我们的学校》，王承绪等译，人民教育出版社 2001 年版，第 188 页）所以该部分将专门对“中等教育综合化”改革问题进行讨论。

④ 林本：《世界各国中学教育制度》，（台湾）开明书店 1976 年版，第 81—82 页。

的规定”[①]。这恐怕也成为之后英国中等教育综合化政策进程中出现一波三折现象的“导火线”。

中等教育综合化政策作为解决人人公平接受中等教育的诉求，成为战后英国两党政治格局中教育福利改革论争的一大焦点。工党与保守党由于意识形态和价值观存在差异，其反映在中等教育综合化政策上的冲突非常明显。“工党从社会主义和平等主义的价值观出发，许多政策主张都是为了削弱富人的特权和缩小社会的两极分化。因此，在其执政的过程中积极促进综合中学的建立和发展，主张建立一种消灭了特权阶级的文法学校和私立学校的全面的综合中学制度。相反，崇尚传统和反对激进变革的保守党则强调教育中的传统和等级制度中的英才教育，因此，极力保持文法中学的优势地位，反对中等教育的综合化。”[②] 尽管如此，由工党主导的这场中等教育综合化改革最终成为英国义务教育福利制度结构性变革进程中的一个里程碑式的事件。

1. 工党主导酝酿“社会共同善优先”取向的中等教育综合化改革

随着《哈多报告》（1926 年）、《史宾斯报告》（1938 年）的相继发表，英国中等教育分设成文法学校、技术中学和现代中学的“三轨制”（tripartite system）结构，已渐趋成为人们实现“人人受中等教育”理想的最佳模式。到了 1943 年，《诺伍德报告》（*Norwood Report*）的发布，更是进一步地从儿童天性的观点出发，论证了“三轨制”中等教育结构对于满足抽象型、技术型、具体型三类不同天性儿童特殊教育需求的重要性和必要性。可以说，“从‘哈多报告’提出的中等教育结构模式，经过‘史宾斯报告’和‘诺伍德报告’的加工与发展，在理论上对英国中等教育的政策和行政产生了长期而有力的影响，并成为战后英国中等教育重建的基础”[③]。值得说明的是，并非所有社会人士都完全赞同“三轨制”中等教育结构。特别是像当时英国的“全国工党教师协会”“全国教师联合会”等颇具社会影响力的压力集团，他们并不赞同建立外部分化的三类学校，而是主张实行内部分化的学

① 王承绪、徐辉：《战后英国教育研究》，江西教育出版社 1992 年版，第 97 页。

② 许建美：《教育政策与两党政治——英国中等教育综合化政策研究》，华东师范大学博士学位论文，2004 年，第 3 页。

③ 王承绪、徐辉：《战后英国教育研究》，江西教育出版社 1992 年版，第 96 页。

校——“综合学校”（或称“共同学校”“多边学校”），亦即：中学的分化不是通过设立不同的学校，而应在共同的学校中提供“文法”“技术”“现代”等带有多种教育倾向的课程来加以实现。他们并不反对当时英国普遍流行的、作为“三轨制”教育的心理学理论基础，即儿童因其智力、兴趣和学习进度等方面存在的差异而需要在11岁左右实行教育上的分化，他们只是从更为广泛的社会学、政治学意义上考虑，反对分类组织中学教育，其主要的理由在于“三类学校势必使儿童的社会分层永恒化，从而有碍于教育公正和机会均等理想的实现，因此，只有共同学校才是走向教育公正的唯一道路”①。

直到《1944年教育法》出台的前夕，这种观点上的正面交锋都没有停止。面对这一情景，《1944年教育法》做出了很好的回应。其相关内容的第8条“既没有明确地提倡三轨制，也没有否认多边主义发展路线，而是做了一种模糊处理”②。其在规范地方教育当局负责保证初等学校和中等学校的开办内容中，做了这样的规定：“提供中等教育，也就是说，提供适合青年学生要求的全日制教育，但是，按照本法有关继续教育条款拟定的计划向青年学生提供的全日制教育除外，并且向年龄已经达到10岁零6个月，但适宜同青年学生一起接受教育的少年学生提供全日制教育；如果一个地区开办的学校没有在数量、性质和设备方面足以向所有学生提供教育机会，没有按照学生的不同年龄、不同能力、不同性向以及他们可能在校学习的不同期限提供令人满意的各种教学和训练，包括适合学生各自需要的实科教育和训练，那么将被认为该地区没有开办足够的学校。”这一开放性的法律条文表述，从一开始就注定了英国中等教育综合化改革之路并非是一帆风顺的。

战后初期1945—1951年，工党获得执政的权力。尽管工党政府承诺并逐步实现了“人人受中等教育”的伟大目标，但是其执政初期显然仍旧坚持了“精英主义教育”的观念，即：英国需要最好的大脑，不管来自哪个阶层。从客观上寻找原因，恐怕与当时战后恢复重建初

① 王承绪、徐辉：《战后英国教育研究》，江西教育出版社1992年版，第98页。

② 许建美：《教育政策与两党政治——英国中等教育综合化政策研究》，华东师范大学博士学位论文，2004年，第41页。

期，已有的学校数量、规模、设施等无法达到全方位实施“大众教育”理念的中等教育有关。当然，倘若从主观原因上来说，由于当时在工党内部，包括首相、教育部部长以及许多议员都毕业于文法学校，都曾得益于文法学校的教育，他们均将入读文法学校视为工人阶级子女改变个人和家庭命运的关键途径，因此他们对“全国工党教师协会”“全国教师联合会”等压力集团所力推的废除文法学校一事始终保持着谨慎的态度。正如英国教育政策学专家 B. 西蒙（Simon）所言的那样：“即便是与中产阶级有着千丝万缕关系的工党执政，看上去也仍然维持着教育体制的这一项精英选拔的主要功能。”①

1945 年，战后英国第一任教育部部长艾伦·威尔金森（Ellen Wilkinson）公开倡导按照三类中学的模式组织中等教育，声称“通过废除公立学校的学费，我们已确保进这些学校的基础是成绩，无人能很准地说文法学校都是特权阶层的子女……并不是人人都想受学术教育。毕竟，煤必须开采，田地必须耕耘，……”② 当然，威尔金森也难免成为“全国工党教师协会”、“全国教师联合会”等压力集团严厉批评的对象。在当年的工党年会上，艾丽斯·培根（Alice Bacon）作为工党内部颇具影响力的人物之一，指出：“我们的国家制度中有太多的不平等。就中等教育而言，我们支持一种所有的儿童在一所学校内受教育的多边学校。”她的提议获得了与会代表的支持，决议要求“在任何有可能的地方，新建立的学校必须是多边学校”③。威尔金森的政治生命非常短暂，1947 年，其继任者乔治·汤姆林森（George Tomlinson）对综合中学改革的态度明显比前任更为宽容。他虽然不支持全盘实施综合中学模式，但他确实认为有必要推行个别综合中学实验的试点改革。然而，汤姆林森并没有从根本上摆脱既定的“三轨制”路线，“在其教育重建的计划中，都未就开设综合中学提出实质性的建议，而只是作了象征性的

① B. Simon, *Education and the Social Order 1940 - 1990*, London: Lawrence and Wishart, 1991.

② 转引自王承绪、徐辉《战后英国教育研究》，江西教育出版社 1992 年版，第 104 页。

③ F. W. S. Craig, *Conservative and Labour Party Conference Decisions: 1945 - 1981*, Parliamentary Research Services, 1982, p. 184.

首肯"①。

到了1951年，工党内部支持综合中学改革的人数渐增，结果就在当年的年会上提出了明确的"中等教育政策"的政见。该政策对三类学校的需要性提出了质疑，同时明确提出要以设立综合中学的计划取代三类学校，工党致力于彻底改组综合中学的政策得到了进一步的肯定。但是，这一切似乎为时已晚，因为就在当年10月，工党政府下台，接替上台执政的保守党政府继续推行"三轨制"。当然工党政府也并未因为下台而偃旗息鼓，其内部成员对于综合中学改组逐渐达成了共识。在1952年和1953年工党年会上，工党的教育政见亮明了反对"三轨制"的态度，决心要致力于改组综合中学。至此，工党开始将主导推行"社会共同善优先"取向的中等教育综合化改组作为了自身的主要努力方向。

2. 政党轮替执政格局下综合中学逐渐成为中等教育的主流

1951年，成为执政党的保守党政府日益走向全盘反对综合中学的教育政策主张，它坚决维护"三轨制"的存在，特别是维护文法中学的设立。在保守党执政期间，历任教育部部长均不遗余力捍卫文法中学，任何可能触动文法中学的改组计划都遭到拒绝，保守党政府努力阻止综合中学的设立。1964年的政治大选中，全国民意测验显示：教育公平是仅次于生活费用为民众所关注的第二项重要问题。显然，对中学进行改组的教育承诺会赢得民众的关注。工党顺应了民意，在当年的竞选纲领中提出工党将致力于加速中等教育的综合改组。1965年，工党重新获得执政权，获得了将党的政策作为国家政策付诸实施的机会。"与战后首届政府时期工党内部在综合中学政策问题上的冲突与混乱不同的是，工党这次执政在党的政策上获得了前所未有的内部团结。"②迈克尔·斯特沃特（Michael Stewart）、安东尼·克洛斯兰（Antony Crosland）前后两任工党教育国务大臣都是综合中学政策的支持者和践行者。在克洛斯兰任职期间，工党政府发布了1965年第10号通告，其主

① P. Bellaby, *The Sociology of Comprehensive Schooling*, London: Methuen, 1977, pp. 55 – 56.

② 许建美：《教育政策与两党政治——英国中等教育综合化政策研究》，华东师范大学博士学位论文，2004年，第103页。

要目的在于终止 11 岁选拔考试并消除中等教育的分离主义。该通告的发布，标志着工党长期以来所酝酿的“社会共同善优先”取向的中等教育综合化政策第一次上升为国家政策。

1965 年后的五年内，地方教育当局改组的计划稳定地发展。“到了 1967 年 2 月底，162 个地方当局中，30 个已针对该区整个或部分区域提出改组方案；1969 年 2 月，129 个地方当局中，只有 6 个正式拒绝提出任何改组方案。”① 1969 年英国进行地方政府选举后，工党决意要强迫改组综合中学，时任教育大臣的爱德华·肖特（Edward Short）提出改组综合中学的法案，强迫地方当局实施综合中学的改组。然而，该法案尚未来得及通过，工党政府就已经下台。1970 年，重新上台执政的保守党政府想要取消中央政府对改组综合中学的支持，玛格丽特·希尔达·撒切尔（Margaret Hilda Thatcher）出任教育大臣后立即发布第 10 号通告，取消 1965 年第 10 号通告关于改组综合中学之要求，“允许地方教育当局可自由决定该区的中等教育形态，并公开推荐综合中学和三轨制并存的二元制度”②。直至 1972 年为止，撒切尔维护了 92 所文法中学免于改组，200 所学校的改组计划暂停实施，400 所学校因缺钱而停止改组。“尽管撒切尔保卫文法中学不遗余力，但其在任时关闭的文法中学却也是历任教育部长中最多的。改组综合中学来势汹汹，撒切尔所能做的也只能是稍加抑制而已。”③

1974 年，工党政府重新执政后，立即颁布了第 4 号通告，重申中央政府支持改组综合中学政策。工党先要求区内保留选拔制度的地方教育当局交出改组的计划，随后工党取消“直接补助文法中学”（Direct Grant Grammar School），并强迫在地方教育当局管辖的公立综合中学和独立学校之间做一选择，成为综合中学者由政府继续提供经费补助，但改为独立学校者政府即取消补助。为此，当时许多原本接受直接补助的学校纷纷改组。《1976 年教育法》的出台，更是从法律上确立了工党政

① DES, *The Growth of Comprehensive School*, 1977.

② A. Weeks, *Comprehensive School: Past, Present and Future*, London: Methuen, 1986, p. 21.

③ J. R. G. Tomlinson, “Comprehensive Education in England and Wales, 1944 – 1991”, *European Journal of Education*, 26 (2): 109.

府执行强迫改组的决心。该法授权给教育部部长，要求地方教育当局和志愿机构提出改组综合中学的计划方案，这些方案在五年内要付诸实现，部长若不满意各区方案，可退回并要求重提，并且不允许任何选拔形式的公立教育存在，有效终结直接补助学校系统。到1976年底，105个新的地方教育当局中，已有27个进行了全面改组综合中学，77个已完成局部改组，只有1个尚未设立综合中学。当年的综合中学数目已增加到3387所，学生数占到了中学生总数的69.7%①。随后于1977年，全国就学校问题展开大辩论时，综合中学学生数已经大约占到中学生总数的80%。当年，教育和科学大臣雪莉·威廉姆斯（Shirley Williams）在总结教育大辩论中声称："在我们的四分之三学校中，甄选制度已经成为过去时。"

1979年，保守党政府再次上台，首相撒切尔夫人意欲废除《1976年教育法》中有关强制改组综合中学的规定，但此时改组的运动已无法制止，综合中学的改组以工党之前预期的速度向前推进。到1980年，英格兰和威尔士就读综合中学的学生已经达到了总数的83%。至此，由工党主导酝酿的中等教育综合化改革虽然一波三折，但是其最终还是逐渐成为中等教育结构的主流。这也意味着经典福利国家时期的带有"社会共同善优先"价值取向的这轮义务教育福利制度结构性变革基本上已宣告完成。

（二）补缺型教育福利：针对处境不利儿童的教育支持政策

"中等教育综合化改革"作为义务教育福利制度变革的一部分，是面向全体儿童的一种"普惠型"教育福利改革举措。除此之外，英国政府还出台了大量针对处境不利儿童的教育支持政策——"补缺型"教育福利举措，以下我们将择取重要的相关政策进行讨论。

1. 按照"积极的区别对待"原则建立"教育优先区"

1963年，英国中央咨询委员会在纽瑟姆（Newsom, J.）爵士牵头之下发表了《我们未来的一半》（Half Our Future）报告，也称《纽瑟姆报告》（*Newsom Report*）。该报告关于地区间教育不均衡问题提出了一条建设性的建议："在贫困地区成立社会服务联合工作组，对学校的

① DES, *The Growth of Comprehensive School*, 1977.

‘功能性不良状况’(function deficiencies)加紧采取补救行动。”[①] 1966年10月，以普洛登(Plowden，B.)女士为主席的中央咨询委员会经过几年的深入调查，发表了题为“儿童和他们的小学”(Children and Their Primary Schools)的报告，亦即著名的《普洛登报告》(*Plowden Report*)。该报告最重要的建议是关于不利的社会生活条件对教育机会的影响问题，它在《纽瑟姆报告》基础上继续对这一主题进行了研究。

报告指出在大城市的内城区(inner-city)和其他被剥夺地区(deprived areas)，“我们注意到了肮脏的入口；狭窄道路上不断的交通噪声；停在人行道上的机动车喇叭齐鸣；周围荒地上的垃圾堆；学校里或学校附近没有绿色的可供运动的空间，很小的操场；残破的校舍；装饰很差的校内环境；狭窄的通道；采光差的教室……”[②] 毫不奇怪，许多优秀的教师不愿在这样的地区、这样的学校工作，那儿的教育根本达不到他们所期望的那种标准。而那些留下来的教师，往往由于自身专业知识技能的缺失或缺乏继续教育的机会，使得事情可能变得更糟。稍有能力的家庭会从这样的地区向外流动，而走不出去的贫困家庭子女就只能无奈地接受这种“被剥夺了”的不平等的教育机会。如此一来，许多儿童的潜能可能永远得不到发掘，他们想要通过接受教育而改变命运的希望最终也会化为泡影，这种恶性循环的家庭贫困恐怕就会一代一代传递下去。

针对上述社会不公现象，该报告提议搞一个全国性计划，用以帮助那些生活条件十分不利的儿童所处的学校和地区。它阐明了一项新的管理原则——在整个教育系统中应实行“积极的区别对待”(positive discrimination)。基于这一原则，该报告引进了“教育优先区”(educational priority areas)的思想。“被剥夺地区的学校应该在许多方面得到优先。第一步，就必须把低水平的学校提高到全国平均水平；第二步，要相当谨慎地改善他们……一旦教育优先地区选定了，下一步必须是给予它们所需要的帮助。最重要的事情是把更多有经验的、成功的教师投入这些地区，并给他们大量的教师津贴……积极的区别对待与其它许多国

① 瞿葆奎：《英国教育改革》，人民教育出版社 1993 年版，第 258 页。

② 同上书，第 300 页。

家的经验或设想相一致，并与社会政策的其它领域相一致。它要求重新分配投入教育的资源，同样，还要求增加教育经费的总量……无论是出于经济还是社会原因，最幸运与最不幸运的儿童之间在教育机会上的鸿沟应该填平。”① 遵照这一提议，英国政府于 1967 年颁布第 11 号通告，宣布一项针对“教育优先区”的特别建设计划；1968 年政府又同意给予“特别困难学校”的合格教师增加额外的薪水，并对优先地区的教师增加编制等。

2. 针对特殊儿童的相关教育福利政策

《1944 年教育法》出台之前，特殊儿童的教育是一个完全独立类别的条款。之后，它被纳入地方教育当局的中小学教育发展规划之中。这是英国教育法案中首次真正主张普通教育和特殊教育的融合，主张让有特殊教育需求的儿童回归主流。其中规定，一般的残疾儿童可以在普通中小学校随班就读；而程度较深的残疾儿童则可以继续在特殊学校接受教育。《1953 年教育法》更是将这些规定的适用范围扩展到了私立学校。战后有关特殊教育的规定基于一个基本假定：普通中小学校有能力为大部分有特殊教育需求的儿童提供服务。而事实上这一假定忽略了一个重要的前提，那就是：战后许多学校建筑物受到摧毁，而残疾儿童的人口基数大大增加，因而短时间内没有足够的学校空间（包括普通学校和特殊学校）可以容纳得下过多的特殊儿童接受教育，再加上开展特殊教育所需的专业师资数量和质量一下子也跟不上。所以，战后最初几年，英国政府不得不花费大量精力用于解决这一现实矛盾。

经过将近 10 年时间的努力，这一状况得到明显改观。“特殊学校的数量从 528 所增加到了 743 所；接受特殊教育的学生数目从 38499 名增加到了 58034 名；全职的特殊学校教师人数也从 2434 名增加到了 4381 名……已经可以充分满足盲人和部分视力障碍儿童的教育需求，基本上可以保证低年龄入学的聋哑和部分失聪儿童的教育服务，特殊儿童的早期诊断、评估和教育干预也渐渐得到人们的认可……控制癫痫儿童的方法得以进一步完善，越来越多的普通学校老师愿意为不太严重的特殊儿童提供教育支持，25 所新建的寄宿学校将用于满足各种生理缺

① 瞿葆奎：《英国教育改革》，人民教育出版社 1993 年版，第 303—306 页。

陷（包括脑瘫）孩子的教育需求。地方教育当局为言语缺陷儿童提供专业服务的合格治疗师也从 1949 年的 205 名增加到 1954 年的 341 名。”①

此后，英国政府还通过出台一系列针对特殊儿童的教育福利政策（见表 2-1），确保此项工作稳步推进。

表 2-1　　1954—1979 年英国特殊教育福利政策的进展情况

| 年份 | 政策名称 | 主要内容 |
|---|---|---|
| 1954 | 《全国咨询委员会关于师资培训和供应的报告》（*the National Advisory Council on the Training and Supply of Teachers*） | 报告建议，所有负责特殊教育的教师必须具备普通学校教育的经历和有关残疾儿童的常识，而且必须参加额外的全日制教师培训。 |
| 1955 | 《安德伍德报告》（*Underwood Report*） | 报告建议，每个地方教育当局都要有一个全面的儿童指导服务机构，其服务内容涉及学校心理服务、学校健康服务和儿童诊断指导等，所有这些都应该密切合作。 |
| 1956 | 《詹姆逊报告》（*Jameson Report*） | 报告敦促政府实施一项关于卫生视察员和社会工作者的全国培训计划。该建议落实在 1962 年的《卫生视察和社会工作（培训）法案》[*Health Visiting and Social Work*（*Training*）*Act*] 之中。 |
| 1959 | 《心理健康法案》（*Mental Health Act*） | 该法案规定了学校对于许多长期遭到排斥的有心理疾病儿童的关注。 |
| 1963 | 《纽瑟姆报告》（*Newsom Report*） | 报告指出，中等教育提供的特教数量与实际需求有很大落差，特殊教育的提供完全取决于校长的态度。其建议政府予以重视。 |
| 1968 | 《萨默菲尔德报告》（*Summerfield Report*） | 报告建议明确心理学家在教育服务中的职责，并加强教育心理学家的培训和供应。 |

① Derek Gillard, Education in England: A Brief History, http://www.educationengland.org.uk/history.

续表

| 年份 | 政策名称 | 主要内容 |
| --- | --- | --- |
| 1970 | 《教育（残疾儿童）法案》（*Education (Handicapped Children) Act*） | 该法案规定，将原先负责为有心理疾病儿童提供教育培训服务的机构从卫生当局转移至地方教育当局。 |
| 1976 | 《1976 年教育法》（*1976 Education Act*） | 该法案第 10 条对《1944 年教育法》第 33 条的规定进行了修改，规定地方或民办学校要为特殊学生提供教育，其支持把缺陷儿童放在普通学校里受教育的做法。 |
| 1978 | 《关于缺陷儿童及缺陷青少年的教育》（沃诺克报告）（*the Education of Handicapped Children and Young People*）（*Warnock Report*） | 该报告指出，绝大多数缺陷儿童可以而且应该在普通学校就读，普通学校应当提供有效的特殊教育，政府应注重对教师进行职前训练和在职培训以及建立各种配套的服务。 |

3. 为在校（贫困）儿童提供免费牛奶和膳食

《1944 年教育法》第 49 条明确规定了地方教育当局负有为在校生提供牛奶和膳食的责任。许多政府官员都认识到为在校生（特别是贫困儿童）提供免费牛奶和膳食的重要性，正如伍尔顿爵士（Lord Woolton）所言："未成年人需要得到保护，政府深思熟虑后采取的这些措施是正确的……仅仅提供食物是不够的，它必须精心烹饪和富有营养，食物的选择还必须考虑到儿童身体健全成长的特点，注意科学饮食。"① 必须指出的是，工党和保守党在对待免费学校牛奶和膳食供应上的态度是有所差别的，相比之下，前者要更为积极一些。当然，两者的态度也并不是始终如一的，其伴随着社会形势的变化而适时调整。

1945—1951 年，工党执政期间原本想要实现为所有在校生提供免费食物，但最终因为这项支出太大而变得不切实际。然而，1946 年 8 月，在工党推动下，面向所有学生提供免费牛奶的计划开始实行。到

① Matthew Fort, The Guardian, 1999 - 12 - 03. in Derek Gillard, Education in England: A Brief History, http://www.educationengland.org.uk/history.

1951 年，49%的在校生吃到学校食物，84%的学生喝到了牛奶。1951 年，保守党重返执政舞台之后，并没有急于修改工党确立的社会福利服务计划。1952 年，时任金融财政部部长约翰·博伊德·卡本特（John Boyd Carpenter）认为“学校膳食提供是所有社会福利服务当中最具社会价值的举措”。然而，好景不长，1953 年开始，学校食物价格开始大幅上涨，此项财政支出牵动着保守党政府的敏感神经。从 1956 年起，保守党试图开始削减公共支出。但是，迫于战后“社会民主主义”主流社会思潮影响之下的政治压力，智囊团们说服保守党政府不要贸然行动。因而，1951—1964 年，保守党政府对儿童营养服务的总体贡献是不大的。1964 年，工党再度执掌政权。它并未明确阻止保守党想要削减政府补贴的做法，事实上，威尔逊政府从一开始所做的“财政部将尽可能尽快地增加学校膳食费用”的表态就略显暧昧。战后初期工党关于大幅增加学校膳食和牛奶开支的明确承诺似乎被搁置了。到了 1968 年，为中学在校生提供牛奶的服务终止了。到 20 世纪 60 年代末，虽说英国的绝对贫困人口减少了，但“最贫困群体的不利处境是难以接受的，代表家庭支持和贫困者发声的社会活动人士对工党政府在处理贫困问题上的做法表示了不满”①。1970 年 6 月，撒切尔成为新的希思政府的教育大臣。面对黯淡的经济前景，保守党政府寻求通过削减公共开支来兑现自身的选举承诺。1970 年 8 月，作为对财政部削减开支的回应，撒切尔决定要在四个方面削减教育公共开支，分别为：继续教育费用、图书馆的图书费用、学校膳食费用、学校免费牛奶供应。撒切尔也因此被冠之以“牛奶掠食者”（Milk Snatcher）的骂名。1974 年，工党再度轮替上台执政，不断恶化的经济总体形势迫使其不得不延续前任政府既定的削减教育公共开支的政策基调。

---

① C. Webster, “Government Policy on School Meals and Welfare Foods 1939 - 1970”, in D. F. Smith, *Nutrition in Britain*: *Science*, *Scientists and Politics in the Twentieth Century*, London: Routledge, 1997, p. 208.

# 第三章　福利国家紧缩时期（1979—1997年）

## ——个体权利优先伦理观取向的教育福利政策

1979年是英国社会福利发展史上又一个具有“分水岭”意义的年份。该年大选，玛格丽特·希尔达·撒切尔（Margaret Hilda Thatcher）领导的保守党胜选执政，她一上台就公开宣称其目标是完全改变1945年以来的社会政策和经济政策的整个方针，保守党与工党原有的社会民主主义福利共识格局被打破，意味着福利国家发展的“黄金时代”就此终结。保守党从此开始创造了连续执政18年的政治奇迹，它带领英国步入“新右派思潮”（New Right）对社会福利制度产生深刻影响的“福利国家紧缩”[①] 时期。

## 第一节　从“黄金时代”走向福利国家紧缩政治时代

### 一　撒切尔政府社会福利改革的社会现实背景分析

撒切尔上台以后，对社会福利制度进行了一系列大刀阔斧式的改革，这些改革背后有着深厚的社会现实背景：从客观上说，经济危机形势下政府主导型的福利国家制度建设面临重重危机；从主观上说，凯恩斯主义失灵之后，社会主流意识形态“向右转”已是大势所趋。

① “福利国家紧缩”概念源于英国学者保罗·皮尔逊（Paul Pierson）。参见［英］保罗·皮尔逊《拆散福利国家——里根、撒切尔和紧缩政治学》，舒绍福译，吉林出版集团有限责任公司2007年版，第1页。

（一）客观背景：危机重重的福利国家

“福利国家”建设翻开了英国历史新的一页，其所产生的积极作用是不言而喻的。“它不仅保障了人民的基本生活，而且有利于调节社会财富的分配，使社会各阶层趋向于平等，体现出社会正义。”① 但与此同时，它对于英国的经济也产生了不少负面影响。二战后，停停走走（stop-go）的“英国病”怪现象似乎成了经济发展的一种常态。进入 20 世纪 70 年代以后，英国的经济危机接踵而来，而且危机持续时间一次比一次长，工业生产下降幅度一次比一次大，失业人数最高月纪录一次比一次高（见表 3 - 1）。

表 3 - 1　**英国战后历次经济危机**

| | 危机起讫年月 | 危机持续时间（月数） | 工业生产下降幅度（%） | 失业最高月纪录（万人） |
|---|---|---|---|---|
| 第一次 | 1951 年 8 月—1952 年 6 月 | 11 | 10.9 | 51.8 |
| 第二次 | 1957 年 10 月—1958 年 10 月 | 13 | 3.4 | 62.1 |
| 第三次 | 1961 年 8 月—1962 年 1 月 | 6 | 4.5 | 46.1 |
| 第四次 | 1966 年 4 月—1966 年 11 月 | 8 | 3.0 | 60.3 |
| 第五次 | 1971 年 2 月—1972 年 2 月 | 13 | 8.6 | 97.4 |
| 第六次 | 1973 年 11 月—1975 年 8 月 | 22 | 11.2 | 125.0 |
| 第七次 | 1979 年 7 月—1981 年 5 月 | 23 | 15.2 | 240.7 |

资料来源：于维霈：《当代英国经济——医治“英国病”的调整与改革》，中国社会科学出版社 1990 年版，第 294 页。

严峻的经济形势凸显了英国政府公共财政开支能力的不断下降。然而，经典福利国家时期长达 30 多年的社会福利制度建设以及福利国家的建立，对国家干预的力量进行了“大剂量”使用，“自从 1949 年英国实际上成为一个福利国家之后，社会保障方面的公共开支实际上已经增加了七倍，从原来不到国民生产总值的百分之五，增加到现在的大约

① 陈晓律等：《英国——需要新支点的夕阳帝国》，贵州人民出版社 2000 年版，第 65 页。

百分之十二，几乎占到了整个公共开支的三分之一”[①]。人们对社会福利经费投入的期待值无限制增长。这两者之间产生的现实矛盾将英国福利国家卷入了财政危机、动力危机、社会道德危机、功能危机、合法性危机、效率危机[②]等重重危机之中。

1. 财政危机

两次世界大战给英国带来了巨大的经济损失，战后各项基础设施恢复重建本身就需要一大笔花费，战后初期在工党主导之下按照《贝弗里奇报告》框架建立起来的福利国家，“从摇篮到坟墓”（from cradle to grave）的一揽子福利计划的实施更需要巨额的资金投入。在1945—1979年，虽说执政党几易其主，但是保守党在自身掌权期间基本上遵照了两党业已达成的共识——“巴茨克尔主义”，执行了福利国家建设既定的基本框架，并使之得以进一步发展。从某种意义上说，保守党甚至比工党还更加得力。据统计，“在1945—1981年间，工党年会有关福利方面的议案共有65个，保守党同期则共有95个议案”[③]。伴随着国家角色逐渐对社会福利领域的大举介入，政府面临的一个重大考验就是日益庞大的社会福利支出成为严重的财政负担。“从20世纪50年代开始，英国政府用于社会福利的公共支出直线上升，并超过国防开支成为政府的最大支出。直到20世纪70年代末期，福利开支在国内生产总值（GDP）中所占份额在20世纪的大部分时间一直保持着稳定的增长。”[④]表3－2可以很好地反映出这一状况，1950—1974年，社会保障、个人社会服务、国民健康服务、教育、住房、就业服务等各个社会福利项目的开支以及社会总支出的增长率都处于正增长状态，而且都大大超过GDP的增长率。这种入不敷出的高福利政策是难以为继的，英国的福利国家建设由此陷入财政危机。

---

① ［英］玛格丽特·撒切尔：《撒切尔夫人自传：通往权力之路》，李宏强译，国际文化出版公司2009年版，第459页。

② 闵凡祥：《福利：国家与社会——从英国社会福利观的演变看撒切尔政府社会福利制度改革》，南京大学博士学位论文，2005年，第61—80页。

③ F. W. S. Craig, *Conservative & Labour Party Conference Decisions 1945 - 1981*, Chichester: Parliamentary Research Services, 1982, pp. 60 - 63.

④ ［英］安东尼·吉登斯：《第三条道路：社会民主主义的复兴》，郑戈译，北京大学出版社、生活·读书·新知三联书店2000年版，第117页。

表3－2　　　**英国社会支出年度增长率与GDP年增长率之比较（1950—1977年）**

| 年代 | 1950—1960 | 1960—1970 | 1970—1974 | 1974—1977 |
| --- | --- | --- | --- | --- |
| 社会总支出 | 1.10 | 1.40 | 1.50 | 0.98 |
| 社会保障 | 1.25 | 1.42 | 1.17 | 1.25 |
| 个人社会服务 | 1.13 | 2.24 | 2.20 | 1.14 |
| 国民健康服务 | 0.91 | 1.21 | 1.43 | 1.05 |
| 教育 | 1.37 | 1.46 | 1.27 | 0.99 |
| 住房 | 0.58 | 1.42 | 2.61 | 0.37 |
| 就业服务 | 0.62 | 2.11 | 1.56 | 2.54 |

注：表中数字为两者比值，大于1表示该项目支出年增长率大于GDP的年增长率。

资料来源：Rodney Lowe, *The Welfare State in Britain since 1945*, New York：ST. Martin's Press, 1999, p. 353.

2. 动力危机

二战以后，英国在世界经济格局中的绝对优势受到了巨大挑战，要想保住原有的国际市场份额，它就不得不拿出更具竞争力的产品同其他国家相竞争。然而，“战后福利国家对平等的过度追求；高福利、高税收的政策；以及社会福利制度的再分配特点，导致英国的劳动力成本过高，国际竞争力下降……战后英国政府长期沉溺于胜利的喜悦和热衷于建设福利国家之中，当1945年迫切需要在国家的领导下进行大规模的工业改革和现代化规划，将大量资金投资于工厂和机器、教育和培训及国家基础设施时，苦苦挣扎的英国工业却在资源竞争中被广泛蔓延的‘新耶路撒冷’击败了。工业现代化从属于福利国家导致了战后英国经济的衰落”①。除此之外，“福利国家”的庞大开支迫使政府不得不建立与之相适应的高额税制，虽然这有利于调节社会财富的再分配，减少贫富两极分化社会不公现象的发生，但是这一举措却可能挫伤高级人才的工作积极性和投资热情。这一时期，“中级经理人员的平均薪俸（扣除

① 闵凡祥：《福利：国家与社会——从英国社会福利观的演变看撒切尔政府社会福利制度改革》，南京大学博士学位论文，2005年，第65—67页。

所得税和生活费用的差额)，法国和德国要比英国高出近一倍”①。在此情况下，大量社会精英人才的外流就不足为怪了。同样，高额税制也加速了资本的外流。如此种种，对英国而言无疑是巨大的损失，对其经济的长远发展来说更是失去了不可或缺的强大动力。

3. 道德危机

毋庸置疑，“福利国家”建立的初衷是通过国家力量对市场力量进行人道主义的修正，是寄希望于通过社会资源的再分配来消除贫困现象，最终实现“社会共同善”的价值目标。“福利国家”的制度设计者贝弗里奇强调：“国家在组织保障时不应当妨碍人们的动力、机会和责任感；在建立全国最低生活水平线的同时，国家应为每个人的自愿行动留有余地，以使其为自己和他的家庭谋求更多的福利。”② 然而事与愿违，政府对于每个人的生老病死大包大揽的做法、“授之以鱼”式的扶贫措施最终滋养了一大批社会“寄生虫”，也助长了“福利欺诈”行为的猖獗。资料显示，“1981 年，英国约有人口 5800 万人，但却拥有 7900 万社会保险号码，这使政府每年损失近 40 亿英镑”③。可以说，福利国家制度在很大程度上“削弱了个人的进取和自立精神，它制造出来的问题比它解决的问题要多”④。“福利国家”滋生的“福利依赖”“贫困陷阱”“道德危机”等成了撒切尔政府不得不面对的现实难题。

在撒切尔看来，“穷人”需要重新定义，它可以被区分成“应该获得救济的穷人(勤奋、节俭、自立和有家庭责任的穷人)”和“不应该获得救济的穷人(懒惰、挥霍、依赖和没有家庭责任的穷人)”两种类型。她赞同“有目标的福利”——把福利给予那些“应该获得救济的穷人”，反对把福利发放给那些“不应该获得救济的穷人”。她认为：“仅仅靠金钱是不能消除贫穷的，还需要内在化的价值观念。”⑤

① 韩德森：《英国的衰落及其原因和后果》，上海外语教育出版社 1985 年版，第 50 页。

② 转引自毛锐《撒切尔政府私有化政策研究》，中国社会科学出版社 2005 年版，第 141 页。

③ 赵鹏：《英国新福利制度介评》，《世界经济情况》1998 年第 15 期，第 28 页。

④ [英] 安东尼·吉登斯：《第三条道路：社会民主主义的复兴》，郑戈译，北京大学出版社、生活·读书·新知三联书店 2000 年版，第 14 页。

⑤ [英] 玛格丽特·撒切尔：《撒切尔夫人自传：通往权力之路》，李宏强译，国际文化出版公司 2009 年版，第 456 页。

4. 功能危机

在福利国家建立之初，许多人理想化地认为只要通过体系完备的一揽子社会福利政策就能确保社会更加公平。实际上，虽然说社会福利制度的实施在一定程度上可以使贫困者的生活窘况得到改善，但是它却无法从根本上消除社会贫困现象，使贫富阶层的收入“均等化”。正如英国社会学家蒂特马斯（R. M. Titmuss）及其研究伙伴们一针见血所指出的那样，“战后社会福利领域某些关键性改革的主要受益者是那些生活条件较好的人。虽然免费医疗保健是为所有人提供的，但享受该项服务较多的却是那些社会阶层较高的人。现在，中产阶级也可以把孩子送到文法学校读书而无需付费……”① 不可否认，福利国家制度的建立帮助英国社会消除了“赤贫”现象，但是从战后几十年的发展历史来看，英国的“穷人”（收入低于政府规定的国民最低生活标准的贫困者）不但没有减少，反而在不断增加。“根据1985年英国政府关于社会保障的报告材料，1948年开始实行社会保障时，全国生活水平低于国民最低生活标准的人数约为100万人，到60年代中期时增加为200万人，70年代末期再增加到300万人，到1983年则已达430万人。”② 由此可见，福利国家的本体功能出现了危机。

5. 合法性危机

“合法性危机”（legitimation crisis）一词源自德国学者尤尔根·哈贝马斯（Juergen Habermas），也称“正当性危机”。哈贝马斯认为：“在晚期资本主义，经济危机已是不可避免，危机正从经济领域转移到社会、政治、行政和文化领域……其陷入了因政治制度而带来的‘合法性危机’。由于国家实行干预政策，违背了固有的保护个人首创精神和信奉企业自由的合法的意识形态，导致人民对政府合法性产生怀疑，群众不对国家的权力制度表现出忠诚和支持，同时人们提出的愿望得不到满足也会产生合法性危机。”③ 哈氏所描述的这一概念在英国得到了

① 转引自闵凡祥《福利：国家与社会——从英国社会福利观的演变看撒切尔政府社会福利制度改革》，南京大学博士学位论文，2005年，第71页。

② 李琮：《西欧社会保障制度》，中国社会科学出版社1989年版，第198页。

③ ［德］尤尔根·哈贝马斯：《合法性危机》，刘北成、曹卫东译，上海人民出版社2009年版。

印证。随着福利国家体制越来越庞大，它对个人生活的干预能力也越来越大。人们需要接受什么样的教育、到哪里去看病、需要住怎样的房子、应该如何消费等私人生活，无不受到“福利国家”名义的干预。不管你喜欢不喜欢，“慷慨”的社会福利机构都会按照普遍原则和统一标准发放福利。这也容易使得公共资源不能物尽其用，对于那些不是真正需要的人而言，这是一种浪费；而对于那些真正需要的人来说，所得的补助又不够。实际上走到这一步，英国政府所要考虑的不再是如何解决普遍贫困的问题，而是怎样满足“消费者”需求多样性的问题。可以说，“撒切尔主义的成功关键就是认识到并及时抓住了英国社会的这一变化”[①]。

6. 效率危机

英国社会福利国家制度存在一个明显特点，那就是“政府主导”，其过分强调使用国家力量这只手维护“社会正义”，而忽视发挥市场力量另一只手的作用，所以其在实现“经济效率”上有所欠缺。政府干预在一定程度上可以对市场发挥积极的修正和补充作用，促进经济增长，解决“市场失灵”问题，但是如果这种干预超过一定限度，则可能会矫枉过正，对经济发展产生负面作用，出现另一个极端——“政府失灵”。“政府失灵”现象的一个具体表现是，“福利国家对福利供给的垄断造成了国家机构的膨胀与官僚化。学校、医院、国民健康服务以及社会保障等的规模相当大，原意是为节约成本和提供计划中的便利，结果却是机构高度复杂和明显的无效率，存在着雇员密集、人员调整频繁、成本巨大、瞒报虚报等问题。在整个福利领域，人力成本占了所有成本中的一个很大比重，并且越来越大”[②]。组织机构越是效率低下，往往就越容易膨胀。这种近乎僵化、缺乏灵活性的福利国家制度，已经无法很好地对其所处的社会经济形势的变化作出迅速准确的反应与调整。因此，引入新的市场竞争机制，重新激活社会福利制度，就成了撒切尔政府的一项头等大事。

---

① 刘成：《理想与现实——英国工党与公有制》，江苏人民出版社 2003 年版，第203 页。

② 闵凡祥：《福利：国家与社会——从英国社会福利观的演变看撒切尔政府社会福利制度改革》，南京大学博士学位论文，2005 年，第 77 页。

（二）主观背景：意识形态的“右转”

如果说上述福利国家的重重危机是撒切尔政府社会福利改革的现实基础，那么为了克服这些危机，它还离不开强有力的思想基础。20 世纪 70 年代，英国社会涌现出了形形色色的社会新思潮，比如像新左派思潮、新右派思潮、激进主义、新法西斯主义，等等，“其中有机融合了新自由主义和新保守主义思想精髓的新右派思潮对撒切尔政府的改革影响最大，成为了改革的指导思想”[①]。“新右派思潮”旨在重新确立国家、市场与政治体制之间的关系，它不仅帮助撒切尔夫人为首相的保守党右翼政府重新上台执政，而且也为其推行全面的社会福利改革提供了关键的理论基础和意识形态上的动力。

1. 新自由主义

“新自由主义”（Neoliberalism）是随着 20 世纪 70 年代凯恩斯主义的衰落，而崛起的一种经济学新范式。“新自由主义复兴的基本原因可以在凯恩斯主义的观点分歧中发现，它未能增进公众对能够与新自由主义鼓吹的‘自由市场’相抗衡的经济之理解。”[②] 应该承认，凯恩斯主义影响下的政府主导型社会政治经济战略对战后英国的经济繁荣和社会稳定起到了重要促进作用。起初 20 多年里，英国经济出现增长局面，国内生产总值年平均增长率达到了 28%。同时，失业率下降，从“摇篮到坟墓”的社会保障制度使人民的整体生活水平在这一时期有了很大提高。[③] 但英国政府在实行国有化过程中，不断加强政府对国有企业的干预，结果造成政企不分，效率低下，而政府不断增加的社会福利开支也给英国带来了一系列消极影响。特别是进入 20 世纪 70 年代以后，政府干预与国有化的弊端更加凸显，英国国内经济滞胀严重，经济危机频频爆发，通货膨胀与失业率交替上升。凯恩斯主义经济学陷入进退两难、顾此失彼的尴尬局面：要延缓危机和减少失业就必须采取扩张性的财政货币政策，但这会造成更严重的物价上涨；为缓和物价上涨就需要采取紧缩性的财政货币政策，但这又将引起失业人数的大幅增加。这似

---

① 曹现强：《当代英国公共服务改革研究》，山东人民出版社 2009 年版，第 49 页。

② ［英］阿尔弗雷多·萨德－费洛等：《新自由主义：批判读本》，蔡毅译，凤凰出版传媒集团、江苏人民出版社 2006 年版，第 26 页。

③ 刘玉安：《从巴茨克尔主义到布莱尔主义》，《欧洲》1999 年第 6 期，第 66 页。

乎已经宣告凯恩斯主义失灵了，与此同时“新自由主义”思想开始登上历史舞台。

新自由主义“是在古典自由主义思想基础上建立起来的一个新的理论体系，它强调自由市场和小政府，主张以市场力量调节经济活动、减少政府对经济与社会公共生活的干预”[①]。它包括许多学派，如以米尔顿·弗里德曼（Milton Friedman）为代表的“货币主义”（monetarism）学派、以帕特里克·明福德（Patrick Minford）为代表的“供给经济学”（Supply-side economics）学派、以弗里德里希·哈耶克（Friedrich A. Hayek）为代表的伦敦学派，等等。尽管流派众多且这些学派研究的出发点和目的不尽相同，但是他们都有以下几个共同的主张：

（1）主张私有制，反对公有制

新自由主义的核心观点之一就是：主张私有制，反对公有制。他们的主要理由有二：

一是前者比后者更有效率。在新自由主义者看来，在私有制条件下，个体的积极性都能得到充分的调动与发挥，进而能够提高整个社会的经济效率。虽说“私有制”可能导致人们的收入水平不均衡，但每个人致富的机会是均等的。与此相反，他们视公有制为产生独裁的根源，认为公有制不仅不能有效地提高经济效率，而且会给整个社会带来巨大的浪费。曾被誉为“奥地利学派院长”的新自由主义代表人物——路德维希·冯·米塞斯（Ludwig von Mises）认为：“除了以生产资料私有制为基础的社会制度之外，其他的任何社会制度都是不可行的……自由主义捍卫财产的私有制，反对任何企图消亡它的行为。如果人们因此将自由主义者称为私有制的辩护士，那么，这个称号是恰如其分的。”[②]

二是前者比后者更能保障个人自由。新自由主义者认为，拥有独立资产的人是社会中最重要的因素，个人的“积极性”只有在私有制的

---

① 何伟强：《英国教育战略研究》，浙江出版联合集团、浙江教育出版社 2014 年版，第 19 页。

② ［奥］路德维希·冯·米塞斯：《自由与繁荣的国度》，韩光明等译，中国社会科学出版社 1995 年版，第 119 页。

基础上才能得到充分发挥。因而私有制的最大好处在于能够给人们自由权利，并能够保障个人自由。哈耶克就是该观点的典型代表，他认为："私有制是自由的最重要的保障……私人资本主义连同其自由市场的发展成了我们一切民主自由的发展的先决条件。"[①] 同时，他认为公有制以中央计划、行政命令代替分散决策经营，不仅会扼杀个人的积极性，从而导致低效率，而且必然面临极权主义的严重问题。[②]

（2）崇尚市场机制，反对政府干预

新自由主义经济思想的核心理念是基于亚当·斯密的"看不见的手"原理，崇尚市场机制的自发调节作用。其认为市场机制在生产要素的合理配置方面起着不可替代的决定性作用。在货币主义学派看来，市场经济会根据货币数量的变化而在价格上做出反应，而价格上的调整又会相应地反映于生产，使生产很快作出相应调整。供给经济学学派认为，生产的增长始终取决于劳动和资本等生产要素的供给和有效利用，而生产要素的供应和利用取决于自由市场的调节。因此，他们认为政府对经济的干预完全没有必要，应发挥市场经济的作用，稳定货币供应量，尤其是通过大规模减税来刺激供给。

历史上，市场与政府往往都是一种"此消彼长"的博弈关系。各学派的理论家在推崇自由市场制度的同时，也批判过分强大的政府权力的危害。他们认为，过分强大的政府权力已经成为资本主义国家进一步发展的"绊脚石"。如哈耶克就明确反对计划经济和社会主义，认为垄断、计划、政府干预与无效率相关，主张自发的市场秩序。弗里德曼认为："通货膨胀和低速增长是政府庞大化的产物，两者有相互强化的力量。"[③] 以罗伯特·卢卡斯（Robet Lucas）为首的理性预期学派认为由于政府所掌握的信息不如公众，决策的及时程度也不如公众，所以政府没有干预经济的必要。公共选择学派的代表人物詹姆斯·麦基尔·布坎南（James M. Buchanan）认为组成政府的人都不可避免地具有"经济人"性质，政府也常常不顾公共利益，在干预经济活动的过程中追求

① ［英］弗·奥·哈耶克：《通往奴役之路》，王明毅等译，中国社会科学出版社1997年版，第101—102页。

② 张才国：《新自由主义意识形态》，中央编译出版社2007年版，第66页。

③ ［美］米尔顿·弗里德曼：《自由选择》，张琦译，商务印书馆1982年版，第281页。

其官僚集团的私利，所以政府对经济活动的过多干预必然使社会资源的使用效率低于市场机制下的效率。

（3）倡导“小政府”，反对福利国家制度

新自由主义主张建立“小政府”，反对凯恩斯倡导的“大政府”。他们主张通过减少政府开支、严格控制货币供应量并削减众多的政府法规，达到建立“小政府”之目标，也就是“管得越少的政府，才是最好的政府”。弗里德曼认为，政府应是自愿合作的一种形式，是人们挑选出来达到某种目标的方法，如果人们没有选择政府干预，那么政府最好就不要介入。政府的必要性在于它是“竞赛规则”的制定者，而市场所做的是大大减少必须通过政治手段来决定的问题范围，从而缩小政府直接参与竞赛的程度。供给学派也反对凯恩斯的“大政府”主张，在他们看来，政府的社会支出严重削弱就业和储蓄的积极性，使贫困扩大和永久化。政府支出不论是公共支出还是转移支付都或多或少起着阻碍生产的作用。

新自由主义坚持所谓健全的财政原则，就是量入为出、尽可能节省开支、减少税收，做到收支平衡。为此他们批评“福利国家”制度，认为庞大的社会福利开支不但培养了大批的“懒汉”，刺激了社会的懒惰之风，而且增加了国家的财政负担，影响了企业的生产效率和国家竞争力。可以说，新自由主义者大多是“福利国家”的极力反对者①。

2. 新保守主义

“新保守主义”（Neoconservatism）是20世纪政治保守主义的统称，它一直是西方世界最有政治影响的主要思潮之一。特别是20世纪70年代以来，新保守主义是英国迅猛崛起的最具政治影响力的思潮之一，也是传统保守主义适应新的历史条件而出现的一个变种。

与传统保守主义一样，新保守主义的核心理念是强调“社会秩序”，它也尊重现存秩序与现存权威形态，反对激进式变革，主张渐进主义变革。在其看来，社会是一个有机体，一个综合协调的整体，而不仅仅是个人的简单集合或简单的各部分相加。社会有其自身存在的方式，有其自己的意志和个性。新保守主义的原则不是促进或保护赤裸裸

① 张才国：《新自由主义意识形态》，中央编译出版社2007年版，第69—70页。

的个人，而是守卫个人以及与之难以割裂的构成社会各种环境的机构、传统、风俗等。个人就其本身来说是社会的一部分，因此个人必须要有明确的集体认知概念，并明确自己在社会中的位置。对于新保守主义来说，个人的健康与欢乐要明确地融进适合的社会结构中去，个人自由不是新保守主义的终极道德价值。罗格·斯克拉顿（Roger Scruton）是新保守主义的典型代表人物之一，在他眼里，“自由是特定社会秩序和已经建立的社会安排的结果。既然‘自由’是屈从于秩序的结果而不是先决条件，那么实际上，个人是由社会秩序所支配的”①。新保守主义作为社会秩序的“捍卫者”，其“在思想上，新保守主义反对一切激进的政治思想，马克思主义、民主社会主义以及其他的激进政治思想都是它攻击的目标。在方式上，新保守主义强调‘政治权威主义’，强调国家的重要性，国家是维护秩序的重要力量。只有通过国家的作用才能克服人性的弱点，建立和维护合理的政治秩序”②。在继承传统保守主义核心理念的同时，它又吸收了自由主义的观念，主张向世界开放、引入市场机制，并以市场机制来改造原有社会体制与社会结构，这是不同于以往保守主义的地方。诚如贺武华博士所言：“新保守主义兼收并蓄、折中并调和了传统保守主义和自由主义，这也是它既‘保守’，又‘新’的得名原因。”③

严格意义上说，“新保守主义”和“新自由主义”是有一定区别的。“新自由主义主要是一种经济学理论的概念，它更加强调市场价值；新保守主义所指的范围更广，更多的是一种政治学以至伦理学理论的概念，它强调的则是社会秩序。”④ 但是，两者之间又极其密切相关，两者甚至还经常被一些学者认为是同一回事。如国内学者顾钰民等在其编著的《保守的理念——新自由主义经济学》一书中提到，“新自由主

① 转引自毛锐《撒切尔政府私有化政策研究》，中国社会科学出版社2005年版，第48页。

② 曹现强：《当代英国公共服务改革研究》，山东人民出版社2009年版，第52页。

③ 贺武华：《新自由主义主导下的学校重建研究》，光明日报出版社2008年版，第72页。

④ 毛锐：《撒切尔政府私有化政策研究》，中国社会科学出版社2005年版，第35—39页。

义也称新保守主义”[①]。像弗里德曼、哈耶克等典型的新自由主义代表人物同时也被认为本身就是一个“新保守主义者”。综合地看，新保守主义和新自由主义之间存在一些契合之处。比如说，两者都明确反对社会民主主义思想以及建立在此基础之上的国有化政策，他们都认为二战初期建立起来的政府干预经济是存在破坏性影响的。虽然新保守主义者强调国家角色对于维护社会秩序的重要性，但这并不是说他们赞同国家干预，相反，他们主张“限制政府权力的盲目扩张，反对扩大政府干预的范围和程度”[②]，这与新自由主义者“崇尚自由市场，反对政府干预”的看法是一致的。再比如说，在反对福利国家制度的态度上，两者也殊途同归，他们都认为福利国家制度是导致效率低下、官僚主义和依赖文化等社会问题的“罪魁祸首”。

另需指出的是，“新保守主义”和“新自由主义”的绝大多数信奉者都是“右翼势力”的代表，他们天然地加入“新右派”阵营联盟，他们“强调传统知识、价值观、权威、标准、新保守主义以及专治的民粹主义鼓吹的国家认同，与强调把市场驱动原则拓展到社会所有领域这两者勾连起来，就像新自由主义者鼓吹的那样”[③]。撒切尔夫人领导下的右翼保守党在重新执政后，高举了“撒切尔主义”（Thatcherism）这面思想旗帜，“所谓‘撒切尔主义’，是指撒切尔夫人上台后保守党内部出现的一股占统治地位的‘新右派’势力的意识形态，是当代新保守主义与新自由主义的‘混血儿’”[④]。1992 年保守党政府由约翰·梅杰（John Major）任首相后，仍可看作是撒切尔主义思想的延续。“如同美国的布什政府与里根政府的关系一样，梅杰政府的政策与撒切尔政府大同小异，梅杰主义基本上属于撒切尔主义的范围。”[⑤] 在

① 顾钰民、伍山林：《保守的理念——新自由主义经济学》，当代中国出版社 2002 年版，第 22 页。

② 高鹏怀：《历史比较中的社会福利国家模式》，中国社会科学出版社 2004 年版，第 48 页。

③ ［美］迈克尔·W. 阿普尔：《文化政治与教育》，阎光才译，教育科学出版社 2005 年版，第 34 页。

④ Dennis Lawton, *Education and Politics in the 1990s: Conflicts or Consensus?* London: the Falmer Press, 1992, pp. 51 – 52.

⑤ 王皖强：《国家与市场——撒切尔主义研究》，湖南教育出版社 1999 年版，第320 页。

“撒切尔主义”指导之下，保守党提出了“自由的市场，强大的国家”这一响亮的政策口号，使得“减少国家干预和加强国家权威两个因素并行不悖”①。这一口号巧妙地将看似矛盾的新自由主义和新保守主义有机地嫁接起来，首先它采纳了新自由主义经济学的思想，主张运用市场机制，鼓励市场竞争，以便实现自由经济的目标；其次它又融入了新保守主义的思想元素，主张通过强大的国家来维护市场秩序，使社会经济运行更有效率。“新保守主义”和“新自由主义”结合而成的“新右派思潮”为撒切尔政府的社会福利改革提供了强大的理论支撑，特别是“自由的市场，强大的国家”成为其出台教育福利政策的关键指导思想。

## 二　基于“新右派思潮”的紧缩福利国家改革举措

### （一）“紧缩福利国家”的改革举措

撒切尔一上台执政，就公开宣称自身的使命就是要“埋葬工党的社会主义”②，她毫不犹豫地抛弃了战后初期保守党和工党所达成的“社会民主主义福利共识”，她“毫不含糊地扛起了保守主义传统的旗帜，在英国甚至整个西方世界兴起一场向右转的运动”③。她基于“新右派”理念和个人雷厉风行的处事风格，实施了一系列大刀阔斧的社会福利改革举措。主要内容包括：

1. 削减社会福利支出

早在 20 世纪 70 年代初，保守党政府针对英国经济不断恶化的形势，就确立了削减社会福利支出的政策基调。当时执政的希思政府就按照这一原则，“取消了某些社会福利项目并相应增加收费以平衡减税造成的国库收入下降”④。1979 年，撒切尔政府组阁后，仍然遵循既定的政策基调，积极调整社会福利政策。撒切尔政府在 1979 年 11 月发表的第一份社会支出计划白皮书中就开宗明义地提出，公共支出是英国经济问题的症结之所在。它明确要求地方当局在 1980—1981 年度进一步削

---

① 王皖强：《国家与市场——撒切尔主义研究》，湖南教育出版社 1999 年版，第243 页。

② 冉隆勃：《当代英国》，中国社会科学出版社 1990 年版，第 62 页。

③ 阎照祥：《英国政党政治史》，中国社会科学出版社 1993 年版，第 409 页。

④ 王皖强：《国家与市场——撒切尔主义研究》，湖南教育出版社 1999 年版，第 68 页。

减支出，“削减开支的数额不少于1979—1980年度预期支出的4.5%，或者不少于1978—1979年度暂定支出的3.1%”①。显然，政府的目的是为了减轻社会福利支出对经济发展造成的财政负担。围绕这一目的，撒切尔政府主要实施了三种紧缩福利支出的办法：“第一，削减津贴的实际价值，例如在1982年废除所有短期的、与工资所得挂钩的补充津贴，儿童津贴也在1981年被冻结；第二，限制申请津贴者数目，在1986年，规定16—18岁的人无权申请收入维持津贴，限制发放住房津贴，导致1986年住房津贴申领者的数目下降；第三，简化程序，削减管理费用。最明显的例子是经济情况调查制度，通过建立两个类别的津贴办法，而使调查程序大大简化。其中一个是年龄在25岁以上的人，对其家庭、残疾人和老年人支付额外津贴，其他类别津贴并入家庭信用和住房津贴之中。”②

令人遗憾的是，直到1997年保守党连续执政18年结束，“削减社会福利支出”的目标也没有真正实现。资料显示，“在撒切尔夫人第一任期内，社会实际支出增长了10%，最主要原因是失业率激增导致失业金支出大幅增加。撒切尔夫人1990年退位时，社会支出占GDP的比例略低于1979年，但实际支出仍增长了20%”③。显然这并非撒切尔政府的初衷。但由于20世纪80年代之后英国经济取得较快增长，公共支出占国民收入的比重相对来说还是在不断降低。据统计，“1980—1998年英国实际国民净收入增加了62%，而公共支出只增加了36%，各项社会福利和社会保障支出在保守党执政期间的增降幅差异非常显著。如医疗支出上升66.2%，与实际国民收入增幅相当；而教育支出只增加了24.4%，大大低于国民收入的增幅；社会出租房补贴支出反而下降

① Adrian Webb, Gerald Wistow, *Whither State Welfare? Policy and Implementation in the Personal Social Services, 1979 - 1980*, London: Royal Institute of Public Administration, 1982, p. 36.

② Rodney Lowe, *The Welfare State in Britain since 1945*, London: Macmillan Press Ltd., 1999, pp. 321 - 322. 转引自丰华琴《从混合福利到公共治理——英国个人社会服务的源起与演变》，中国社会科学出版社2010年版，第123页。

③ Nick Llison, Christopher Pierson, *Developments in British Social Policy*, Basingstoke: Macmillan, 1998, p. 258.

了72.3%；养老金支出实际上升了47%，也显著低于国民收入增幅”①。总的说来，从绝对值上看，1979—1997年英国的社会福利支出不降反升；而从相对值上看，其社会福利支出的增幅明显低于国民收入的增幅水平。这也意味着，保守党政府在“拆散福利国家”的战略目标上迈出了重要一步。

2. 引入“准市场”机制

在社会福利政策领域引入“准市场”机制是撒切尔政府试图解决社会福利机构臃肿和效率低下，实现“国家后撤”的重要举措之一。在“准市场”机制下，虽然国家仍然需要出资购买公共服务，但其创造性地注入了市场竞争机制，打破了各级政府的垄断。这一做法可以在保障公民基本生活的前提下，扩大消费者的选择权，提高经济效率，以解决英国福利国家所出现的动力和效率危机。撒切尔政府执政期间连续出台了《1988年教育改革法》《1988年住房法》和《1990年医疗服务与社区照顾法》等一系列社会福利政策法规。这些法规很好地折射出了“自由的经济，强大的国家”指导思想在背后所起到的作用，它反映出政府所确立的看似自相矛盾的双重目的：一方面它要落实“自由的经济”原则，鼓励非官方福利服务机构的发展，允许公共部门实行商业化运作和与民营机构竞争；另一方面它又要落实“强大的国家”原则，强化政府的立法功能和对社会福利机构的控制。

撒切尔政府推行“准市场”化社会福利改革的成效之一，就是非官方服务机构得到迅速发展。首先，扶持志愿组织的发展。撒切尔政府非常肯定志愿部门的作用，在其看来，“志愿照顾是一个自由和强有力社会的本质特征。官方服务体现了一种消极的公民权概念，经济状况好的人仅仅是通过税收支付来履行其义务的，而那些有需求的人则有资格，但并不总是强调其接受的权利；相反，志愿的照顾表达了一种积极的公民权的概念，经济状况较好的人直接帮助有需求的人，他们报有积极的目的，使之恢复自给自足的状态，因此实现了‘充分的公民权’”②。正因

① 转引自胡昌宇《英国新工党政府经济与社会政策研究》，中国科学技术大学出版社2008年版，第41—42页。

② 丰华琴：《从混合福利到公共治理——英国个人社会服务的源起与演变》，中国社会科学出版社2010年版，第125页。

为有此认识，保守党政府为志愿组织出台了大量的扶持政策，使得志愿组织不断发展壮大。其次，鼓励私人机构或民营机构的发展。在经典福利国家时期，私人机构或民营机构提供社会服务是不被社会民主主义者们看好的。但在新右派看来，社会服务的私有化将可以有效地压缩公共福利支出，提高服务效率。因此，在保守党执政期间，政府通过购买私人福利或民营福利机构的社会服务来支持其发展。通过“准市场”机制的运作，英国的社会福利制度开始逐渐地由政府主导型向市场主导型发生转变。

3. 抑制对福利的依赖

历史上，英国左翼政党倡导社会福利的全民普享，在其主导下建立起来的福利国家制度实现了“普享型”福利的美好愿景，但是一系列福利国家的道德危机也伴之而来，如“福利依赖”“贫困陷阱”“失业陷阱”等。右翼政党坚持的社会福利主张是“有目标的福利”，强调的是“补缺型”福利，这一点与前者存在明显区别。当“新右派”势力重新占优之后，解决引人注目的对福利的依赖问题就成为其制定社会政策的一个重要出发点。

针对那些十六七岁就离开学校但没有工作的年轻人，保守党政府实施了“重新开始计划”。过去有许多类似的年轻人都依靠补贴过着懒散的生活，这被认为是一个很糟糕的事情。为此，保守党政府将重点集中在那些失业两年以上、没有再就业和接受培训而必须依靠福利的年轻人身上。对于那些不肯接受培训的人，政府不允许他们直接享受福利；对于那些经过培训但却不主动寻找工作的人，他们的福利也可能会被削减。政府通过新的“求职者津贴”（Job Seekers’ Allowance）计划，对那些愿意工作的人提供更多的支持，它对享受福利的条件也做出了进一步的限制。除此之外，政府还于1988年实施了针对低收入工作家庭的“家庭信贷计划”，旨在激发个体自力更生和家庭责任感，克服对福利的依赖心理。

（二）保守党社会福利改革的主要特点

透过上述举措，我们可以看到，保守党政府的社会福利改革具有以下几个主要特点：

1. 福利国家后撤（roll back the state）。“福利国家后撤”，或者说是“拆散福利国家”[①]，是保守党政府社会福利改革所确立的战略性目标。围绕这一目标，保守党实施了削弱政府干预经济的职能、降低税收水平、削减社会公共支出以及在许多政策领域寻求“效率储蓄”等措施。

2. 注重市场效率优先的政策导向。在缩小政府责任的同时，保守党还引入了“准市场”机制，扭转了政府主导式的社会公平优先的政策导向，按照市场的效率原则取舍社会福利事业，同时扩大了消费者的选择权，扶持志愿组织的发展，鼓励私人机构或民营机构的发展。

3. 赋予家庭和个体更多责任担当。为了减少福利依赖，保守党政府倡导家庭观念，鼓励个体勤奋节俭、自立担当的精神。在他们看来，仅靠金钱救济是不能真正消除贫困的，只有强化内在的价值观才是最为根本的。

综合地看，“撒切尔夫人领导的保守党政府在福利国家的各个方面实施了广泛而深刻的改革，从而打破了两党之间维持了近三十年的福利共识。福利模式上，实行选择性福利模式，使家计调查和目标定位成为福利政策实施中的主要手段与策略；在意识形态上，推行新自由主义和新右派的福利观，不断‘撤退国家干预的防线’等”[②]。一言以蔽之，“个体权利优先”成了福利国家紧缩时期英国政府社会福利政策的核心伦理诉求。

## 第二节 个体权利优先伦理观取向的教育福利政策

1979 年，撒切尔作为保守党的首领登台执政后的第一要务是振兴英国经济，其他政策都必须服务于这一根本目标[③]。教育政策自然也不例外，“教育很难再与社会和经济政策割裂开来，它不再是‘一潭政策

---

① ［英］保罗·皮尔逊：《拆散福利国家——里根、撒切尔和紧缩政治学》，舒绍福译，吉林出版集团有限责任公司 2007 年版，第 1 页。

② 孙洁：《英国的政党政治与福利制度》，商务印书馆 2008 年版，第 241 页。

③ 胡昌宇：《英国新工党经济与社会政策研究》，中国科学技术大学出版社 2008 年版，第 45 页。

死水'，它已成为撒切尔主义政治意识形态和政策的主流"[①]。"在教育以及社会政策的其他领域，人们也开始认识到必须在增加公共开支以外寻找解决问题的其他办法。"[②] 由此开始，英国的教育福利改革开启了一个全新的视野，它抛弃了新民主主义和凯恩斯主义思想指导之下的"政府主导""公平优先"的"社会共同善"伦理观取向，转而奉新自由主义和新保守主义的"混血儿"思想——"撒切尔主义"为圭臬，倡导"市场主导""效率优先"的伦理价值原则。换言之，"个体权利优先"成为保守党政府出台教育政策的新的伦理观取向。

## 一 "撒切尔主义"指导之下的教育福利改革实践

撒切尔夫人曾经于1970—1974年担任过希思政府的教育大臣，因此她出任英国首相之后，对教育改革有着与以往英国政府首脑相比不一样的情怀和更深刻的理解。早在1970年竞选活动上，撒切尔就已经明确提出了七点教育改革主张："（1）把着重点转移到小学；（2）扩大幼儿教育；（3）在中等教育方面，地方教育当局应当有权决定什么样的学校最合当地的情况，但要警告他们不要'对任何优秀的学校做出不可挽回改变，除非……可选择的方案是更好的'；（4）把学生的离校年龄提高到十六岁；（5）鼓励'直接拨款学校'[③]，保留私立学校；（6）扩大高等教育和继续教育；（7）对教师培训问题进行调查。"[④] 虽说当时撒切尔提出的这些竞选承诺并未反映出一个清晰的哲学观点，而且有些主张在其担任教育大臣期间也未能一一兑现，但是当她担任首相之后，一方面她已经构建了清晰的政治哲学——"撒切尔主义"，另一方面她也决意要在这一哲学观念指导之下继续推行当年她未曾实现的教育改革理想。

① Stephen J. Ball, *Politics and Policy Making in Education: Explorations in Policy Sociology*, London: Routledge, 1990, p. 43.

② ［英］玛格丽特·撒切尔：《撒切尔夫人自传：通往权力之路》，李宏强译，国际文化出版公司2009年版，第164页。

③ 直接拨款学校（Direct Granted School），是由教育和科学部直接拨款的学校，不受地方的控制，其中包括了英国一些最为著名和成功的中学，因此其入学考试的竞争也极为激烈。

④ ［英］玛格丽特·撒切尔：《撒切尔夫人自传：通往权力之路》，李宏强译，国际文化出版公司2009年版，第142—143页。

（一）教育领域的“撒切尔主义”思想

在撒切尔夫人执政英国的三个任期（1979—1990 年）内，英国教育领域的改革被深深地烙上了“撒切尔主义”的印记。诚如加拿大的知名教育政策学专家本杰明·莱文（Benjamin Levin）所言：“撒切尔夫人在担任首相期间给公共部门的每一个方面（包括教育领域在内）都带来了变化。她非常强烈地信奉新自由主义关于私有化的观点，重视市场力量，同样也信奉新保守主义关于回到质量和排他性的老标准的观点。她决定离开在她看来是过度集体主义的政府理念，走向小政府大市场的强调市场服务的执政思想。”[①] 英国著名的教育社会学家斯蒂芬·鲍尔（Stephen J. Ball）进而指出：“教育领域的撒切尔主义，就像在政策形成的其他领域一样，是一种融合，是各种紧张关系的融合，是对新生矛盾的一种处理方式。但重要的是，根据分析，教育不再与社会和经济政策的其他领域隔离开，也不再是政策的阻力。它现在是撒切尔主义政治理想和政策的主流。”[②]

要谈论撒切尔政府的教育福利改革，不得不提及对其决策产生重要影响的一批幕后“新右翼”教育智库机构，他们主要是：“经济事务研究所教育研究室”（the Education Unit of the Institute of Economic Affairs)、“政策研究中心”( the Center for Policy Studies)、“希尔特小组”(the Hillgate Group）等。这些机构的大多数成员都是“撒切尔主义”教育政策的设计者。在这些“新右翼”教育智囊团成员的影响下，英国的教育政策出现了新的变化，“变化主要内容是与保守党政府整个社会和经济政策相适应，即强调竞争、私有化、多样化、效率等思想”[③]。对于撒切尔政府来说，其教育福利改革具有看似矛盾的双重目标，“一是将公共教育服务从国家手中转至市场；二是将地方教育当局的控制权

---

① ［加］Benjamin Levin：《教育改革——从启动到成果》，项贤明、洪成文译，教育科学出版社 2004 版，第 38 页。

② ［英］斯蒂芬·鲍尔：《政治与教育政策制定——政策社会学探索》，王玉秋、孙益译，华东师范大学出版社 2003 年版，第 41 页。

③ 徐辉、郑继伟：《英国教育史》，吉林人民出版社 1993 年版，第 351 页。

转至国家手中”[①]。这一双重目标很好地折射出新自由主义和新保守主义的“混血儿”思想特征。稍微具体一点地说：一方面，撒切尔政府的教育福利改革具有新自由主义的思想特征，强调增强教育中的市场经济成分，如学校治、多样化与选择、教育的私有化等。比如它主张：要求加强家长对自己子女所上学校的选择权；加强作为消费者的家长在学校管理中的参与作用；鼓励学校之间的竞争；要把财权下放给学校，使公立学校得以脱离地方教育当局的控制等。另一方面，它又带有新保守主义的思想特征，强调教育中的标准、传统、秩序、权威、等级制度等。比如，在他们看来，学校的主要目的是向下一代灌输对家庭私有财产的尊重，对所有维护资本主义国家权威的组织或机构的尊敬，强调国家课程和国家评定。[②]

可见，撒切尔主义的“自由的市场，强大的国家”思想在教育福利改革中同样表现出复杂性。另外也有研究从保守党政府所主张的“消除福利”的观念来理解撒切尔政府教育福利政策的复杂性。“先前的凯恩斯经济学及正统的福利经济思想受到市场民主意识和竞争性的个体主义所挑战和取代。英国保守党政府执政后的一系列立法表明了教育中的后福利主义（Post Welfarist）思想倾向。”[③] 由于保守党政府将很多无关联的来自不同的意识形态传统、政治思想主张的要素包容在一起，有学者就将这些政策概括为“后福利教育政策复杂性”（Post-Welfarist Education Policies Complex，简称 PWERC），并指出 1997 年新工党执政后的政策不但保留了保守党的这种传统，而且更加强化了这种政策的“复杂性”。[④] 有关福利国家紧缩时期（1979—1997 年）“后福利教育政策复杂性”因素如表 3－3 所示：

---

① Derek Gillard, Education in England: A Brief History, http: //www. Educationengland. org. uk/history, 2015.

② 参见石伟平《西方新自由主义和新保守主义对英国当前教育改革的影响》，《教育研究》1996 年第 7 期，第 67 页。马忠虎：《撒切尔主义对当代英国教育改革的影响》，《比较教育研究》2001 年第 10 期，第 3 页。

③ 贺武华：《新自由主义主导下的学校重建研究》，光明日报出版社 2008 年版，第 182 页。

④ Sharon Gewirtz, *The Managerial School: Post-Welfarism and Social Justice in Education*, London: Routledge, 2001, p. 4.

表 3－3　与学校有关的后福利教育政策复杂性因素（1979—1997）

| 与学校有关的主要因素 | 立　法 |
| --- | --- |
| 废除次要的工业罢工 | 1980 年就业法 |
| 解除教师的协商权，推行新教学合同和工资、晋升制度 | 1987 年、1991 年教师工资和条件法 |
| 国家课程、在四个关键阶段的国家统一考试和成绩量表 | 1988 年教育改革法 |
| 学校的地方管理和按人头财政拨款 | 1988 年教育改革法 |
| 父母选择、开放入学和多样化。（比如，创立直接拨款学校、城市技术学院以及其他特殊学校等新型学校） | 1980 年、1986 年、1988 年和 1993 年的教育改革法案 |
| 成立教育标准局，并推行新的检查制度 | 1992 年教育（学校）法 |
| 成立教师教育认证委员会、教师培训机构，监管教师教育和根据中央标准的图书出版 | 1984 年 3 号、1992 年 9 号、1993 年 14 号文件通告以及 1994 年教育法 |
| 各管理主体要为中小学生的所有公开考试及关键阶段的评估确立成绩目标，并公布 | 1997 年教育法 |

资料来源：Sharon Gewirtz, *The Managerial School: Post-Welfarism and Social Justice in Education*, London: Routledge, 2001, p. 4. 转引自贺武华《新自由主义主导下的学校重建研究》，光明日报出版社 2008 年版，第 182—183 页。

（二）撒切尔政府的教育福利改革措施

在本章第一节内容中我们指出，保守党政府的社会福利改革具有三个主要特点：一是福利国家后撤；二是注重市场效率优先的政策导向；三是赋予家庭和个体更多责任担当。教育福利改革作为社会福利改革的重要一环，同样具有这样三个明显特征，具体体现在下述的教育福利改革措施之中。

1. 教育福利提供者的国家角色后撤

（1）削减教育公共经费开支

在经典福利国家时期，教育是福利国家的三大支柱之一。在这一时期，英国的国民教育事业取得了长足的进步，政府加大了对教育的经费投入，延长了义务教育年限，加快普及了中等教育。当然，与之相应的是，教育公共经费的开支也成为政府公共财政的一个重要支出部分。进入 20 世纪 70 年代后，由于石油危机在世界范围内的迅速蔓延，英国政府面临的严峻形势是失业率在不断上升，而公共财政收入却在不断下降。在此情形下，教育福利事业的发展也开始受到遏制。撒切尔夫人上台执政后，削减包括教育公共经费在内的社会福利支出，一直是其奉行的货币主义政策的核心内容之一。在撒切尔政府执政的 11 年间，英国政府年度教育开支的绝对值有不断上升趋势，但是从相对值来看，教育经费占 GDP 的比例却逐年下滑，它从 1975—1976 年的 6.3% 下降到了 1989—1990 年的 4.6%（如表 3－4 所示）。

表 3－4　**英国政府的教育开支**　（单位：百万英镑）

| 年度开支 | | 占 GDP 的百分比 | |
|---|---|---|---|
| 1940 | 65.0 | | |
| 1950 | 272.0 | | |
| 1955 | 410.6 | | |
| 1960 | 917.3 | | |
| 1965 | 1114.9 | | |
| 1970 | 2592.0 | | |
| 1975 | 5348.3 | 1975—1976 | 6.3 |
| 1980 | 13049.0 | 1980—1981 | 5.4 |
| 1985 | 16681.0 | 1983—1984 | 5.2 |
| 1990 | 23956.0 | 1989—1990 | 4.6 |

资料来源：转引自闵凡祥《福利：国家与社会——从英国社会福利观的演变看撒切尔政府社会福利制度改革》，南京大学博士学位论文，2005 年，第 199 页。

（2）改革义务教育福利制度

《1944 年教育法》颁布实施以来，“人人受中等教育”的目标渐渐得以实现，但是 11 岁考试制度却成为固化英国社会阶层分化的方式，对此，工党出于“社会共同善优先”的伦理价值取向，主导酝酿并完成了中等教育综合化改革，从而实现了义务教育福利制度结构性变革。俗话说“道不同，不相为谋”，由于价值取向的不同，保守党反对综合中学体制。“70 年代，一些新保守主义者发表了一系列有关公立学校的黑皮书。作为反对综合教育和任何教育进步倾向的争论性小册子，黑皮书代表了传统学术标准和英才人物对综合改组进行的一种对抗。它把学生学业水平的下降、纪律的不良状况、反社会行为的增多以及少年犯罪率的增长统统归咎于实行了综合教育，从而为坚决捍卫英国传统教育准则者提供了‘弹药’。”① 毕业于文法学校的撒切尔在担任教育大臣期间就坚决反对取消文法学校，当她担任首相后，立即废除 1976 年工党制定的教育法，取消强制合并三类学校的有关条款，宣布中等教育综合化改革已不再是国策，开始重新恢复私立学校。1980 年，撒切尔牵头，在当年的教育立法中引入了“辅助学额计划”（Assisted Place Scheme）。根据这一计划，“国家将为经过选拔进入独立（私立）学校学习的学生支付部分甚至全部学费，支付比例视家长收入情况而定”②。此举可谓是“一石多鸟”，一则它遵循了“效率优先”和“福利国家后撤”原则，通过恢复私立学校，减少了公立学校的数量，从而间接削减了教育经费开支，同时也在一定程度上改善了学校教育质量；二则它兼顾了一定的社会公平，它把节省下来的部分教育经费用作补助低收入家庭学习成绩优异的学生，使其拥有与富裕家庭子女拥有同样的选择权，从而有效地促进了社会流动，减少了教育福利依赖，还缓解了来自反对党一定的政治压力。

2. 市场效率优先的教育政策进程

经典福利国家时期的教育福利改革，一方面强调了政府对宏观层面教育问题的积极干预，另一方面也折射出了政府认为“教育将有效地促进工业社会生活机会的均等化”③ 的乐观态度。随着 20 世纪 70 年代世界石油危机的爆发，人们早期的这种乐观态度开始渐渐冷却。二战结束后 30 多年的教育改革“并未实现促进受教育机会以及社会的平等，未能有效地为经济的发展服务，甚至未能让学生掌握最基本的技能和养

---

① 马忠虎：《新保守主义政治思潮对英国教育改革的影响》，《比较教育研究》1998 年第 4 期，第 29 页。

② G. Brown, *Where There is Greed: Margaret Thatcher and the Betrayal of Britain's Future*, Edinburgh: Mainstream Publishing, 1989, p. 34.

③ 瞿葆奎：《英国教育改革》，人民教育出版社 1993 年版，第 499 页。

成良好的工作习惯"①。换句话说，"这些教育改革并没有将教育规划服务于总的经济与劳动市场需要"②。到了20世纪70年代中期，英国失业率与青少年犯罪率日渐上升，民众对教育质量的不满情绪越来越浓，最终于1976年工党首相卡拉汉（Callaghan）执政时期掀起了一场声势浩大的教育大辩论（Great Debate）。这场教育大辩论就此后英国教育福利改革的大方向达成了四点基本共识：（1）"伙伴关系的质变"：1944年以来，一直以中央政府、地方教育当局与学校为教育事权结构的三个顶点。在大辩论后，"教育是众人应关切之事"的观点盛行，凡对教育问题有兴趣者都可成为教育领域的伙伴之一。（2）绩效责任的抬头：面对经济危机与财政危机，社会要求学校教育的效率，希望有限的资源发挥最大的功效，使年轻人具备工作所需要的基本技能，要求教师向社会负责。（3）中央控制的加强：政府借由大辩论形成民众对教育质量的关切，强化对课程的控制。（4）共同课程的倡议：面对教育水准低落的指责，回归基础能力的呼声渐起，于是希望建立全国中小学共同的核心课程架构，以确保学生学习基础科目的权利。③ 这四点共识带有明显的"新右派思潮"色彩，伴随着"新右派思潮"的风生水起，教育领域出现了"泛市场化"的教育思潮。"所谓泛市场化，就是把市场交易原则运用于一切社会领域，将利润升格为全社会追逐的目标，将社会公益事业蜕变为逐利行业。泛市场化教育思潮也可以简洁地称为教育市场化思潮。"④ 1976年教育大辩论达成的这些共识，预示着右翼势力占优格局下英国教育市场化改革的战略布局将由此重新开启，这些也成为日后撒切尔政府教育福利改革重点关注的内容。

继此之后，英国政府出台了一系列教育市场化改革的政策报告或法案（如表3-5所示），以逐步落实两大政党达成的基本共识。

---

① 闵凡祥：《福利：国家与社会——从英国社会福利观的演变看撒切尔政府社会福利制度改革》，南京大学博士学位论文，2005年，第196页。

② Schulze, Max-Stephan, ed., *Western Europe*: *Economic and Social Change Since 1945*, London: Longman, 1999, p. 205.

③ 李奉儒：《英国教育：政策与制度》，（台湾）涛石文化事业有限公司2001年版，第44—45页。

④ 魏所康：《国民教育论——和谐社会建设与公共教育政策》，东南大学出版社2008年版，第158页。

表3-5　　英国教育市场化改革的政策进程（1976—1997）

| 时间 | 教育政策报告及其重要内容精神 |
|---|---|
| 1976年 | “教育大辩论”：达成了教育市场化改革的基本共识。 |
| 1977年 | （1）泰勒报告《我们学校的新的伙伴关系》（*A New Partnership for Our Schools*）：建议学校管理职能发生转变，家长和地方社区参与学校建设；（2）绿皮书《学校中的教育：一份协商的文件》（*Education in Schools: A Consultative Document*）：对泰勒报告作了回应，开启落实“教育大辩论”共识的进程。 |
| 1980年 | 《1980年教育法》（*1980 Education Act*）：落实《学校中的教育：一份协商的文件》的主要精神，通过法律形式赋予家长参与学校管理和选择学校的权利。 |
| 1981年 | 白皮书《学校课程》（*The School Curriculum*）：为地方教育当局的课程发展提供建议，强调“教育应当为每个学生的个人需要服务”。 |
| 1983年 | 白皮书《教学质量》（*Teaching Quality*）：鼓励家长与社会大众对学校教育质量进行监督。 |
| 1985年 | 白皮书《把学校办得更好》（*Better Schools*）：提出政府的目标是要提高各级学校教育的能力标准和保证教育投资取得尽可能好的效益。 |
| 1986年 | 《1986年教育法》（*1986 Education Act*）：要求增加家长在学校董事会里的名额。 |
| 1987年 | 《1987年保守党竞选纲领》（*Conservative Party General Election Manifesto 1987*）：强化“选择”“竞争”与“多样性”等教育改革关键词。 |
| 1988年 | 《1988年教育改革法》（*1988 Education Reform Act*）：进一步强化市场理念和选择文化，明确对“选择”“竞争”与“多样性”等教育改革关键词的落实。 |
| 1992年 | 白皮书《选择与多样性：学校教育的新框架》（*Choice and Diversity: A new framework for schools*）：着重对“选择”与“多样性”关键词进行说明，并提出相关学校教育改革建议。 |
| 1993年 | 《1993年教育法》（*1993 Education Act*）：是对《选择与多样性：学校教育的新框架》白皮书的进一步落实。 |
| 1997年 | 《1997年保守党竞选纲领》（*Conservative Party General Election Manifesto 1997*）：继续强调家长选择与学校的多样性，以及地方所辖学校的管理自主权等。 |

透过上述教育市场化改革的政策进程，我们至少可以挖掘出三条关于撒切尔政府在教育领域引入市场机制的改革措施：第一，扩大家长的

选择权。受到“新自由主义”经济学理论的影响，家长（学生）被视为学校教育的“消费者”，因此必须尊重“消费者”的选择意愿。从表3-5可以看出，落实家长自主选择权是保守党政府连续执政18年的基本教育政策之一，几乎每一份政策法案里都提到了这一点。保守党希望通过家长的自由选择来促进学校之间的适度竞争和多样化的办学模式。其最具代表性的招数是通过发放“教育券”（voucher）的形式，把教育提供者的决定权让渡至消费者手中，政府要求学校必须定期公布学校管理运行和办学绩效报告，家长则可以根据自己掌握的信息，凭着手中的“教育券”来选择自己所希望的学校。第二，增加学校的自主权。《1988年教育改革法》中提出了“地方学校自理”制度，要求地方教育当局把财务和人事管理权下放到学校，由学校董事会具体负责教师的薪水、学校的预算以及内部决策等。撒切尔政府实行的另一个特别招数是“开放注册制度”（Open Enrollment）。之前，学生家长虽然被赋予选择学校的权利，但地方教育当局往往出于本地区的考虑，限制一些声望较高的学校的招生名额，以保证一些较差的学校也能够招到足够的生源。《1988年教育改革法》引入了这一招后，则规定任何地方教育当局都必须放开学校招生名额限制，直到招满学生为止。不仅如此，中央财政拨款完全按学生人数下发，招生越多，拨款越多，因而促进了学校扩大招生的积极性。为了促进学校的办学竞争，和增加学校的自治权，政府还设立了“直接拨款公立学校”，使其脱离地方教育当局的控制。第三，给予民间资本一定的参与权。教育作为一项社会公益事业，本身是一个很难私有化的领域。保守党政府创造性地引入了“准市场”（quasi-market）机制，“将‘市场’成分引进教育事业，即使教育经费仍然主要来自税收。这可能涉及教育事业的‘私有化’，既通过私营部门来提供教育服务，又向个人和家庭移交原本属于公共领域的决策权。在大多数情况下，它要求公共部门更像私营企业那样运营。人们日渐使用‘准市场’这个术语来概括在教育和福利部门中引进市场力量和非官方决策的特点”①。引进市场化、民营化力量的最好一个例证就是政府建

① ［英］杰夫·惠迪等：《教育中的放权与择校：学校、政府和市场》，马中虎译，教育科学出版社2003年版，第3页。

立了“城市技术学院”(City Technology Colleges),“这些学校是独立于地方政府之外的中央直属学校,旨在为城市中的 11—18 岁学生提供更侧重实用技术的教育培训。其办学经费由英国政府的教育部和工贸部提供 80%,私人企业或基金承担 20%,这样就为学校吸引私营资本提供了条件”①。通过城市技术学院和直接拨款公立学校的设立,进一步削弱了地方政府对教育福利的垄断。

3. 赋予家庭和个体更多责任担当

撒切尔的社会理想是人人拥有财产,人人去创造财富,建立一个自己负责的、自由竞争的社会。撒切尔的改革目标是把英国从一个互相依赖的社会转变为一个各自自立的社会。正如撒切尔夫人在其自传中所指出的,“民族精神必须要鼓励自力更生和责任感”。在一次回答“你可以为我们做些什么”的公众提问时,撒切尔夫人回答:“我唯一能给你的就是,让你更自由地为自己做事。”她有一句名言——“没有社会,只有个人”,大概是因为这样的回答过于直白,随后她又加上半句,“以及家庭”。② 总之,强化家庭伦理、激发个体的自立精神、抑制对福利的依赖,将注意力集中于“有目标的福利”,是其制定政策的出发点。

(1)改变高等教育的助学金制度

1962 年,英国开始实行高等教育助学金制度,当时确立的制度规定:英国每位大学生都可以享受政府提供的每年 520 英镑的“辅导金”,家庭收入属于中等水平的大学生可以每年享受 205 英镑的“最低助学金”。③ 撒切尔夫人执政后,她认为英国实行多年的助学金制度已经无法适应时代发展的需要。她指出,以往的大学助学金制度对学生“包管得太多”,容易滋生学生依赖教育福利的心理和懒惰的恶习,而且实施这一项目的公共开支过高,这种状况完全与政府既定的紧缩福利国家的政策相左。因此,1990 年撒切尔政府出台了《1990 年教育(学生贷款)法案》(*Education* (*Student Loans*) *Act 1990*),该法案明确规定

① 毛锐:《撒切尔政府私有化政策研究》,中国社会科学出版社 2005 年版,第 153 页。

② 魏所康:《国民教育论——和谐社会建设与公共教育政策》,东南大学出版社 2008 年版,第 157 页。

③ 毛锐:《撒切尔政府私有化政策研究》,中国社会科学出版社 2005 年版,第 154 页。

将改变原有的大学生助学制度，开始实行“学生贷款计划”。实施这一计划后，“政府平均每年将向每个大学生提供大约420英镑的贷款。预计第一年英国政府公共开支将增加1.2亿英镑，但到下个世纪初学生开始偿还贷款后，公共开支将逐年减少，这一计划全面执行之后，英国政府每年可节约公共开支2亿英镑。新贷计划规定，凡50岁以下英国全日制大学生均可申请贷款，政府可以向住在伦敦区域的大学生提供115万英镑的3年无息贷款。归还的贷款数额要根据当年的零售物价指数，逐年进行调整，学生不必支付利息。学生从毕业后的第一个4月份开始归还贷款，偿还贷款的具体情况可根据毕业生的经济情况而定。如果其收入只有全国平均收入的85%，就可以推迟偿还期。如果发生意外，贷款人死亡，或到了50岁、或超贷款期25年，贷款则一笔勾销。政府每年还拨出1500万英镑作为特别困难基金，由地方教育机构管理，以保证家境困难的学生能进高等院校。实行贷款计划后，全日制学生不再享受收入支持、失业福利或社会福利等待遇，学生现有的助学金将取消”①。

（2）实施“有目标的教育福利”

对于保守党而言，其坚持“有目标的教育福利”主张，因此它将解决福利依赖作为其教育福利政策的一项重要目标。前文提到过的针对那些十六七岁就辍学的年轻人所实施的“重新开始计划”、针对那些愿意参加工作的人所实施的“求职者津贴计划”、针对低收入工作家庭的“家庭信贷计划”、针对大学生（特别是贫困大学生）的“学生贷款计划”以及针对学习成绩优异的贫困家庭学生实施的“辅助学额计划”等教育福利措施都是围绕这一目标所推行的。另值一提的是，在保守党执政的18年间，它还针对特殊儿童的特殊教育需求确立了多个专项法案。比如，《1981年教育法案》（*Education Act 1981*）就是关于特殊儿童的专项法案，该法案从学习困难和特殊教育服务两个重点角度重新定义了特殊教育的对象，明确将需要特殊教育福利服务的学生对象确定为三类：有严重学习困难者、因障碍而无法使用教育服务者、5岁以前没有特殊教育服务会造成入学后有学习困难者，从而为教育福利的提供更

---

① 杨义萍：《撒切尔政府的教育改革政策》，《西欧研究》1990年第3期，第58页。

明确的目标指向。再比如，1995 年的《身心障碍歧视法案》（*Disabilities Discrimination Act*）也是一项特殊教育服务的专项法案。《1981 年教育法案》和以往的其他相关教育法案都是以义务教育阶段的特殊儿童作为关照对象的，而《身心障碍歧视法案》的关照对象则是特殊大学生，其教育福利服务的目标指向也是非常明确的，它要求高等教育拨款委员会（Higher Education Funding Council）和高等教育机构（Higher Education Institutes）为特殊大学生提供学习支援服务，旨在保障特殊学生接受高等教育的权利。

## 二　《1988 年教育改革法》中的教育政策伦理意蕴

1987 年 11 月，时任英国教育和科学部部长肯尼思·贝克（Kenneth Baker）向下议院递交了《教育改革议案》，他指出："在以往的四十年里，我们的教育制度是建立在 1944 年《巴特勒教育法》规定的框架之上的……我们需要为这个制度注入新的活力，因为它已成了一种生产者主导的制度，无法对以往十年里日益急迫的改革要求作出敏锐反应。"① 因此，他建议英国开展一项以消费者（买方市场）为主导的教育改革。《1988 年教育改革法》（*Education Reform Act 1988*）正是对这一提议的最好回应，其核心要义就是要在教育改革中注入市场机制，它的颁布标志着撒切尔政府激进教育改革的开始。②

"自由的市场，强大的国家"，为撒切尔政府响亮的社会政策主张，同样也反映在教育领域，而《1988 年教育改革法》作为撒切尔政府教育改革主要精神的集大成者，无疑是对这一政策主张最好的注脚。整部法案共包含 238 条条款，大致可分为三个部分：第一部分着重于基础教育（Schools）方面，内容主要涉及"课程""开放入学名额""财政与人事""中央直接拨款学校"以及"其他方面"共五章；第二部分着重于高等与继续教育（Higher and Further Education）方面，内容主要包括"地方教育当局在高等与继续教育上的职能""高等与继续教育的拨款

① 转引自易红郡《撒切尔主义与〈1988 年教育改革法〉》，《湘潭大学社会科学学报》2003 年第 7 期，第 24 页。

② Lindsay Paterson, "The Three Educational Ideologies of the British Labour Party (1997 - 2001)", *Oxford Review of Education*, 2003, 29 (2): 165.

与重组”“高等与继续教育的财政与管理”以及“其他方面”共四章；第三部分内容是关于内伦敦教育的废除方面的条款。下面我们将分别围绕“自由的市场”和“强大的国家”两大精神在法案内容中的具体体现来展开讨论：

1. “自由的市场”在法案中的意蕴

《1988 年教育改革法》的多项措施深受自由市场原则影响，如：开放入学名额限制、设立城市技术学院等措施均赋予家长更多的选择权利，使其可以选择适合其子女的学校，而且家长若对地方教育当局干预学校的措施感到不满时，还可以改为申请中央直接拨款的学校。该法案“试图建立一种教育市场，利用市场的差异化原则来取代原本追求的公平原则”①。它希望通过选择、竞争、多样化、自主经营和私有化等核心概念的落实来逐步达成教育市场化。

（1）在“选择”方面：从表 3－5 中我们应该可以看到，赋予家长选择权是保守党自 1976 年以来一贯的教育政策立场。《1988 年教育改革法》的第 26—32 条，更是在先前教育政策法案基础之上，允许各公立中小学在现有设备与师资允许条件下，尽可能放开入学名额。在此情况下，地方教育当局再也不能通过平衡各校入学名额的做法来保护办学水平不佳的学校。此项改革一方面通过去除对于热门学校招募优秀学生的人为限制，使家长能够送子女进入他们所喜欢的学校；另一方面则通过此种类似于消费者选购商品之过程，给经营状况不良的学校造成一定的竞争压力，迫使其主动谋求改善或因缺乏竞争力而关闭。因此，开放入学名额，增加家长的教育选择机会，通过竞争来提升学校品质，这些正是教育市场开放的一种形态。

（2）在“竞争”方面：竞争被保守党视为提高学校教育品质的必要手段，早在《1980 年教育法》中就已经规定学校要把各校测验结果公布，而《1988 年教育改革法》更是将此项规定向前推进了一大步，其第 14 条规定必须专门设立一个名为“学校考试和评定委员会”的法人团体，该法人团体的一项重要职能就是要“出版和传播

---

① 李奉儒：《英国教育：政策与制度》，（台湾）涛石文化事业有限公司 2001 年版，第 48—49 页。

考试和评定工作方面的信息，以及协助这方面信息的出版和传播”①。受此影响，很多学校开始注重发展并维护学校的社会公共形象与声誉，纷纷开始印制学校宣传册、聘请公关咨询专家、邀请当地媒体采访报道等宣传方式。法案规定，家长可以依据不同学校公布的信息为其子女选择就读学校，而学校不得随意拒绝学生入学，在此压力之下，学校不得不致力于改进自身的教育质量与办学水平。此外，法案第二部分第二章、第三章也取消了过去政府提供给高校的补助金，改为由各大学和有关委员会在教学与研究方面的合作契约来取代，其目的是借此提高大学的运行效率，同时也鼓励大学多吸引民间资本，以减轻对公共财政的依赖程度。

（3）在“多样化”方面：要真正发挥家长选择的市场功能，其前提是必须有多样化的学校可供选择。倘若所有学校都是综合学校，都给予一样的服务，就没有多少选择可言。在保守党政府看来，任何企图统一模式的学校管理规定都是违反市场原则的，政府必须放弃对学校的控制，而交由市场来决定。《1988 年教育改革法》第 52—119 条中规定设立中央直接拨款学校、城市技术学院，将多样化的学校引入学校教育体系，并打破地方教育当局对当地学校教育的垄断。保守党借此法案将多样化的市场机制注入教育领域，支持和鼓励学校之间存在差异性。

（4）在“自主经营”方面：赋予学校更多自主经营权力，也是教育市场化改革的重要内容之一。《1988 年教育改革法》第 33—51 条规定给予学校管理委员会自行管理学校预算的权责，而人事聘用与解雇、设备购买、校园维护及水电费用等均由学校自理。照此规定，学校就将如同企业一样自主盈亏，校长就如同公司总裁一样负有学校自主经营的责任。该法案第 38 条还规定了学校补助的公式，由于学校补助公式最重要的分配依据是各所学校注册学生的人数及其年龄，吸引学生的能力便成为学校经营状况最重要的评估标准之一，所以每所学校都必须花大力气改善自身的经营状况。

（5）在“私有化”方面：保守党在经济上采取私有化政策，反映

---

① 瞿葆奎：《英国教育改革》，人民教育出版社 1993 年版，第 734—735 页。

在教育上即为支持私立学校的发展与鼓励民间资本资助公立教育机构，以降低政府教育经费负担并提高办学效率。《1988 年教育改革法》的第 105 条就规定设立城市技术学院，以扩大家长对其子女学校的选择权，其办学经费则由教育与科学部、工商业界共同分担。法案中的第 105、131、132、136 条等条目对新设委员会的规定，也显示出工商界与非学术人员对高等教育规划的参与逐渐增加。

2. “强大的国家”在法案中的意蕴

在全国范围内统一实施“国家课程”（National Curriculum）和“国家评定”（National Assessment）可谓是保守党政府在教育领域奉行“强大的国家”社会政策原则最为直观的表现。《1988 年教育改革法》在全国统一课程、统一考试等方面做了明确规定。具体如下：

（1）全国统一课程

法案规定公立义务教育 5—16 岁阶段的所有学生都必须学习 9—10 门必修课程。其中数学、英语和科学（包括物理、化学和生物）3 个学科为主干课程；历史、地理、劳技、音乐、美术、体育和现代外语（小学不开设，中学阶段开始）7 门学科为基础课程。这些课程的目标、内容和时间分配也以法规的形式统一规定。除此之外，整个普通教育课程（含义务教育后阶段的中学课程）还包括职业教育和职业指导、健康教育、个体与社会教育、家政、古典语言学习等方面的内容。其目标、内容及时间分配等也都有统一的规定。

（2）全国统一考试

法案规定，根据国家统一课程的安排，公立义务教育 5—16 岁阶段的所有学生都必须在 7 岁、11 岁、14 岁和 16 岁（即四个学段结束时）接受标准统一的全国性考试，根据各门主干课程和基础课程所设定的每一基本学段 10 个水平的成绩目标（attainment targets）进行评定。要求学生在 7 岁达到水平 1—3，11 岁达到水平 3—5，14 岁达到水平 4—8，16 岁达到水平 5—10。其中 16 岁的全国统考主要采用由“普通教育证书考试”（GCE）和“中等教育证书考试”（CSE）两者合并而成的“普通中等教育证书考试”（GCSE）的方式进行。考试结果向家长公布，并据此排定各所学校的“排行榜”（league tables），以此加强学校之间的竞争。撒切尔政府试图通过加强不同阶段的统考来加强对教学和考试的集中和控制，通过严格考试制度和训练来促使学生掌握扎实的基本知识和技能。法案还规定要专门设立学校考试和评估委员会来负责统一评价与考试。

概而言之,《1988年教育改革法》的具体内容与保守党政府倡导的“自由的市场，强大的国家”社会政策原则息息相关，它把倡导市场竞争的新自由主义与强调中央控制的新保守主义巧妙地结合起来。“一方面，政府根据学生有权接受共同的知识及达到某种成绩水平的原则对课程和有关的考试服务进行集权控制；另一方面，它利用这种全国统一课程的结果和公布考试结果这种中央集权化的制度，在学校之间重新采用市场竞争的原理‘争夺’学生。”① 倘若稍加分析，我们不难发现，《1988年教育改革法》倡导市场主导，尊重个体选择，崇尚“效率优先”的伦理价值原则，它以满足不同个体的特殊教育需求，实现“个体自由发展”作为重要价值旨归。法案当中强调学校“选择”“竞争”“多样化”“自主经营”和“私有化”的那些条文自不必多说，它们将“个体权利优先”作为基本的伦理价值取向。即便是全国统一课程和统一考试的法规条文实际上也是与满足“消费者”个体的需要密切联系的，因为国家课程和国家评定能为价值“消费者”选择适合个体自身需要的学校提供有利的依据，可见这些法规内容也蕴含着市场思想和“个体权利优先”的伦理价值取向。一言以蔽之，“个体权利优先”是《1988年教育改革法》中的教育福利政策内容所折射出来的伦理意蕴与基本取向。

① 瞿葆奎:《英国教育改革》，人民教育出版社1993年版，第776页。

# 第四章　社会投资国家时期（1997—2010年）

## ——社会共同善与个体权利平衡伦理观取向的教育福利政策

从经典福利国家时期和福利国家紧缩时期两个历史阶段的发展来看，如何处理好政府力量与市场力量、社会公平与市场效率之间的关系，以促进社会经济整体协调增长，是摆在第二次世界大战以来英国工党与保守党两大主要政党面前的重要课题。“英国历届执政党在处理这一问题上存在着明显的‘钟摆现象’。主要表现在：1945—1979年间，英国政府以凯恩斯主义为主要指导思想，奉行政府主导型社会经济战略，更多强调了政府积极干预的作用，以追求‘社会公平’作为核心伦理诉求；而到了1979—1997年间，英国政府则转向以新自由主义为主要指导思想，秉持市场主导型社会经济战略，更多转向重视市场机制调节的作用，以实现‘经济效率’作为核心价值诉求。”① 经典福利国家时期追求社会公平，却忽视了经济效率，“向左转”的路径似乎行不通；福利国家紧缩时期强调经济效率，却又失去了社会公平，“向右转”的路径似乎也不行。英国福利国家制度由此陷入两者难以兼顾的困境。为了走出这一困境，1997年工党政府在阔别执政舞台18年之后重新登台亮相，它一上台就以“新工党”自居，其力主超越左右之争，探寻“第三条道路”（The Third Way），由其主导的福利国家现代化工程推动了英国从福利国家紧缩向社会投资国家模式的转型。

---

① 何伟强：《英国教育战略研究》，浙江教育出版社2014年版，第24页。

# 第一节　社会投资国家时期新工党社会福利改革转型

## 一　新工党政府社会福利改革的社会现实背景分析

### （一）现实背景

1997年，新工党领袖托尼·布莱尔（Tony Blair）顺利当选英国首相，其上台伊始就面临着诸多客观现实挑战：一方面，新工党政府需要对保守党18年的“政治遗产”进行及时总结；另一方面，它又不得不积极应对“全球化”（globalization）与新一轮产业革命国际新形势所引发的一系列国内社会结构变迁。

1. 保守党18年的“政治遗产”

客观地说，保守党长达18年的社会经济改革，留给新工党的“政治遗产”喜忧参半。

可喜的是，保守党推行的市场主导型的私有化战略在扭转英国经济颓势、重塑政府形象等方面有一定建树。具体表现在：（1）通货膨胀得到了一定抑制，经济增长率稳步提高。撒切尔政府时期，新自由主义取代凯恩斯主义的“需求管理”成为英国经济改革的主导思想，以抑制通货膨胀取代充分就业成为英国政府经济改革的首要目标。经过保守党人十余年坚持不懈的努力，通货膨胀这一长期困扰英国经济的顽症终于得到一定控制。英国的通货膨胀率由1980年5月的21.9%，下降到1996年8月的2.1%，低于欧盟2.3%的平均数，是1945年以来半个世纪中英国的最低水平。[①] 随着通货膨胀率的下降，英国经济增长率也稳步提高。1981—1989年，英国国内生产总值年平均增长率为3.6%，是战后以来最高的，而且还高于欧洲经济共同体的平均数。[②]（2）劳动生产率得到了积极改善。在英国的经济改革过程中，“有三项重大措施对劳动生产率有根本性影响：一是国有企业私有化；二是鼓励微观经济组

---

① 《人民日报》1996年10月3日。转引自毛锐《撒切尔政府私有化政策研究》，中国社会科学出版社2005年版，第187页。

② Central Office of Information, *Britain 1995: An Official Handbook*, London: HMSO, 1995, p. 147.

织实施‘利润分享’计划；三是制定法律，弱化工会权利，降低工会组织的覆盖率”①。通过前两项措施的实施，“到1991年时，英国已有半数以上公共部门转制为私营部门，有65万工人从国有企业转移到私营企业工作，其中有90%的人成为了股份持有者。与1979年相比，英国的股份持有者占总人口的比例已从7%上升到20%，国有经济部门产值占全国总产值的比重从9%下降到5%以下”②。从而调动了员工生产积极性，也提高了企业效率。第三项措施的推行，很大程度上改善了英国日益紧张的劳资关系，为推进自由经济创造了有利的政治环境，间接影响到了劳动生产率的提高。（3）激发了企业家的创业动力。撒切尔和梅杰在1979—1996年先后5次下调英国所得税基础税率，由1979年的33%调低至1989年的25%，再到1996年的24%；最高税率从83%降到40%。同时，英国政府把个人所得税的起征点由原来的8000英镑提高到10000英镑；资产税的起征点，从1700英镑提高到6250英镑；遗产继承税和资产转移税由75%下降到1988年的40%，并废除了其他的征税等级。③ 这些举措给创业者缓解了经费压力，激发了其创业激情。（4）缓解了英国政府的福利国家危机。20世纪70年代爆发的经济危机，直接冲击了带有理想主义色彩的福利国家体系建设，沉重的福利开支难以为继。因此，撒切尔政府一上台就打破原有福利共识，将社会福利改革纳入经济改革，成为其中的一个重要环节，并将私有化确定为改革的根本思路。尤其是到了撒切尔第三任期的时候，当私有化战略在英国的经济领域取得突破性进展后，其重点开始转向住房、教育和社会保障制度等社会福利改革领域。可以说，从政府干预取向型向自由市场取向型转变的社会福利制度改革，在很大意义上缓解了福利国家的危机。

然而，管理一个积病已久的国家，毕竟是项非常艰巨的任务。保守党政府在取得一系列成就的同时，也丢给新工党两大最为棘手的问题：

① 胡云超：《英国社会养老制度改革研究》，法律出版社2005年版，第89—190页。

② Steve Ludlam and Martin J. Smith, *Contemporary British Conservatism*, Basingstoke, Hampshire: Macmillan Press Ltd., 1996, p. 150.

③ Nigel Lawson, *The View from No. 11: Memoirs of a Tory Radical*, London: Corgi, 1993, pp. 1104 – 1106.

一是居高不下的失业率问题。1982 年，英国企业失业人数突破 200 万，到 1986 年 8 月，英国失业人数高达 328.91 万，失业率为 11.8%，1996 年 8 月失业率仍达到 7.5%，失业人数超过 200 余万，且多为结构性失业，占失业总人数的 66%。[①] 货币主义的支持者，哈里·约翰逊（Harry Johnson）早在 20 世纪 70 年代初便指出，大量失业是远比通货膨胀更为严重的社会问题，因此从这一点上来说，凯恩斯主义的原则是正确的。[②] 显然，撒切尔革命在这一点上矫枉过正了，这也成了撒切尔主义留下的最不受欢迎的政治遗产之一。可以想见，其继任者将不得不把就业问题提上政府的重要议事日程。二是持续加剧的贫富差距问题。“1980 年英国收入不平等迅速扩大，1980—1990 年英国基尼系数从 0.28 上升到 0.36，1990 年代初期之后开始稳定下来，但 1997 年仍维持在 0.35 左右，严重的收入不公和贫困造就了一个被社会主流所排斥的特殊群体。”[③] 这与保守党政府实行的有利于中上层阶级利益的政策不无关联。比如，保守党实行的减税政策，绝大部分的利益为中上层阶级所得。“以占人口 1% 的最富有的人为例，他们从 1979 年到 1990 年，从减税中所得的收益为 262 亿英镑，而占人口 10% 的最底层人民从中受益不过 9 亿英镑。”[④] 以实质而论，保守党政府的理念主要是让富人更富起来，因此“它创造了一个富裕的英国社会，但却是以同时创造了另一个贫穷的英国社会为代价的”[⑤]。正如大卫·坎南迪（David Cannadine）所说：“今天的世界已不再被区分成工人阶级和资产阶级，而是被区分为富人和穷人。”[⑥]

打一个比方，轰轰烈烈的“撒切尔革命”就好比是对久治不愈的“英国病”下了一帖猛药，它在抑制通货膨胀、促进经济增长、提高劳动生产率、缓解公共财政危机等方面收到了良好“药效”，但同时它也

---

① 转引自毛锐《撒切尔政府私有化政策研究》，中国社会科学出版社 2005 年版，第 215 页。

② 陈晓律、陈祖洲等：《当代英国》，贵州人民出版社 2000 年版，第 496—497 页。

③ 胡昌宇：《英国新工党经济与社会政策研究》，中国科学技术大学出版社 2008 年版，第 43—44 页。

④ 王振华：《撒切尔主义》，中国社会科学出版社 1992 年版，第 18 页。

⑤ 杨玉新：《撒切尔夫人执政方略研究》，吉林大学博士学位论文，2003 年，第 122 页。

⑥ David Cannadine, *Class in Britain*, London: Yale University Press, 1998, p. 188.

产生了严重的“副作用”，它没能解决一直居高不下的失业率问题，还进一步拉大了贫富差距，从而引起了社会各界尤其是中下层民众的强烈不满。正因如此，“撒切尔主义”的光芒渐渐黯淡了下来，人们重新把目光转向了阔别政坛已久的工党政府。[①]

2. 新工党的国内外现实挑战

布莱尔内阁组建后，除了需要尽快对保守党执政时期的政治遗产进行总结与反思之外，还需要积极回应国际宏观社会经济新形势，以及由此所引发的英国国内社会结构变迁等现实挑战。

就国际宏观社会经济新形势而言。布莱尔上台执政的1997年，正处于全球化快速发展的时期。布莱尔意识到，“全球市场和全球文化正日益发展。在西方国家经济当中，货币跨越国界的流动不仅比从前任何时候都快，而且国与国之间存在着空前的竞争”[②]。他还指出：“任何一个国家都不能逃避全球化所带来的经济和社会变化。经济变化使得工业中的所有工作甚至有时是新工业中的新工作，也会在一夜之间变得多余；社会变化指的是现存的社会共同体模式、生活方式、文化发生了变化。”[③] 所有国家政府所面临的关键问题是如何对此作出反应。布莱尔政府的反应是，要参与全球市场的角逐，就必须做好两件事情：一是撤销阻碍贸易的壁垒，接受国际经济规则；二是不断投资于人民的灵活性和新能力，确保可持续性竞争，因为“下一个时代将成为富有创造力的时代，支配21世纪经济的将是储蓄、投资、创新和最终开发其独有资源的国家：人民的潜力”[④]。在“全球化”成为不可逆转的世界各国共同发展趋势的同时，世界范围内的科技革命掀起了新一轮高潮。这轮新高潮涉及信息技术、微电子技术、航天技术、生物技术、新能源技术等高新科技领域。这些高新科技在生产中的应用，促进了一系列高新技

---

① 何伟强：《英国教育战略研究》，浙江教育出版社2014年版，第27—29页。

② Tony Blair, *The Third Way: New Politics for New Century*, London: Fabian Society, 1998. p. 5.

③ Oliver Schmidtke, *The Third Transformation of Social Democracy: Normative Claims and Policy Initiatives in the 21st Century*, Aldershot: Ashgate, 2002, p. 77.

④ ［英］托尼·布莱尔：《新英国：我对一个年轻国家的展望》，曹振寰等译，世界知识出版社1998年版，第142页。

术产业的形成与发展。这次科技发展浪潮，出现了许多新特征，主要表现在：(1) 它以信息技术为主导，囊括了广泛的科技领域。(2) 科学发现和技术创新成果的生产应用周期大大缩短，两者之间的关系不断密切，呈现出一体化的趋势。(3) 高科技对于经济和社会发展的贡献率显著提高。(4) 技术创新能力逐渐取代价格等传统因素成为竞争胜负的决定性因素等。新科技革命的发展，使得社会生产力中的知识含量、科技含量越来越高，促使经济形态从过去那种主要依赖自然资源和资本密集型经济——工业经济形态，转向主要依赖人的智力和知识密集型经济——知识经济形态。随着知识要素在社会经济中的分量不断加重，世界各国纷纷加大了对智力资源的投入，尤其是加大了对创新型人才的培养。置身于其中的英国自然也不甘落后，布莱尔早在1995年工党大会上就已明确提出："我们将永远不在一个低工资、汗水工厂经济的基础上进行竞争。我们只有一份资产。我们的人民；他们的智力；他们的潜力。发展它，我们就会成功。忽略它，我们就会失败。就是这么简单。"[①]

就英国国内社会结构变迁而言。全球化和新科技革命为世界经济的发展注入了强大的活力，它也"是推动最近和目前各种劳动力转移(包括部门转移和职业转移) 的主要力量，是影响当代西方社会阶级结构形态及其变化的决定性因素"[②]。确切地说，全球化和新科技革命等国际宏观社会经济新形势，直接引发了英国国内产业结构、就业结构的变迁，进而间接影响到了英国社会阶级结构的变迁。具体地说：

第一，从产业结构和就业结构的变革来看。受到全球化和新科技革命的影响，英国国内产业结构发生了很大变化。从1986年至1996年的10年间，在国内生产总值中，农业产值的比重一直是相对稳定的，仅从2%下降到1.8%，而工业的增长开始减缓，工业产值所占的比重从37.8%下降到31.5%，服务业产值仍在继续稳定地快速增长，服务业产值所占的比重在近10年间从60.2%上升到66.7%。其中，产业结构方面最大的变化要数信息产业和信息服务业。信息产业和信息服务业已

① ［英］托尼·布莱尔：《新英国：我对一个年轻国家的展望》，曹振寰等译，世界知识出版社1998年版，第81页。

② 崔树义：《当代英国阶级状况》，浙江大学出版社2006年版，第33页。

成为英国社会经济发展中的一个新增长点。[①]产业结构的变化从根本上导致了就业结构的变化，主要表现为从主要面向工业部门就业转变成主要面向服务业部门就业。根据英国国家统计局关于劳动就业的行业分类，英国的全部经济部门共分为9个大行业、57个小行业。表4－1列出的是9个大行业近25年来就业状况的变化，从中可以明显看出，面向工业部门的就业比例呈递减趋势，而面向服务业的就业比例呈递增走势，工业部门的就业主导地位渐渐被服务业部门所取代。

表4－1　　1971—1996年英国按行业划分的就业结构变化　　（单位:%）

| 年份<br>行业分类 | 1971 | 1981 | 1991 | 1996 |
|---|---|---|---|---|
| 农业： | | | | |
| 农林牧渔业 | 1.9 | 1.7 | 1.3 | 1.3 |
| 工业： | | | | |
| 矿产和能源、水供给业 | 9.5 | 7.6 | 5.0 | 1.1 |
| 制造业 | 30.6 | 24.2 | 18.3 | 18.2 |
| 建筑业 | 5.4 | 5.2 | 4.5 | 3.6 |
| 服务业： | | | | |
| 商业销售和旅馆餐饮业 | 16.7 | 19.1 | 21.4 | 22.6 |
| 交通和邮电通信业 | 7.1 | 6.6 | 6.1 | 5.9 |
| 金融保险业 | 6.1 | 8.0 | 12.1 | 17.5 |
| 公共机构、教育和医疗 | 18.2 | 21.7 | 23.7 | 25.3 |
| 其他服务业 | 4.5 | 5.9 | 7.6 | 4.5 |
| 合计 | 100 | 100 | 100 | 100 |

资料来源：Stephen Nickell, *Sectoral Structural Change and the State of the Labour Market in Great Britain*, Oxford：Oxford University, 1996. 转引自李培林《中国社会分层》，社会科学文献出版社2004年版，第449页。

第二，从社会阶级结构的变迁来看。产业结构和就业结构变迁的后果就是产业工人阶级队伍的萎缩和以知识分子、高新技术人才为主的，

① 李培林：《中国社会分层》，社会科学文献出版社2004年版，第447页。

包括企业主、经理、医生、律师、教授、工程师等在内的“中间阶层”快速膨胀。对于工人阶级来说，其整体力量不断减弱。英国早期的工人阶级是社会中占主导地位的政治力量，尤其是工党的主要选民基础，它也是经济快速增长和福利国家建设的主要推动者和获益者。但是，随着全球化和新科技革命的深入，生产部门对工人的知识结构和技术要求也越来越高，这也使得从事体力工作的“蓝领”阶层总体基数逐渐减少。据统计，1968—1997 年，英国全部就业人员中，“蓝领工人”所占比重从 66.3% 下降到 34.5%。[①] 对于中产阶级来说，其整体力量不断增强。1968—1995 年，英国就业人员中的经理和主管、专业人员、职员和技术工人的人数比重都有增加的趋势，而半技术工人和非技术工人则有人数比重下降的趋势（参见表 4 - 2）。

表 4 - 2　　1968—1997 年英国就业人员技术结构的变化　　(单位:%)

| 类别 | 1968 年 | 1978 年 | 1986 年 | 1997 年 | |
|---|---|---|---|---|---|
| | | | | 全日制 | 非全日制 |
| 经理和主管 | 10.62 | 14.44 | 16.61 | — | — |
| 专业人员 | 13.48 | 15.94 | 18.54 | — | — |
| 职员 | 9.38 | 6.97 | 7.48 | — | — |
| 全部非体力工作者 | 33.48 | 37.35 | 42.63 | 65.1 | 65.5 |
| 技术工人 | 38.60 | 39.85 | 40.15 | — | — |
| 半技术工人 | 18.09 | 18.34 | 13.13 | — | — |
| 非技术工人 | 9.83 | 4.45 | 4.36 | — | — |
| 全部体力工作者 | 66.52 | 62.64 | 57.64 | 34.9 | 34.5 |

资料来源：A. Gosling et al.，“What has Happened to Men's Wages since the Mid-1960s”，*Fiscal Studies*，1994，Vol. 15，No. 4，p. 72. 转引自李培林《中国社会分层》，社会科学文献出版社 2004 年版，第 486 页。

（二）观念变革

基于对上述社会经济现实背景的综合判断，新工党需要尽快对自身的观念系统进行“转型升级”，并对社会经济施政方略进行相应调整。

① Trades Union Congress，Economic and Labor Market Briefing，Working Paper，1997，p. 61.

1. 意识形态变革

1979—1997年，“撒切尔主义”在英国政坛几乎“一枝独秀”。虽然在1990年梅杰替代撒切尔执政，但他并没有跳出“撒切尔主义”政策框架，梅杰时期也成了“没有撒切尔的撒切尔时代”。[①] 当然，在这18年期间，一直在野的工党并不是毫无作为。实际上，历届工党精英们无时无刻不谋划着能早日重返执政舞台。在1979、1983年两次英国大选连续失利后，时任工党党魁尼尔·金诺克（Neil Kinnock）启动了以适应不断变化的社会要求，争取重新执政为目标的工党现代化改革。金诺克认识到：“要赢得公众和舆论支持，工党必须淡化其过于极端、激进的政策；要取得选举胜利，工党必须坚持一条温和的、以实用主义为导向而不是强硬左翼为导向的道路。”[②] 因此，从1983年起，金诺克开始按照这一想法对工党的组织机构和理论政策进行改革。其明显表现出来的对市场化改革的认同，遭到了工党内部左翼势力的竭力攻讦。由于工党内部的意见不一，再加上工党旧有的政治支持结构已经发生了变化，“整体意义上的工人阶级意识弱化，阶级认同感降低，进而对社会民主主义的认同也下降”[③]，因而在随后的1987年、1992年两次英国大选中，工党再度连续遭到选民抛弃。面对如此巨大的打击，工党不得不重新估量自身的政治前景。工党人士逐渐认识到，要想获得更多选民的支持就必须设法扩大依靠力量，积极转变旧有的政党政治观念。为此，“工党逐渐放弃了凯恩斯主义式的社会民主主义”[④]。同时，经过党内激烈的争论，工党精英还意识到传统的左翼或右翼政策各有偏颇，都难以适应新形势下的社会要求。于是，渐渐地，“作为左右两翼政党经济政策传统理论基础的凯恩斯主义和新自由主义，从对立走向融合，成为新政府兼收并蓄的政策来源”[⑤]。

1994年，布莱尔当选为工党党魁，面对经济全球化、新科技革命以及社会结构变化等新形势，他大大加快了工党“现代化”的进程。

---

① 吕楠：《撒切尔政府劳资政策研究》，社会科学文献出版社2009年版，第195页。

② 谢峰：《英国第三条道路研究》，贵州人民出版社2003年版，第20页。

③ 彭华民等：《西方社会福利理论前沿：论国家、社会、体制与政策》，中国社会出版社2009年版，第142页。

④ E. Show, *The Labour Party Since 1945*, Oxford: Blackwell, 1996, p. 189.

⑤ 阮宗泽：《第三条道路与新英国》，东方出版社2001年版，第7页。

这一时期，工党除了认真总结过去屡次失败的教训之外，还十分注意学习国外政党的经验和范例，特别是学习美国民主党的成功经验。早在1992年，时任美国总统克林顿就积极倡导“第三条道路”（The Third Way）的理论与实践，并取得了显著成效。英国工党与美国民主党同为左翼政党，在价值观上有着许多共通之处，再加上英美之间存在的特殊亲密关系，因此，布莱尔成为工党领袖后，先后与布朗等工党精英多次前往美国克林顿处取经。可以说，布莱尔领导的英国工党受到克林顿领导的美国民主党的影响甚深，“工党不只是在观看，而是在模仿……工党在金诺克领导下的政策变革主要是面向欧洲社会民主党的，而布莱尔的第三条道路则表示了对传统的欧洲社会民主主义模式的反感，并相信可以从美国那里取到真经”①。除了克林顿之外，布莱尔的精神导师安东尼·吉登斯（Anthony Giddens）也对新工党的政治观念变革起到了不可低估的作用。吉登斯在其《超越左与右：激进政治的未来》（*Beyond Left and Right*：*The Future of Radical Politics*，1994）、《第三条道路：社会民主主义的复兴》（*The Third Way*：*The Renewal of Social Democracy*，1998）等代表作中，系统阐述了“第三条道路”的价值观、政治支持基础、国家观和社会福利观，以及不平等与全球化等问题，这些都为新工党执政提供了强有力的智力支持。等到1998年9月，已经就任首相的布莱尔，出版了《第三条道路：新世纪的新政治》（*The Third Way*：*New Politics for New Century*）一书，这标志着酝酿已久的“第三条道路”思想终于正式出炉。

“第三条道路”最基本的立场是超越传统左右政治观念的束缚。而传统左右政治观念分歧的焦点问题在于社会公平与经济效率、政府与市场的关系。左派依据“社会民主主义”，强调国家（政府）在维护社会公平和社会稳定方面的积极干预作用；而右派则依据“新自由主义”，强调经济效率及市场自由原则。两者分歧的根源在于它们各自引以为据的政治价值观念的不同。布莱尔声称：“旧左派和新右派的方案都不会

① Willian Safire, “The Third Way: New Paving for the Middle of the Road”, *The New York Times*, Feb 28, 1999.

奏效……现在的工党——新工党——是中间派政党，也是中左派政党。”[①] 他试图寻求一条超越这两种传统的“第三条道路”，并确立自己新的政治价值观念。他改变了传统非此即彼的思维方式，抛开了一直困扰左右翼政党的意识形态障碍，大胆地把右翼主张的市场机制优势同左翼强调的社会公平信条“嫁接”起来，他“在接受传统中左道路的团结、社会公平、责任和机会平等这些基本价值观念的基础上，融合进了自由主义的思想特征”[②]。

2. 施政方略调整

简单地说，“第三条道路”就是试图为新工党重新定位的施政方略提供一种理论指导，其目的在于创造性地吸收与整合“政府主导型”与“市场主导型”社会经济战略的各自优点。在政府与市场作用的关系问题上，“第三条道路”认为两者在国家社会经济生活中具有不可替代的作用，片面强调“政府力量”或片面强调“市场力量”都不利于社会经济健康发展，因此，它主张应尽量调适政府与市场的关系，兼顾“社会公平”与“经济效率”。在这一思想指导下，新工党对英国先前的社会经济战略思路进行了适当调整。

（1）经济战略思路调整

老工党深受凯恩斯主义影响，主张政府主导型的“国有化”经济战略；以撒切尔、梅杰为首的保守党坚持新自由主义理念，主张市场主导型的“私有化”经济战略。新工党在第三条道路影响下，既不同意老工党认为国家（政府）就是解决问题的一切，因为这种政府干预的经济模式不仅浪费资源，而且遏制了市场的创造性；也不赞成保守党认为市场万能的市场原教旨主义，因为它导致失业率高居不下、贫富差距加剧等诸多社会矛盾。它采取了折中的办法，倡导“新型混合经济”战略，认为“要发展经济，既不能放任自流，也不能实行国家干预，只能通过产业界、雇主和雇员以及公营和私营部门之间的伙伴关系基础

① ［英］托尼·布莱尔：《新英国：我对一个年轻国家的展望》，曹振寰等译，世界知识出版社1998年版，第48页。

② 林德山：《英国新工党“第三条道路”思想特征评析》，《当代世界与社会主义》1999年第2期，第47页。

上的充满活力的市场经济来实现”[①]。吉登斯将这种“新型混合经济”认作是“在管制与解除管制之间、在社会生活的经济领域与非经济领域之间取得平衡”[②]。“新型混合经济”之所以“新”，主要是因为其重点不再纠结于“所有制（公有制与私有制）”上的混合，而主要着眼于对经济发展中所依赖力量的混合。布莱尔表示，“21 世纪不会是公有制和私有制之间相互拼杀的世纪”[③]。因此，它一方面吸收了许多新自由主义的积极成分，承认市场在国家经济生活中具有不可替代的作用；另一方面也肯定了政府干预的必要性，认为政府干预的目的在于解决市场经济带来的负面效应。

（2）社会战略思路调整

老工党依据凯恩斯主义与《贝弗里奇报告》两大理论基石，建立了“从摇篮到坟墓”（from cradle to grave）的福利国家体系，其出发点在于调节社会资源再分配，以实现社会公平。这种自上而下的福利分配，“导致的第一个问题就是财政压力过大，它成为福利国家面临的重要困难之一；它导致的第二个问题就是道德公害，这与其说是福利供给创造了一个依赖性的文化，倒不如说是人们理性地利用了福利制度为他们提供的机会”[④]。因此，“国家提供的福利救济越多，发生道德公害和欺诈的可能性就越大”[⑤]。针对这些弊端，撒切尔上台后按照新自由主义理念，对英国的社会福利制度进行了类似于经济领域所开展的市场化改革，如：鼓励勤奋工作的精神，改变福利依赖；缩小政府责任，代之以民营化等。她将福利国家制度视为对个人自由最为危险的侵害，是市民秩序衰败的原因。其社会政策的广义目标包括，“使国家退却、促进选择和消费者利

---

① 转引自牛长松《英国高校创业教育研究》，学林出版社 2009 年版，第 69 页。

② ［英］安东尼·吉登斯：《第三条道路：社会民主主义的复兴》，郑戈译，北京大学出版社 2000 年版，第 122 页。

③ ［英］托尼·布莱尔：《新英国：我对一个年轻国家的展望》，曹振寰等译，世界知识出版社 1998 年版，第 68 页。

④ 曾令发：《探寻政府合作之路：英国布莱尔政府改革研究》，人民出版社 2010 年版，第 84—85 页。

⑤ ［英］安东尼·吉登斯：《第三条道路：社会民主主义的复兴》，郑戈译，北京大学出版社 2000 年版，第 119 页。

益保护、鼓励混合福利经济和减少福利依赖"[①]。撒切尔所推动的一系列社会福利改革，在很大程度上缓解了福利国家危机，但是它也遗留下高失业率、严重社会分化等新矛盾。鉴于此，新工党上台后描绘了建设"社会投资国家"（social investment state）的蓝图。吉登斯将"社会投资国家"描述为介于"新自由主义"模式和战后西方福利国家模式之间的"第三条道路"福利国家模式。[②] 它积极吸收了保守党关于"积极福利""从福利到工作"等概念，所不同的是它加重了政府对福利支出的积极干预作用；它也兼顾到老工党所呼吁的"社会公平"问题，所不同的是它引入了市场元素，从原先对"结果公平"（Equality of Result）的追求转向了对"机会公平"（Equality of Opportunity）的追求。

概述之，新工党在"第三条道路"指引下，做出了不同于老工党和保守党的社会经济战略思路调整（如表 4－3 所示）。"一方面，它不同于撒切尔式的市场主导的新自由主义模式；另一方面，它也不同于国家主导、生产者驱动、合作管理的旧式社会民主主义的模式。"[③]

表 4－3　　**老工党、保守党、新工党的观念基础与社会经济战略思路比较**

| | 老工党 | 保守党 | 新工党 |
|---|---|---|---|
| 观念基础 | 社会民主主义 | 新自由主义 | 第三条道路 |
| 价值诉求 | 社会公平优先 | 经济效率优先 | 兼顾社会公平与经济效率 |
| 经济战略思路 | 政府主导型的"国有化"战略 | 市场主导型的"私有化"战略 | "市场—政府"平衡型的"新混合经济"战略 |
| 社会战略思路 | "从摇篮到坟墓"的福利国家建设，强调政府积极干预 | 将福利国家制度视为对个人自由最为危险的侵害，注重市场化社会福利改革 | 从福利国家到社会投资国家，变消极福利为积极福利，兼顾政府与市场力量 |

资料来源：何伟强：《英国教育战略研究》，浙江教育出版社 2014 年版，第 27—29 页。

① 转引自［英］马丁·鲍威尔《新工党，新福利国家？英国社会政策中的"第三条道路"》，林德山等译，重庆出版集团 2010 年版，第 18 页。

② Anthony Giddens, *The Third Way: The Renewal of Social Democracy*, Cambridg: Polity Press, 1998, p. 117.

③ 何秉孟、姜辉：《阶级结构与第三条道路》，社会科学文献出版社 2005 年版，第 164 页。

另值一提的是，以往英国政府的经济战略与社会战略相对独立，分别扮演着实现经济增长和社会公平的不同角色，而且往往顾此失彼。老工党政府把社会福利当成是财富转移和再分配的手段，寄希望于以此来实现社会分配结果的公平，而没有充分考虑如何通过社会福利改革来提高经济效率，最终导致沉重的财政负担，不但拖累了经济增长，而且还滋生出一批一味依赖福利的“寄生虫”，严重影响了生产率的提高。撒切尔与梅杰为代表的保守党政府面对入不敷出的福利国家危机，采取了市场化的福利改革手段，提高了经济效率，但是由于其使劲降低福利开支和限制福利项目，结果却牺牲了社会公平。与前两者有所不同的是，新工党政府致力于推进经济与社会战略一体化（Integration），它希望通过两者的良性互动来促进经济增长与社会公平目标的共同达成。其实，两者能被统合的契合点主要在于新工党改变了自身对于“社会公平”的认识。在新工党的许多文献与领导人的言辞中，虽然关于“社会公平”的表达方式有很多，如：“社会正义”（Social Justice）、“社会融合”（Social Inclusion）和“社会公平”（Social Equality）等，但新工党政府内部达成的真正共识是以“机会公平”（Equality of Opportunity）取代老工党的“结果公平”（Equality of Result）。例如，布莱尔提出：“我们国家的现代化改革必须让每一个辛勤工作的家庭都从中获益，要让所有孩子，不论其来自何方与家庭出身，都能够公平地分享国家为其提供的机会与财富。”① 戈登·布朗（Gordon Brown）更是一个机会公平的积极倡导者，他指出：“公平的本质是机会公平，而不是老工党不现实的结果公平，也不是狭义的机会公平，而是最广义上的机会公平。”② “机会公平”概念更多地跳出了社会学意义上的公平，而增添了经济学意义上的公平色彩。事实上，在新工党眼里，社会战略本身就是经济战略。它提出的富有创意的“社会投资国家”概念无疑是对此最

① *2001 Labour Party General Election Manifesto-Ambitions for Britain*, London: Labour Party, 2001.

② 转引自胡昌宇《英国新工党经济与社会政策研究》，中国科学技术大学出版社2008年版，第24页。

有力的佐证，它巧妙地将社会与经济战略整合在了一起。[①]

## 二 社会投资国家战略框架下的社会福利改革举措

### （一）新工党的社会投资国家战略

20世纪90年代中期以来，西方许多国家开始加强对社会政策领域的积极干预，重视社会福利支出的人力资本投资功能，增加社会福利支出对经济发展的促进作用。这种新的社会福利改革动向被研究者称为“社会投资国家”模式。[②]“社会投资国家”概念最早是由安东尼·吉登斯提出的，他指出：“社会福利应尽可能用于人力资本投资，而不是直接用于维持生活。要用社会投资国家取代福利国家。”[③]也就是说，社会福利支出不能仅限于扶贫济困的消极作用，而应当成为一种积极的投资，用于开发国家的人力资源，国家干预的合法性体现在对生产力的投资和促进作用，公民作为投资“契约”的一方也必须承担一定风险和责任。与此相应，英国社会正义委员会（Commission on Social Justice）于1994年发表了《社会正义：国家复兴战略》（*Social Justice: Strategies for National Renewal*）的报告，其中指出：“要重视提供体现社会正义和以经济繁荣为目的的经济机会，社会保障应通过社会投资和机会的再分配，而不是结果的公正来实现……国家通过投资把经济和社会政策紧密结合起来……对科研、技术、技能、儿童看护和社区发展的高投资，形成经济持续增长的良性循环是我们要迈出的最后一步，也是第一步。”[④]因此政府应通过对机会，而不仅是经济收入再分配来实现社会正义。

---

① 何伟强：《新工党执政以来英国教育战略研究》，浙江大学博士学位论文，2011年，第34—39页。

② 自1990年代中期以来，“社会投资国家”模式日益吸引决策层和学术界的兴趣，它不仅被用来描述转型中的西方福利国家，甚至被认为是未来社会福利国家的蓝图。详见：胡昌宇：《英国新工党政府经济与社会政策研究》，中国科学技术大学出版社2008年版，第81—82页。

③ Anthony Giddens, *The Third Way: the Renewal of Social Democracy*, Cambridge: Polity Press, 1998, p. 117.

④ Commission on Social Justice, *Social justice: Strategies for National Renewal*, New York: Vintage, 1994, p. 97.

对于新工党而言，其上台之后面临的最大难题在于如何在整个国家经济变革中，探索一种既能有效缓解社会矛盾，又能使英国经济增加活力的社会福利新模式。显然，它不可能重蹈老工党的覆辙，因为历史已表明，单纯依靠社会福利救济以追求所谓的“结果公平”最终将带来一系列的福利国家危机；它也不可能简单延续保守党的做法，因为实践已经证明，那种强调政府不加干预、市场绝对主导的福利国家紧缩战略，解决了“经济效率”低下问题，却也加剧了失业率和贫富分化等社会不公现象的严重程度。如何采取一种折中的思路，用一种包容的态度创造性地吸收左派和右派的政治哲学，探寻一种可以有效兼顾“社会公平”和“经济效率”的社会福利新模式，是新工党政府着力思考的一个核心问题。就在这个节骨眼上，吉登斯被新工党政府拜为“精神导师”，其倡导的“第三条道路”思想和“社会投资国家”模式成为新工党政府开展新一轮福利国家现代化改革的重要理论支撑。英国从“福利国家”向“社会投资国家”转型的福利改革也由此拉开了序幕。新工党上台后，为其效力的政府战略工作组（the Government's Strategic Unit）在一份重要的战略研究报告中建言：“政府应第一个优先考虑的国家战略就是要做好应对未来的准备……人力资本对未来经济增长至关重要……必须确保所有人有能力和素质迎接未来工作、生活的挑战。”①新工党采纳了这些建议，在其任期内全面推行了社会投资国家战略，其战略目标在于促进就业、消除贫困，改变社会福利观念、重建社会公正。

（二）新工党的社会福利改革举措

新工党政府的社会福利改革，重点在于解决保守党执政 18 年所遗留的失业率上升、贫富差距加大等社会问题，其内容“主要涉及工作福利、未成年人社会福利、教育和培训三大方面”②。下面我们将着重介绍“工作福利”“未成年人社会福利”改革举措，至于“教育和培训”方面的内容我们将在下一节专门加以探讨。

---

① Strategy Unit, *Strategic Audit: Discussion Document*, London: Cabinet Office, 2003.

② 周真真、尹建龙：《试析英国从福利国家向社会投资国家的转变》，《临沂师范学院学报》2009 年第 1 期，第 95 页。

1. 工作福利改革举措

居高不下的失业率是政党轮替后留给新工党的第一大难题，因此致力于解决这一问题成了新工党政府的第一项任务。布莱尔当选英国首相后，承诺自己所领导的政府将成为一个实现从福利到工作转变的政府，他指出："一个民主政府的最大挑战就是改革现有制度，让失业阶层重新回归社会，从事有益的工作。"① 因而，"工作福利"（Workfarism）改革成了新工党福利国家现代化工程最为重要的组成部分，也成为其"社会投资国家战略"的最重要环节。此举的主要目的在于既消除社会排斥，又促进经济发展。

"老工党"的就业观念深受凯恩斯主义的影响，主张政府积极干预，实现"充分就业"，但是由于其"大包大揽"的做法导致公共财政开支过大而难以为继，加上其缺乏明确的权利与义务观念，以至于人们勤奋工作的动力逐渐丧失。鉴于此，新工党在继承老工党倡导政府积极干预的同时，也吸收了保守党关于赋予个体更多选择权利与责任义务的看法。它将"为所有人提供就业机会"（Employment Opportunity for All）取代了"充分就业"的观念，将"机会公平"取代了"结果公平"的观念。新工党看到了过去社会福利政策的症结所在，明确了自己的社会福利改革目标是要让失业者积极寻求就业，认为只有就业才是让失业者摆脱对福利的依赖和被社会排斥的状态，逃出"贫困陷阱"的最佳途径。新工党政府的切入点是通过实施"工作福利政策"，改变以往单纯发放失业救济金的"授之以鱼"的消极做法，代之以通过免费教育培训和提供就业帮助等"授之以渔"的积极手段来提高失业者把握就业机会的能力。较之于以往的社会福利改革举措，"工作福利政策"具有"社会投资"的典型特征：一方面，它体现了权利与义务的平衡，政府有义务通过新政提供高质量的教育和培训机会，尽力帮助失业者提高技能和寻找工作，而个人则有义务利用这些机会努力寻求就业；另一方面，它体现了投资与回报的结合，政府通过"投资于人"的方式，拿

---

① Bob Jessop, "From Thatcherism to New Labour: Neo-liberalism", Workfarism and Labour Market Regulation, http://www.lancs.ac.uk/fss/sociology/papers/jessop-from-Thatcherism-to-new-labour.pdf. 转引自胡昌宇《英国新工党政府经济与社会政策研究》，中国科学技术大学出版社2008年版，第88页。

出大笔经费为失业者提供教育和培训，为他们创造工作机会，其主要回报就是提高失业者的就业能力，进而增强劳动市场的灵活性和经济竞争力，促进经济增长，同时也帮助他们摆脱家庭贫困和社会排斥。

新工党政府的工作福利政策主要是通过“青年（18—24 岁）新政”“长期失业者新政”“单亲家长新政”“25 岁 + 新政”“50 岁 + 新政”和“残疾人新政”等一系列新政计划来实施的。其中尤以 1998 年开始实施的“青年新政”计划影响最大，专项启动资金高达 26 亿英镑，它也是其他各项新政计划的原型。[①]“青年新政”计划共包含三个阶段：（1）进入阶段。凡领取失业金（求职者津贴）超过 6 个月的年轻人必须到“就业中心”进行登记，正式进入该计划，否则将失去申请失业金资格，因此具有强制性。（2）选择阶段。如果第一阶段不能成功就业，参与者则进入选择阶段。该阶段每个人可以有四种选择：一是为期 6 个月的政府补贴性就业；二是参加政府规定课程的全日制教育或培训计划；三是参加志愿工作，领取一定的工资或补贴；四是参加政府提供的环保性工作，享受一定的工资待遇。（3）后续阶段。如若选择阶段结束后，参与者还未能就业，则在申请领取失业津贴的同时，继续接受培训或努力寻找工作。该计划与过去就业政策的主要区别在于：“首先，计划的具体实施有中央和地方政府、企业、工会、志愿组织和社区共同合作完成。允许各地在实施过程中引入创新和竞争机制。各地的新政计划在具体实施过程中都根据本地区就业市场的实际需求，设计和实施计划。其次，新政计划实施过程坚持以服务对象为中心，提供具有很强针对性、技术性和人性化的服务，因此，更有利于提高就业成功率。最后，私营企业广泛参与到计划的实施中来。私营业主提供岗位可以得到国家补贴，一些地区的计划就是由赢利性就业服务机构负责组织落实。”[②]

作为新工党社会投资战略框架下的另外两项重要工作福利政策是“工作家庭税收抵免”（Working Families Tax Credit）计划和国家最低工

① Robert Walker, Michael Wiseman, “Making Welfare Work: UK Activation on Policies under New Labour”, *International Social Security Review*, 2003, 56 (1): 3 - 29.

② 胡昌宇：《英国新工党政府经济与社会政策研究》，中国科学技术大学出版社 2008 年版，第 96 页。

资标准。之前，英国政府的税收与社会福利政策是互相分离的，新工党则创造性地提出了“工作家庭税收抵免”政策，把税收与社会福利政策结合起来。此项政策强调了就业在该项补贴中的重要性，它规定：如果一个人每周工作30小时或更多则可享受30小时工作税收抵免（补贴），每个家庭子女都可以享受一定的税收抵免（补贴）。家庭每周净收入（除去所得税和保险缴费）若低于税收起征点则享受全额税收补贴，家庭净收入超过起征点者则可以享受不同比例的税额减免。该计划几乎提高了所有贫困家庭的福利待遇，有人就业的贫困家庭则受益更大。1999年4月，新工党在英国历史上第一次实施了国家最低工资标准政策，最初的最低工资标准是成人3.6英镑/小时，18—21岁青年为3英镑/小时，到了2005年10月，这一标准则分别调高至5.05英镑/小时和4.25英镑/小时。国家最低工资标准的最大受益者是低技能和低收入的劳动者，其对于维护社会公平无疑具有一定的促进作用。

2. 未成年人社会福利改革举措

持续加剧的贫富分化的社会排斥现象，特别是严重的未成年人贫困问题，是摆在新工党政府面前的又一大严峻考验，因此破解该难题成了新工党社会福利改革的第二项重要任务。1997年新工党执政以后，专门成立了“社会排斥问题研究小组”，该小组研究指出：未成年人早年生活贫困不仅会影响其一生，而且很可能会将生活贫困传递至下一代。受此影响，1999年英国财政部在题为“解决贫困和拓展机会”（Tackling Poverty and Extending Opportunity）的报告中指出，“儿童时期的贫困对其今后一生将造成不良后果，缺少发展机会是值得政府重视的问题。政府不能让儿童的未来发展机遇取决于其家庭背景，而不是个人的勤奋和能力。因而政府将极力支持有子女的家庭，努力从根本上消除儿童贫困问题，确保每个儿童都有成功的机会”①。新工党政府充分意识到，未成年人的成长不仅仅是家庭的责任，更是国家的责任。在布莱尔首相看来，“儿童虽然只占英国现人口的20%，但他们却是英国未来的100%，投资儿童就是投资未来”。因此他明确承诺：“要用一代人的时

① HM Treasury, *Tackling Poverty and Extending Opportunity*, London: HM Treasury, 1999, pp. 4 – 5.

间（20年）来消除儿童贫困，阶段性的目标是：到2004—2005年度减少1/4，2010—2011年度减少一半，到2020年彻底消除儿童贫困问题。”① 戈登·布朗（Gordon Brown）作为布莱尔首相的继任者，同样看重消除未成年人贫困问题，他认为：“对儿童贫困问题采取行动是我们这一代人对下一代应尽的义务。数百万儿童生活在贫困中。由于贫困和缺少机会，他们人生旅途尚未开始就注定了失败的结果。如果我们不采取行动，命运对他们来说就永远不会公平……我们决不能忘记，贫困，尤其是儿童贫困，不仅扭曲他们的生命，也扭曲我们整个社会。我们必须清楚，这些儿童不只是别人家的孩子，是别人的问题。他们是我们国家的孩子，是我们所有人的子女。因此我们政府必须制定明确的目标，确保每个孩子都得到帮助，每个孩子都被接纳，每个孩子都有机会度过最完美的一生，决不允许再让一代孩子被抛弃。我们的根本信念是每个人都有平等的价值，我们的责任是让每个人充分发挥自己的潜能。”②

为了实现消除未成年人社会贫困这一目标，新工党政府采取了一系列综合措施和计划，如：通过工作福利计划帮助家长就业（在前面已经论及）、通过改善教育福利服务促进机会公平（参见下一节内容），还有专门针对贫困家庭的现金支持福利政策，主要包括：（1）“儿童税收抵免”（Child Tax Credit）计划。该计划是新工党所有针对贫困儿童和青少年的现金福利计划中，数额最大、最重要的福利项目，它综合了此前多项未成年人现金福利项目，由国税局根据家庭收入状况决定税收抵免额度。（2）“儿童信托基金”（Child Trust Fun）计划。“政府为所有2002年9月1日之后出生的儿童设立免税的长期储蓄或投资账户，政府为每人预先存入250英镑（符合贫困家庭标准者为500英镑），儿童本人、家庭或亲友等每年在该账户最高可以存入1200英镑。存款在儿童达到18岁以后方可由孩子本人或家长代为支取，主要目的是确保孩子在18岁以后有一笔教育或创业资金，不致因家庭因素影响孩子的

---

① HM Treasury, *Child Poverty Review*, London: HM Treasury, 2004, pp. 4 - 6.

② 转引自胡昌宇《英国新工党政府经济与社会政策研究》，中国科学技术大学出版社2008年版，第106页。

发展机会。”[①]（3）“儿童津贴”（Child Benefit）计划。该项计划始于1977年，适合于所有未成年人。2005年第一个子女的补贴是884英镑，其后的每个子女的补贴都是593英镑。此外，新工党政府还实施了“产假与生育补贴”“单亲家长新政计划”等福利举措，这一系列综合措施大大改善了贫困家庭的生存境况。这些政策的实施也取得了明显效果，大大减轻了英国未成年人贫困问题的程度。

## 第二节　社会共同善与个体权利平衡伦理观取向的教育福利政策

通过前面两章的讨论，我们可以看到：经典福利国家时期（1945—1979年）英国政府的教育福利改革受到社会民主主义社会思潮的影响，以《1944年教育法》为基本架构，依据教育公正和社会协调理论，以教育结构化改革作为主要战略取向，将“社会共同善”作为基本伦理观取向，着重致力于谋求“社会公平”。而福利国家紧缩时期（1979—1997年）英国政府的教育福利改革则高举撒切尔主义旗帜，以《1988年教育改革法》为典型代表，主要依据自由市场原理，以教育市场化改革作为主要战略取向，将“个体权利优先”作为基本伦理观取向，着重致力于谋求“经济效率”。综合地看，前后两个阶段的改革都在很大程度上推动了英国教育福利事业的发展，当然两者也存在一定的偏颇。前者的教育福利改革偏“左”一些，它顾及了“教育公平”，却失去了“教育效率”；后者的教育福利改革则偏“右”一些，它顾及了“教育效率”，却又失去了“教育公平”。如何探寻一条新路，处理好“左”与“右”的关系，平衡好“教育公平”与“教育效率”这对政策天平的砝码，是新工党政府教育福利改革着力思考的一个问题。1997年，新工党上台之后，创造性地提出了“第三条道路”政治哲学主张，“‘第三条道路’倡导积极福利政策，既不主张‘从摇篮到坟墓’的福利，也不赞成完全削减福利开支的政策，而是要寻找权利和责任之间的

① Department of Work and Pensions, *Opportunity for All: Seventh Annual Report*, London: Department of Work and Pensions, 2005, p. 14.

平衡”[①]。它将老工党推崇的“社会民主主义”思想和保守党力主的“撒切尔主义”思想巧妙地嫁接起来，将政府力量主导的“社会共同善”伦理取向和市场力量主导的“个体权利”伦理取向两种看似对立的观念有机地统一了起来。新工党政府这一别出心裁的顶层设计意图自然也反映在其教育福利政策之中，具体体现在：

## 一　“社会共同善”伦理观取向的教育福利政策

### （一）教育优先发展，以国家力量确立战略目标

20世纪90年代，与布莱尔政府同时期的美国克林顿政府正如火如荼地开展着“新经济”建设，并取得了令人瞩目的成绩，布莱尔政府也由此对其表现出了极大的兴趣。“新经济”建设的重要经济学理论依据是“内生增长理论”（endogenous growth theory），而内生增长理论政策含义的重点在于建议国家层面应该高度重视教育与培训问题，重视对“人的潜能”的投资。对此，新工党政府显然有很好的领会。布莱尔在多个演讲场合或官方文件中都表达了类似观点，如：“归根结底，在资本和技术流动的世界里，人是关键资源，是人类的智慧、能力和技巧带来了不同。”[②]“政府和企业界在6个关键领域里有直接共同利益。我认为其中真正的关键在于教育，抓对了教育，其余自然正确归位，抓错了教育，可预见经济衰落，社会状况恶化。我已说过，教育是我的政府情感所在，我说话算话。”[③]一言以蔽之，布莱尔认为“教育是现有的最佳经济政策”[④]。正是基于这样的认识，新工党政府在1997年、2001年、2005年连续三届英国大选的竞选纲领中，都将教育列为了首要任务。布莱尔退位后，新继任首相的布朗同样十分看重教育对于未来国家发展的重要性。他当选首相后不久就在格林威治大学（the University of Greenwich）发布了新政府的教育施政纲领，其中提到“卓越的教育并

① 江赛蓉：《英国教育福利制度的变迁及其启示》，《外国教育研究》2012年第7期，第82页。

② ［英］托尼·布莱尔：《新英国：我对一个年轻国家的展望》，曹振寰等译，世界知识出版社1998年版，第149页。

③ 同上书，第141页。

④ 同上书，第81页。

不只是一种崇高理想，而是尊重对知识的探索、对智慧的追求和对人的潜力的挖掘，这也正是众所周知的一项重要经济指令（economic imperative）。过去我们通常认为那些拥有原料——煤炭、石油或必需品，或基础设施——港口和通信的国家可能是最具竞争力优势的国家。而今更重要的是看谁拥有技能、思想、洞察力与创造力。我认为那些致力于开发所有人潜能，而不只是局限于释放一部分年轻人才华的国家，将在未来取得成功"①。不难看出，不论是布莱尔政府，还是布朗政府，都将教育置于优先考虑的政府议程。

在"内生增长理论"经济学思想的影响之下，"新工党政府对教育有了新的认识，认为教育和培训是提升个体适应或就业能力，培养个人对自身负责和独立精神的最重要的途径"②。正如布莱尔所说的，"在教育领域里，经济政策和社会政策之间的联系是最清晰的……教育改革能促进经济繁荣和社会公平"③。"环视今日之英国，我可以毫不犹豫地说：除非改进我们的教育制度，否则经济和社会的衰退将不可扭转……这也是为什么教育将成为我的政府的重心。"④ 教育也是新工党践行第三条道路思想的最佳路径，通过教育可以增进个人工作技能，从而"扫除人们进步的各种障碍，创造真正的向上流动机会，建立一个开放的、真正以个人才能和平等价值为基础的社会"⑤。可以说，教育在新工党政府的社会经济战略整体格局中居于"枢纽"地位，"教育优先发展→培育'人力资本'内生经济变量→增强经济竞争力且落实社会公平"构成了新工党的执政思维逻辑⑥。

在 1997 年、2001 年和 2005 年连续三届英国大选过程中，新工党政

---

① Gordon Brown, Speech on Education, http://www.number10.gov.uk/Page13675, 2007-10-31.

② 江赛蓉：《英国教育福利制度的变迁及其启示》，《外国教育研究》2012 年第 7 期，第 82 页。

③ ［英］托尼·布莱尔：《新英国：我对一个年轻国家的展望》，曹振寰等译，世界知识出版社 1998 年版，第 175 页。

④ 同上书，第 202 页。

⑤ Tony Blair, "The Government's Agenda for the Future", http://www.number-10.gov.uk, 2001-08-02.

⑥ 何伟强：《英国教育战略研究》，浙江教育出版社 2014 年版，第 43—46 页。

府均将教育议题置于最为醒目的位置。1997 年英国大选，新工党公布的竞选纲领题为“新工党：因为英国应该更好”（New Labour：Because Britain Deserves Better）。在长达 5 页的前言中，新工党提出：“我认为英国可以而且必须变得更好：更好的学校教育、更好的医疗、更好的处理犯罪，建设现代福利国家，跻身于新世界经济强国。”① 不难看出新工党政府的雄才大略在于将英国打造为新世界经济强国，而教育则被视为实现这一宏伟目标的首要途径。在竞选纲领中，新工党对广大选民作出的承诺是将在未来 5 年内把教育视作政府“头等大事”（the number one priority），政府将“提高教育开支占国民收入开支的比例”。就通篇竞选纲领来看，教育政见被单独列为议题，题为“我们将使教育成为我们的第一优先”，并被置于所有内容序列中的最前面，且其内容篇幅在所有议题中所花笔墨也最多。2001 年英国大选，新工党亮出的竞选纲领标题为“英国的雄图大略”（Ambitions for Britain），其仍然将教育视为政府的第一要务，它将教育篇章的主题定为“教育——工党的第一优先”（Education—Labour's Number One Priority）。2005 年英国大选，新工党的竞选纲领题为“英国：前进而不是后退”（Britain：Forward Not Back），教育政见被单独列为一个章节，其标题为“教育：让更多的孩子达到规定标准”（Education：More Children Making the Grade）。新工党在竞选纲领中再次重申，“教育仍然是我们的头等大事”②。

事实上，要想检验新工党政府是否真的做到了教育优先发展，最为直观也最为有力的证据是看新工党三届任期内的教育经费投入的增长情况与教育经费投入占国民收入的比重情况。2010 年英国财政部公布了英国 2010 年及以前的公共开支统计分析报告，其中涉及对英国教育经费投入增长情况的统计分析（如表 4 －4 所示），以及对 1955—1956 至 2009—2010 年英国教育经费投入占国民收入比重的统计分析（结果如图4 －1所示）。

① *1997 Labour Party General Election Manifesto—New Labour*：*because Britain Deserves Better*，London：Labour Party，1997.

② *2005 Labour Party General Election Manifesto—Britain*：*Forward*，*Not Back*，London：Labour Party，2005，p. 5.

表 4-4 **英国教育经费投入增长情况**

| | 平均每年实际增长（%） |
|---|---|
| 新工党 | |
| 新工党任期：1997 年 4 月—2010 年 3 月 | 3.9 |
| 新工党第一任期：1997 年 4 月—2001 年 3 月 | 2.9 |
| 新工党第二任期：2001 年 4 月—2005 年 3 月 | 6.2 |
| 新工党第三任期：2005 年 4 月—2010 年 3 月 | 3.0 |
| 保守党 | |
| 1979 年 4 月—1997 年 3 月 | 1.5 |
| 长期趋势 | |
| 1956 年 4 月—1997 年 3 月 | 3.7 |

资料来源：HM Treasury, *Public Expenditure Statistical Analyses 2010 and Previous PESAs*; *ONS Blue Book*, Forecasts from HM Treasury, Budget 2010.

从表 4-4 中可以看到，新工党三届任期的教育经费平均年实际增长 3.9%，它远远高于保守党执政期间的平均年实际增长率（1.5%），同时也高于 1956—1997 年的平均年实际增长率（3.7%）。在新工党三届任期内，第二任期的平均年实际增长率最高（6.2%）。

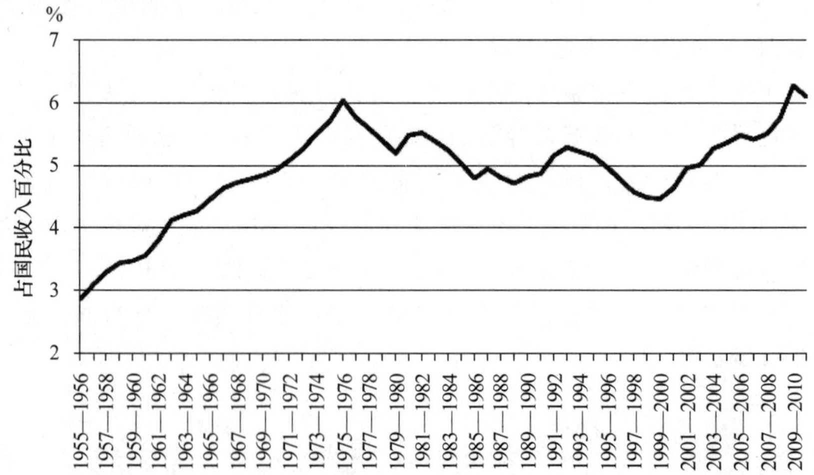


**图 4-1 英国教育经费投入占国民收入比重（1955—1956 年至 2009—2010 年）**

资料来源：HM Treasury, *Public Expenditure Statistical Analyses 2010 and Previous PESAs*; *ONS Blue Book*, Forecasts from HM Treasury, Budget 2010.

图 4 – 1 的数据显示，1955—1956 至 2009—2010 年英国教育经费投入占国民收入比重的统计结果。结果显示，1996—1997 年英国教育经费投入占国民收入的比重为 4.8%，而到了 2010—2011 年这一数据上升至 6.1%，[①] 2009—2010 年教育经费投入占国民收入比重最高时达到了 6.3%，这表明了新工党三届任期的教育经费投入占国民收入比重呈总体上升趋势。可见，新工党政府标榜的“教育优先发展”并非一句单纯的政治口号，它实实在在地反映在了它以国家力量介入的教育改革实际行动之中。

（二）强调教育公平，稳步推进教育均衡化发展

“教育，教育，还是教育”是布莱尔出任首相时就挂在嘴边的一句政治标语，其一方面是由于他充分认识到教育对于解决保守党遗留下来的高失业率与严重社会分化问题具有独特作用，因而将教育视作是平衡经济效率与社会公平这对核心矛盾的最好方式；另一方面，该标语凸现出来的焦躁语气也折射出新工党政府对于当时英国整体教育质量的担心，特别是对于突出的两极分化教育现象极为顾虑。据英国教育标准局（OFSTED）的调查显示，“总体而言整个国家学校教育的水平在提高，但是社会不利处境的学生的学业成绩与平均水平的差距加大了。贫困、遭受剥夺以及不利地位是产生低学业标准、低期望和社会隔离的重要原因……这些地方的学校已陷入了困境，如果他们要挣脱困境，唯有赋予超出他们能力范围之外的实质性的扶持力量”[②]。因此，新工党政府宣布：“今后的教育政策将着眼于大多数学生，而不是少数学生，并对学生学业水平低下现象采取‘零容忍’政策。学生学业表现不良的教育薄弱地区和薄弱学校成为新政府教育改革的一个突破口。”[③] “教育行动区”（Education Action Zone）计划、“追求卓越的城市教育”（Excellence in Cities）计划、“国家挑战”（National Challenge）计划等一系列

① Haroon Chowdry, Alastair Muriel, Luke Sibieta, *IFS Election Briefing Note* 2010: *Education Policy*, London: Nuffield Foundation, 2010, pp. 2 – 3.

② 贺武华：《英国“教育行动区”计划改造薄弱学校的实践与启示》，《教育科学》2006 年第 6 期，第 78 页。

③ 汪利兵：《公立学校私营化：英国教育行动区案例研究》，《比较教育研究》2001 年第 1 期，第 49 页。

旨在促进教育均衡化发展的改革方案正是在这样的背景之下应运而生的。

1. “教育行动区”计划：改造贫困地区薄弱学校的有效尝试

《追求卓越的学校教育》（*Excellence in Schools*）是1997年新工党上台后颁布的第一份教育白皮书，也是新工党关于未来五年英国的教育发展规划报告。其中明确规定：“2002年之前，政府要制定教育行动区计划，将表现不好的学校与处于最不利地位的地区纳入到计划中，帮助那些教育水准低下的学校以及学习成绩不佳的学生摆脱困境。”① 在此框架指导下，新工党政府改变了前任保守党政府直接拨款给公立学校的政策，推出了“教育行动区”计划，并由《1998年教育法》（*1998 Education Act*）颁布实施。该计划旨在加强和扶持严重薄弱的公立学校，立足于不让一所学校失败、不让一个孩子掉队的目标。“教育行动区”计划的大致做法是：“在相对贫困的地区，将15到25所左右的学校聚到一起，将这些学校的管理权公开招标，由当地工商企业、学校、家长、地方教育当局和当地其它机构、部门组成一个联合体，向中央教育主管大臣提出申请，接管学生学业表现不良的学校。”② 其目的是“通过管理权的转移，吸引教育以外的社会力量参与教育薄弱地区学校的管理和运作，从而为薄弱学校带来新的管理思路、经验和资金，迅速扭转这些学校的办学质量”③。

教育行动区一般设在因学生学业成绩低下而需要特别支持的城镇和乡村地区，这些地区享受政府制定的一系列优惠政策：“（1）在课程方面，教育行动区加盟学校可以和私立学校一样不受国家课程的束缚，他们可以自主设计课程以适应当地的需要。在课程实施方面也可以进行更为灵活自由的改革，以提高学生的读写算水平，降低逃学率，激发学生的学习兴趣。（2）在人事方面，教育行动区可以不受现行的全国性教师聘任条例的约束，通过提供更加优厚的待遇，吸引优秀的管理人员担

① DfEE, *Excellence in Schools*, London: DfEE Pubilication, 1997.

② 贺武华：《英国“教育行动区”计划改造薄弱学校的实践与启示》，《教育科学》2006年第6期，第79页。

③ 王艳玲：《“教育行动区”计划——英国改造薄弱学校的有效尝试》，《全球教育展望》2004年第9期，第67页。

任行动区学校的校长，并招聘更多的优秀教师充实教学第一线，以增强加盟学校的师资力量。（3）在资源方面，政府鼓励各教育行动区采取措施实现结盟学校在校舍、图书和设备等方面的资源共享。（4）在经费方面，政府将在日常预算之外每年向每个教育行动区提供 25 万英镑的追加拨款，并希望行动区每年也能从工商界筹集数目相等的配套资金。”①

通过“教育行动区”计划的实施，英国贫困地区的薄弱公立学校的办学条件、教学质量、管理水平等都得到了很大提高。比如，“2007 年英国年轻人在普通中等教育证书考试（GCSEs）中有五门以上（含英语和数学在内）取得良好成绩的人数比 1997 年多出 68000 名以上；薄弱或失败学校的数目显著减少（由 1998 年的 524 所减少为 2007 年的 245 所）等”②。在“教育行动区”计划的运作过程中，表现出了诸多“第三条道路”的痕迹特点，具体包括：“第一，通过强化政府的责任来推进教育公平。新工党政府执政以来，明显增强了对薄弱学校发展的责任和使命感。这种意识主要体现在政府的决策当中，更体现在政府的财政支持力度上，还表现在其推行学校联盟战略，共享优质教育资源的政策上。第二，程序规范、管理严格的新管理主义思想。从薄弱学校的认定、举办申请到办学中的考核，都是在英国政府专门制定的一系列法律法规指导下进行的，行动区是从一个清晰、具体、目标和结果都可测量的行动计划开始的。第三，基于多方参与的分权行动。‘教育行动区’计划充分调动了家长、社会积极参与学校教育，有效地整合了社会、社区资源。第四，行动区学校的充分自主性。教育行动区的自主性体现在打破了以往地方教育当局主导学校的管理体制，管理上不受地方教育机构的干扰。其在课程教学、人事制度、经费使用、资源的开发和管理等诸多方面享有自主性。”③

---

① 杨军：《英国促进基础教育均衡发展之政策综述》，《外国教育研究》2005 年第 12 期，第 8 页。

② DCSF, *Promoting Excellence for All-School Improvement Strategy: Raising Standards, Supporting Schools*, London: DCSF Publications, 2008, p. 3.

③ 贺武华：《新自由主义主导下的学校重建研究》，光明日报出版社 2008 年版，第 222—224 页。

2. “追求卓越的城市教育”计划：改造城市薄弱学校的新举措

长期以来，英国的私立学校大多位于郊区或乡村，实施精英教育并拥有丰富的教育资源和卓越的教育质量。而公立学校大多位于工人、平民等下层阶级以及少数民族聚居的城市或大都市的内城区（inner city），其师资、教学以及学生的学业成就等方面一般都相对薄弱，因此“城市教育”在英国成了薄弱教育的代名词。1997 年新工党上台之初，前首相布莱尔与前教育大臣戴维·布兰凯特（David Blunkett）指出：“长久以来城市教育标准实在是太低……我们应该在城市中采取更直接的办法来解决学生学业不良的问题；我们应该使家长对城市学校能够培养出有抱负、高业绩的学生而怀有信心。”① 在这种背景下，新工党政府于 1999 年 3 月出台了新的行动计划——“追求卓越的城市教育”。

“追求卓越的城市教育”强烈谴责内城区学校质量低下、抱负不高和经营失败问题，并承诺将立即采取措施做出改进，致力于增进家长和上进的学生对城市学校的信心。该计划包含四个核心主题：（1）对每个学生的高期望值；（2）提供多样化教育；（3）构建学校网络系统；（4）将成功的机会扩展到每所学校。② 该计划寄希望于通过一系列的措施改善城市或大都市内城区薄弱学校的管理，提高学生的学业成绩，以实现教育的均衡发展。其大致做法是：“（1）变革学校的运作方式。计划强调通过在每个地区建立地方伙伴关系组织（local partnership）来加强学校间、学校和地方教育当局间的合作。通过伙伴关系形成的学校协作网络来传播彼此的改进经验，解决共同问题，分享有关的设施。（2）建立学生发展支持体系。具体措施包括：第一，设立学习辅导员（Learning Mentors），主要用于解决校内外影响学生有效学习的各种障碍，为在学习上有特别需要的学生提供帮助，以减轻教师的压力，使他们有更多的时间和精力投入到教学之中。第二，设立学习知识单元（Learning Support Unit），为受排斥的学生按照他们的需求，制定独立的短期教学和支持计划，进行个别指导，使学生在学校的学习得以继续，

---

① 转引自阚阅《促进教育均衡发展的新举措——英国“追求卓越的城市教育”计划评析》，《全球教育展望》2004 年第 9 期，第 72—73 页。

② DfEE, *Excellence in Cities*, London: DfEE, Publications, 1999.

帮助他们尽快回到班级主流环境之中。第三，建立城市学习中心（City Learning Centre），通常设在某所学校，为伙伴学校的教师和学生以及更为广阔的社区提供广泛而多样的活动。（3）提供多样化的教育方式。具体措施有：第一，天才学生（Gifted and Talented）发展计划，该计划主要面向每一所中学5%—10%的天才学生，提高他们的学业标准，进行校外学习支持，并通过参加‘大学暑期学校’等为他们的发展创造条件。第二，设立更多的‘专门学校’（Specialist School），即任何中学都可以申请在数学与计算、科学、工程、艺术、体育、语言、商业娱乐、技术、人文、音乐这十个专业领域中的某一个领域成为‘专门学校’，以满足不同学生的兴趣需要和学习需求。”①

“追求卓越的城市教育”计划在解决城市薄弱学校教育质量问题上取得了卓有成效的进展，相关学校在管理方式、学业成绩、学生行为等方面都取得了长足的进步。在该计划的实施过程中，同样也反映出“第三条道路”政治理念的意蕴，其主要体现在：“其一，它强调社会公正。该计划的核心理念就是，着眼于大多数学生的发展，不是以牺牲多数人为代价而为少数人服务。并且认为，学生不能因为所上学校的不同而使其接受的教育有所差异或受到限制，也不能因为他们的家庭的经济背景和社会地位而使其发展得到漠视。工党政府强调，改革的目的不是加剧不平等的状况，而是拓展机会，提高教育质量，使每所学校都成功，每个学生都优秀。特别是教育在具有社会流动和成层的社会功能的情况下，为社会成员创造和提供公平、均质的教育机会，无论是对个体及教育事业发展，还是对于维护和推进社会公正无疑都具有重要的意义。其二，它强调多方合作。该计划的倡导者认为促进学生潜能的发展，提高学生的学业成就是一个系统性的工作，单凭学校自身的资源和能源是有限的也是乏力的，必须注重地方教育当局、学校、社区以及其他机构的多方合作。与地方教育当局的合作，有利于教育行政部门对学校实行的了解、监督和调控，加强政策的针对性和有效性；与其他学校的合作可以交流成功的改革经验，分享共同的教育资源；与社会机构的

① 杨军：《英国促进基础教育均衡发展之政策综述》，《外国教育研究》2005年第12期，第9页。

合作，则丰富和拓宽了学校教育的渠道。”①

3. “国家挑战”计划：实现教育均衡发展的又一举措

2007年5月，戈登·布朗接替布莱尔出任首相后，在已有教育改革成果的基础上，制定了更高的奋斗目标。同年12月，布朗政府公布了一份针对0—18岁儿童事业与基础教育发展的十年规划——《儿童规划：建设更美好未来》（*The Children's Plan*：*Building Brighter Futures*），旨在“将英国打造成世界上最适合儿童与青少年成长的地方”②。其中规定了到2020年要实现90%的学生在19岁前5门GCSE考试成绩达标（或取得同等成绩）。为了确保这一目标的顺利实现，布朗政府于2008年6月推出了“国家挑战”计划。

“国家挑战”计划是以“伦敦挑战”计划（London Challenge）为蓝本的，“伦敦计划”成功地使英国首都的薄弱学校得到改造。“国家挑战”计划实际上是“伦敦计划”在全国的推广，它所确立的目标是：到2011年，实现英国每一所中学至少有30%的学生5门（必含英语和数学）GCSE考试成绩为A*—C。③ 围绕这一目标，该计划对于不能提高学生学业成绩的薄弱学校下了最后通牒，同时也为改造薄弱学校提供了全方位的支持，制定了一系列新举措：“（1）重视学校之间的伙伴关系，通过学校帮扶学校的改善网络（improvement networks），引导优秀学校改造薄弱学校。（2）政府为每一所未达标的学校配备‘国家挑战顾问’，‘国家挑战顾问’为学校提供20天的支持性服务，让其在改造薄弱学校过程中扮演重要角色。（3）出台激励政策，吸引优秀教师到‘国家挑战学校’④ 任教。（4）创建半市场运行机制的‘国家挑战信托学校’、公办民营学校，改善贫困社区教育环境等。”⑤

“国家挑战”计划作为改造薄弱学校的又一重大举措，成为“教育

① 阚阅：《促进教育均衡发展的新举措——英国“追求卓越的城市教育”计划评析》，《全球教育展望》2004年第9期，第75页。

② DCSF, *Children's Plan*: *Building Brighter Futures*, London: DCSF Publications, 2007, p. 3.

③ DCSF, *National Challenge*: *A Toolkit for Schools and Local Authorities*, London: DCSF Pubilication, 2008, p. 1.

④ “国家挑战学校”是指列入“国家挑战”计划的办学质量很差的中学。

⑤ 张济洲：《“国家挑战”计划——英国政府改造薄弱学校的新举措》，《外国中小学教育》2008年第10期，第23—24页。

行动区”计划与“追求卓越的城市教育”计划的有益补充，它们共同遵循“公平而卓越”的“第三条道路”理念，旨在确保“教育公平”的基础上实现“教育卓越”，亦即旨在“让每一所学校卓越，让每一个儿童成功”。

（三）注重全纳教育，使未成年人免遭社会排斥

“全纳”（inclusion）与“机会平等”（equality of opportunity）是新工党政府的核心教育价值观念，这两大核心教育价值观念贯穿于新工党三届任期的始终。1997年，新工党在《追求卓越的学校教育》白皮书中强调：“我们必须释放每个青少年的潜力……教育政策应惠及大多数而不是极少数。”[①] 2001年，新工党在竞选纲领《英国的雄图大略》中表达了与此前并无二致的教育价值观定位——“全纳与机会平等”（inclusion and equality of opportunity）。[②] 2002年，时任英国教育大臣查尔斯·克拉克（Charles Clarke）在《传递结果：面向2006年的战略》（*Delivering Results：A Strategy to 2006*）白皮书的前言中再次重申其教育价值观，“我们正在通过一系列的努力，以期在实现至关重要的国家经济繁荣（economic prosperity）的同时，构建一个公平、平等和全纳的社会（a fair，equal and inclusive society）”[③]。2005年，布莱尔首相在题为“英国：前进而不是后退”（Britain：Forward Not Back）的竞选纲领中指出：“政府的义务是在一个变化的世界中为所有人提供机遇与保障。”[④] 2007年，接替布莱尔担任首相的布朗拥有同样的教育福利政策伦理诉求：全纳与机会平等。他在格林威治大学发表的教育演讲中指出：“我们的目标必须同时扩大机会，不只是一次机会，而是在人们一生中拥有第二、第三和第四次机会，以提高人们把握这些机会的信心，这是挖掘潜能的关键，发挥人们参与塑造未来的才能，以使每个人都能自我服

---

① DfEE, *Excellence in Schools*, London: DfEE Publications, 1997, pp. 4 – 5.

② *2001 Labour Party General Election Manifesto-Ambitions for Britain*, London: Labour Party, 2001.

③ DfES, *Delivering Results: A Strategy to 2006*, London: DfES Publications, 2002, Foreword.

④ *2005 Labour Party General Election Manifesto-Britain Forward, Not Back*, London: Labour Party, 2005, p. 5.

务、自我塑造。”① 当然，新工党关于“全纳与机会平等”的理念并没有仅仅停留于口头上，它还落实到了具体的政策实践之中，主要包括：

1. 针对贫困家庭子女的教育福利政策

新工党于1997年上台时，曾经郑重承诺要设法减少贫困人口和社会排斥。为了兑现这一承诺，新工党政府将帮助以福利救助为生、有子女的妇女列为其教育福利改革的一个重要突破口。OECD有关组织的调查显示：“20世纪80年代，英国妇女参加工作的比例在欧洲是最低的，但是时隔10年之后，有5岁以下孩子的妇女参加工作的比例已经从当时的32%上升到了51%，超过2/3的原来有工作的母亲在休完产假之后又重返工作。但是对于单亲父母来说，拥有工作的只占到40%，有将近4/5没有参加工作的母亲表示如果学前机构能够提供相应的教育与保育服务，她们将会考虑参加工作。”② 显然，如果政府愿意创造更多合适的、家长支付得起的学前机构，就有可能实现多赢局面，它既可以为近1/3原来有工作但在休完产假之后仍然无法重返工作岗位的母亲，以及为近60%没有工作的单亲父母参加工作解决燃眉之急，也可以为社会减少失业率，还可以为孩子提供高质量的学前教育保证。报告还显示：“大约有1/3的儿童（430万人）生活于贫困（低于英国平均工资的一半）之中，而在1968年这一比例只有1/10。而且相比较而言，前1/4高收入家庭的工资收入翻了一番，而后1/4低收入家庭的工资收入仅增长了15%，再加上后1/4低收入家庭往往拥有与其经济状况不相称的孩子数目。”③ 这一状况实际上证明了“富者愈富，穷者弥贫”的社会学现象，更糟糕的是社会贫困在代际形成了恶性循环。如何打破这一魔咒，是摆在新工党政府面前一道难解的方程式。④

好在新工党政府认识到了一点，亦即“处境不利的家庭在儿童早

① Gordon Brown, Speech on Education, http://www.number10.gov.uk/Page13675, 2007-10-31.

② OECD Country Note: Early Childhood Education and Care Policy in the United Kingdom, http://www.oecd.org/dataoecd/52/32/2535034.pdf, 2000-12-01.

③ Ibid..

④ 何伟强：《英国教育战略研究》，浙江教育出版社2014年版，第92页。

期教育上的努力可以成功地打破贫穷在代际间的循环”[①]。于是，它将儿童早期教育纳入其“社会投资国家战略”体系的重要一环。自 1997 年开始，新工党政府在早期儿童服务的发展与投资上掀起了一场“静悄悄的革命”（quiet revolution）。[②] 1998 年 5 月，英国教育与就业部（DfEE）大臣大卫·布伦基特（David Blunkett）和社会保障、妇女部（Social Security and Minister for Women）大臣哈丽特·哈曼（Harriet Harman）联合向国会递交了题为“应对儿童保育挑战”（Meeting the Childcare Challenge）的绿皮书。新工党政府将此确立为“全国儿童保育战略”（National Childcare Strategy），这是英国政府有史以来第一次针对“早期儿童教育与保育”（early childhood education and care）问题所作的国家经费和政策支持承诺。[③] 绿皮书指出：“政府承诺过要支持家庭和孩子，我们已经通过提高教育质量、增加儿童救济金、帮助父母重返工作的新政、史上最大的从福利到工作的投资等行动证明了我们的支持力度，全国儿童保育战略是我们支持家庭和孩子的另一重要组成部分。”[④] 该战略的基本承诺是促进儿童的良好发展，向家长（特别是妇女）提供公平的机会，以及支持家长兼顾好工作和家庭生活。其确立的五年目标是：新建 100 万个新托儿所、2 万个课后托儿服务项目、6 万个儿童保育新工作，并将福利救助名单上的救助家庭减少 25 万户。政府鼓励与地方教育当局、福利救助机构、教育慈善机构以及当地培训和企业理事会等展开合作，政府声称将为全国儿童保育战略提供 4.7 亿英镑。新工党政府的另一项重大投资是启动“确保开端计划”（Sure Start Programme），这是一项投资 4.25 亿英镑、针对 0—3 岁幼儿的项

① 刘焱：《英国学前教育的现行国家政策与改革》，《比较教育研究》2003 年第 9 期，第 11 页。

② A. Bertram and C. Pascal, *The OECD Thematic Review of Early Childhood Education and Care: Background Report for the United Kingdom*, Worcester: Centre for Research in Early Childhood, 1999, p. 42.

③ Verity Campbell-Barr, Alison Garnham, Childcare: A Review of What Parents Want, http://www.equalityhumanrights.com/uploaded_files/research/childcare_what_parents_want.pdf, 2010-10-01.

④ DfEE and Social Security and Minister for Women, *Meeting the Childcare Challenge*, London: DfEE Publications, 1998, p. 10.

目，各类健康、教育和社会服务专业人士将为贫困地区的家庭和幼儿提供综合服务。

2001年英国大选，新工党在其竞选纲领中明确指出："一个孩子生命的最初几年是至关重要的，这就是我们加倍投资于早期教育的原因所在。"[①] 2004年12月，由英国财政部（HM Treasury）、教育与技能部（Department for Education and Skills）和劳工部（Department for Work and Pensions）等联合发布了题为"家长的选择与儿童最好的开端：儿童保育十年战略"（Choice for Parents, the Best Start for Children: a Ten Year Strategy for Childcare）的白皮书。这一战略的出台主要出于三方面考虑：一是确保每个孩子拥有最好生命开端很重要；二是应对不断变化的就业方式，并确保父母（尤其是母亲）能够工作并继续其职业；三是家庭的合理期望，即家长可以在工作与家庭生活平衡上做出自主选择。白皮书指出："英国政府有责任帮助幼儿及其家长应对挑战，有责任确保所有幼儿都能有良好开端……此举将对英国公民终身发展、家庭生活质量提高及国家经济繁荣产生重大影响。"[②] "儿童保育十年战略"是英国政府继1998年"全国儿童保育战略"之后关于未来十年英国儿童保育的又一战略发展规划。新工党政府明确了未来十年英国儿童保育的四大战略目标：（1）更好地支持家长在工作与家庭责任上做出选择；（2）所有家庭均可获得儿童保育，并能灵活地满足他们的情况；（3）儿童保育服务质量成为世界最好；（4）所有家庭都能够负担得起高品质的适合其需求的儿童保育服务。

通过这两大战略的推动，新工党寄希望于借助政府力量来确保每一位英国公民教育起点公平，并从一定程度上缓解贫富分化与高失业率等社会顽疾。它通过扩建更多儿童保育场地，以保证贫困家庭子女有地方上学（accessibility）；通过采用儿童救济金、税收与优惠制度等手段，设法让处境不利家庭的孩子能够上得起学（affordability）等。

---

① *2001 Labour Party General Election Manifesto-Ambitions for Britain*, London: Labour Party, 2001.

② HM Treasury, Department of Education and Skills, Department for Work and Pensions, Department of Trade & Industry, *Choice for Parents, the Best Start for Children: a Ten Year Strategy for Childcare*, London: DfES Publications, 2004.

另值一提的是，长期以来，英国内城区学校似乎与弱势、叛逆和问题学生之间存在着关联性，这也一直被新工党视为主要的公共政策挑战。对于比较追求上进的父母来说，他们不愿意让其子女在内城区学校上学。对于“破裂家庭”（disrupted families）的父母来说，他们在维多利亚时代曾被称作是“不负责任的穷人”（feckless poor），他们的子女往往集中就读于内城区学校，而他们的子女身上往往会出现各种各样的问题行为。如何对待这些学生成为政府需要正视的一个社会问题，政府深陷于鼓励学校教育好问题学生、主流学校教育以外的补偿教育成本以及对培育出下层阶级罪犯的担忧等矛盾之中。英国下议院教育与就业委员会曾于 1998 年发布了一份题为“叛逆儿童”（Disaffected Children）的报告，试图计算出叛逆儿童教育所花费的经济成本。报告指出，低成就、逃学、停学和犯罪之间密切相关，30% 的日间入室盗窃案是由 10—16 岁的青少年犯下的。他们试图对这些心怀不满的青少年进行量化，并得出了一个数字，即：16—17 岁既没有上学、工作或培训也不属于新政项目范围的“零度身份”（status zero）的青少年大约有 19 万名之多。该委员会建议扩大志愿机构的规模，以应对上述青少年问题，创建地方论坛以制定出教育行动区计划，并鼓励学校尽量减少停学令并对停学学生负责。委员会也采取了类似的解决方案，即向心怀不满的贫困家庭儿童提供职业型教学大纲以培养他们的兴趣，并建议推广包括职场经验在内的高质量职业教育，因为这对那些采用比较传统的教学大纲的叛逆青年来说，会有巨大价值。这些未成年人应被允许在 14 岁时毕业，并重新报读继续教育学院。到 1998 年 8 月，已有法规允许学校预留两门科目，以便叛逆的青少年能够学习与其工作相关的课程设置。①

2. 针对少数族裔子女的教育福利政策

新工党重视民族多样性，认可已在英国定居的少数派的公民权利以及他们所面对的不平等性，它试图在任期内解决少数派的一些长期不满和教育体制内的种族不平等性相关问题。为此，它出台了一系列的教育福利改革举措，主要包括：（1）1998 年设立了“社会排斥局”（Social

① Sally Tomlinson, *Education in a Post-Welfare Society* (*second edition*), London: Open University Press, 2005, pp. 107 - 108.

Exclusion Unit），用于调查学生停学和逃学问题，特别是黑人男生停学率过高问题；（2）确认不同民族群体学业成就的不平等性以及给予适当的监督；（3）用少数族裔学业成就补助金替代向地方当局划拨的已过期的补助金；（4）在教育与就业部内部设立一个“少数族裔学业成就局”（Ethnic Minorities Achievement Unit）；（5）向穆斯林、印度教和希腊正教学校提供与现有圣公会、天主教、卫理公会和犹太教学校类似的公助款；（6）宣布成立调查委员会对 1993 年黑人学生斯蒂芬·劳伦斯（Stephen Lawrence）谋杀案进行专项调查等。这些举措最终引发了 1999 年《麦克弗森报告》（*MacPherson Report*）的出台，这份报告共提出七十条建议，其中有四条是关于教育行业的。在该报告基础上，2000 年新工党政府特别通过了《种族关系（修正）法》（*Race Relations（Amendment）Act*）。该法案要求所有公共当局，包括地方教育当局，取缔非法歧视并促进良好的种族关系。这个要求意味着，学校、地方教育当局和所有其他教育机构首次将积极主动地制定出种族平等政策，而种族平等委员会将为此提供指导方针。该法案同时也向教育标准局赋予了教育监督的新职责——种族平等问题。

为了缓和少数族裔家长对其子女所在学校教学质量不良的长期抱怨，新工党政府于 1998 年启动了“教育行动区”计划，将 73 个区域纳入运行范围，该计划的初衷是提高包括少数族裔儿童在内的所有儿童的教育，当然据后来对行动区的调查表明，英国政府花费的资金所产生的积极效果并不十分明显。到了 2004 年，“教育行动区”计划被纳入 1999 年推行的“追求卓越的城市教育”计划中，其主要目的是向内城区无能力搬离社区的家长保证，政府教育福利改革的重点将放在提高学业成就和改进学生行为上。该计划既为有才华、有天赋的学生提供支持，也为叛逆和学习困难的学生提供辅导的学习支持单元。华威大学被批准设立天才学院；在这个学院内，幸运的天才们需为所学课程付费。2003 年的教育督查报告显示，整个“追求卓越的城市教育”计划确实让一些学生更有自信心，但它尚未显著提高整个社会的教育标准和教育期望。1999 年，新工党政府推行的旨在提高贫困地区青少年健康、发展和教育的“确保开端计划”也惠及了少数族裔家庭的儿童，该计划总体上被认为是成功的。2000 年，西非裔 8 岁儿童维多利亚·克里比

（Victoria Climbie）死亡事件，引发了英国政府对儿童服务机构经营失败的公开调查，并随后于 2003 年发布了绿皮书《每个孩子都重要》（*Every Child Matters*），在该绿皮书基础上，英国政府还于 2004 年通过了《儿童法案》（*Children Act*），法案要求学校与健康和社会服务机构展开紧密合作。

新工党政府相当关注少数族裔儿童的学业成就问题。有调查显示，当各个学生群体的教育表现都提高时，加勒比、巴基斯坦和孟加拉背景的儿童获得五门 GCSE 优异成绩的可能性只达到全体学生的 50%。在 2003 年《树立远大目标》（*Aiming High*）的咨询文件分析认为，对 1/8 的少数族裔背景的学生来说，其教育机会是不平等的。另有数据显示，少数族裔学生仅占高等教育学生总数的 13%，相比其他少数派群体，印度裔和华裔群体更有可能继续接受教育，巴基斯坦裔和孟加拉裔女性以及非洲加勒比裔男性就读大学的可能性比较小，所有少数派更有可能选读曾经的理工学院而非传统大学。种种迹象表明，在少数族裔子女教育上存在着严重的社会排斥现象。为此，新工党政府在教育与就业部中专门设立了一个后来被称之为“少数族裔学业成就部门”（Ethnic Minority Achievement Division）的机构，政府每年提供大约 1.55 亿英镑的经费作为对改进此项工作的补贴。①

另需补充说明的是，关于多民族社会中所有青少年教育问题最有可能疏忽的是，历届政府都未能鼓励课程政策以消除文化愚昧、本国取向态度（ethnocentric attitudes）和种族主义。虽然《麦克弗森报告》建议“修订全国教学大纲，以提高人们对多元化的重视，并防止种族主义”，但是新工党政府似乎也不例外，它并不愿意鼓励课程的变革。与此相应，尽管新工党政府一再断言教师需要接受多民族社会教育培训，需要了解如何让学生在一个多元化的民主社会中生活，但至于怎么做，政府给出的建议却并不多见。

3. 针对特殊需求儿童的教育福利政策

到 1990 年代末，约 3% 的儿童提交了特殊教育需求（special edu-

---

① Sally Tomlinson, *Education in a Post-Welfare Society* (*second edition*), London: Open University Press, 2005, pp. 190 - 191.

cational needs，简称 SEN）报告，而学校声称有 18%（总计约 160 万）的儿童存在学习或行为困难。在对待 SEN 儿童的教育福利难题上，新工党可能比以往历届政府更加开放和务实。时任英国教育大臣埃斯特尔·莫里斯（Estelle Morris）亲自主抓 SEN 事宜，在她的领导下，全国 SEN 顾问小组于 1997 年夏季开始投入运作。到 1997 年 10 月，新工党出台了一份题为“为了全体儿童的卓越教育”（*Excellence for All Children*）的绿皮书供咨询用，并收到了 3600 份回复。该绿皮书向公众展示出了一份坚定的决心，亦即：特殊需求儿童也能够变得很杰出，并声称主流学校应吸纳尽可能多的特殊需求儿童，并且应更加有效地管理预算，从而使尽可能多的儿童可以在成年后做出经济贡献。

1998 年 11 月，新工党发表了另一份报告《满足特殊教育需求：行动纲领》（*Meeting Special Educational Needs: A Programme for Action*），其中承诺将于 1999 年划拨 3700 万英镑用于支持 SEN 儿童。这份行动纲领要求地方教育当局制定出合作计划，设置调解安排，发布更多的信息并监测其 SEN 政策，将全纳政策（inclusion policies）的信息纳入教育发展规划中，帮助主流学校和特殊学校形成联系，并且确保 SEN 儿童在学校招生时能够被公平对待。同一年里，教育国务大臣要求负责教导存在着严重和复杂 SEN 儿童的教师接受全国统一标准的培训，并建议“特殊需求教育培训联盟”（Special Needs Educational Training Consortium）帮助主流学校开展专题培训。然而，教师对绿皮书、行动纲领和专题培训的回应显示出了他们的一个担忧，即全纳教育政策将意味着在主流学校中需要招收更多存在着情绪和行为困难的儿童，而以往教师们总是希望将这些儿童排斥在自己所教授的班级之外。1998 年教育法案进一步限制了校长的权力，并将 SEN 学生的停学审查纳入学校董事的职责中。社会排斥局（Social Exclusion Unit）的第一份报告对逃学和停学情况进行审查，并设定到 2002 年前减少 1/3 停学人次这么一个目标。教育与就业部（DfEE）签发的一则《停学和学生支持》通告，规定了学生被停学前学校需予以遵循的程序，以及到 2000 年校长需审查被退回的停学令。EBD 学校（专门招收存在情绪和行为困难的学生）中黑人男生的人数过多以及较高的停学人数，令黑人家长和老师特别担心；

这是一个如可能政府宁可忽略的种族问题，不过社会排斥局的报告还是引起了人们对这一问题的关注。

新工党此后两届任期出台的有关残障及特殊教育需求儿童和青少年的政策措施，旨在提供更加广泛的教育机会，可以说，新工党政府在这一领域内的干涉程度远远超过了以往任何一届政府。随着此前被隔离的 SEN 儿童越来越多地成为“主流”儿童，“全纳”这一词对一些儿童来说确实是实现了。2001 年，新工党发布了《特殊教育需求实施准则》（*Code of Practice on Special Educational Needs*）修订版，它提供了一个更加简明的管理工具，用于处理那些存在感知学习和行为问题的学生。紧随其后的是一部《特殊教育需求和残疾法》（*Special Educational Needs and Disability Act*），这部法案首次将特殊教育需求和残障问题联系起来，并进一步扩展了《1995 年残疾歧视法》（*1995 Disability and Discrimination Act*）关于残疾儿童权利的内容，明确规定任何教育机构或服务机构对残疾学生的歧视都是非法的。2004 年，新工党颁布的《排除通往成功的障碍》（*Removing Barriers to Achievement*）白皮书，将“特殊教育”与“每个学生都重要”议程进行了对接，提供早期干预，排除学习障碍，提高教师培训和期望，并改善与所有弱势儿童家长的合作关系。白皮书声称，儿童服务机构的整合以及早期干预将有助于减少儿童贫困和教育弊端。①

## 二　新工党“个体权利”伦理观取向的教育福利政策

上述带有“社会共同善”伦理观取向的教育福利改革举措，反映了新工党对于老工党“社会民主主义”思想的继承。然而新工党之所谓“新”，关键体现在它除此之外还创造性地吸纳了“新右派”的“新自由主义”和“新保守主义”思想，反映在其教育福利改革上的“标准”（standards）、“技能”（skill）、“服务”（service）等政策话语，无疑是延续并发展了撒切尔时代的主要精神。正如杰弗里·沃尔福德（Geoffrey Walford）所言，“工党教育领域的改革尽管涉及到方方面面，

① Sally Tomlinson, *Education in a Post-Welfare Society* (*second edition*), London: Open University Press, 2005, pp. 133 – 134.

但是其仍维持着很强的前任保守党政策的延续性"①。因此，下述部分我们将着重讨论新工党对前任保守党"个体权利"伦理观取向的教育福利政策的延续和发展。

(一) 延续"标准而不是结构"的"新右派"思想

在前任梅杰首相任职期间，其重要的教育改革指导思想是"标准而不是结构"(standards not structures)。为了提高整体教育质量，梅杰政府成立了"教育标准局"(The Office for Standards in Education, 简称 OFSTED)，该部门的主要工作在于建立一套考核机制，其主要目的有二：一是让中小学的学生在进入下一个学习阶段之前，借由考试的方式来检验其学习成果，学生成绩的优劣将成为决定该生将来申请学校的依据。二是检视学校本身的办学绩效，包括老师在上课过程中所用的教材是否具有适当性；学校在提供教育资源方面是否可以满足学生的需求等。学生成绩的优劣和学校的办学绩效，将会影响学校下个年度的招生情况。学校若招生状况不良，不但其年度经费会受到限制，同时获得政府补助的金额也会变少，学校就难以经营，甚至于可能会面临关闭的命运。因此，站在梅杰政府的立场，这样的执行方式，也正是符合了撒切尔夫人执政时所确立的一贯思维，那就是：让市场来决定学校的生存。

新工党执政之后，重申了前任保守党政府教育改革的指导思想——"标准而不是结构"。新工党在其 1997 年竞选纲领中醒目地标示出："英格兰与威尔士近乎一半的 11 岁孩子未能达到英语和数学的预期水准。比起其他主要工业国家，英国在 17、18 岁学生的全日制教育上所占比重更少，将近 2/3 的劳动力缺乏职业资格。"② 由此凸显出新工党对于英国教育质量低下的深切担忧，这也顺理成章地成为它要把提升教育质量作为其施政第一要务的最充分理由。"标准"(standards)自然也成了新工党教育改革的首要关键词，新工党竞选纲领中该词先后出现了 10 次之多。可见，"教育标准"成了新工党政府着力解决的核

① Geoffrey Walford, "Introduction: Education and the Labour Government", *Oxford Review of Education*, 2005, 31 (1): 4.

② *Labour Party General Election Manifesto* 1997—*New Labour: Because Britain Deserves Better*, London: Labour Party, 1997.

心教育议题，新工党力图通过教育标准的提升来增强国家竞争力。其教育改革的战略定位在于：追求卓越的教育标准，并为每一位孩子的美好未来奠基。作为对这一教育改革主导思想的回应，新工党在其执政后的第一份教育白皮书《追求卓越的学校教育》中作了进一步的明确。白皮书打开后的第一页，就是时任英国教育大臣大卫·布伦基特（David Blunkett）撰写的序言，他说："政府正致力于提高标准，并与学校、地方教育当局、地方官员和家长开展合作，希望把傲慢自大的教育文化转变成对追求成功的热忱，克服经济和社会劣势的螺旋上升，在确保最佳课堂学习方法的同时又重视教师资源，所有这些都是经济所必需的。"[①] 在白皮书的第一部分，新工党政府就明确了未来教育变革的六大政策原则，其中一条就是"施政重点在于提升学校教育标准，而非学校体制结构"；第三部分的标题为"标准与问责"（Standards and Accountability）。它要求地方教育当局、教育标准局和教育与就业部等政府相关部门明确自身的角色和职责，并进行相互协作，以提升学校教育标准并维持继续改进的动力。

为了保证《追求卓越的学校教育》白皮书的有关政策条文能得到真正落实，1997年12月，它被提交英国国会审议，并最终于1998年7月正式形成法律文本——《1998年学校标准和框架法》（*School Standards and Framework Act 1998*）。该法案与白皮书内容密切相关，同样由七大部分组成，共包含145个章节和32个附表。实际上，从新工党1997年竞选纲领——《因为英国应该更好》到《追求卓越的学校教育》白皮书，再到《1998年学校标准和框架法》，这符合英国政府宏观教育决策的通常程序。三者之间一脉相承，彼此共有的一个重要主题是："标准"重于"结构"。这也基本延续了前任保守党的"新右派"思想。正如英国教育评论家F·拉弗蒂（F. Rafferty）所言，"1998年教育法为英国教育国务大臣增加了近100项新权力，这种中央政府干预的特征无异于老工党政府的做法，但其目的却是为了以政府之力量，使教育水准得以提升，此种做法又具备了保守党所强

① DfEE, *Excellence in Schools*, London: DfEE Publications, 1997, pp. 3 - 4.

调的市场化之竞争特质”①。可见，新工党政府在执政之初就形成了“一种建立标准导向的政策思考，其目的就是以国家的力量，促使人力素质的提升，并借由引进民间力量的投入，使教育具备市场竞争时的效果，但却避免市场特质可见的恶性竞争”②。在新工党此后的两届任期内，虽说每一届任期教育改革的重心有所变化，但是“标准”作为改革的一大主题词一直延续了下来。例如，在2001年英国大选的工党竞选纲领中，“标准”一词先后出现了15次；在2005年英国大选工党的竞选纲领中，有关教育政见的标题更是标注为“教育：让更多的孩子达到规定标准”。

（二）实施“国家技能战略”以增进个体关键技能

“技能”是反映新工党政府继承“新右派”思想的又一个重要主题词，它也是新工党政府推行“社会投资国家战略”，实施“从福利到工作”积极社会福利改革的最集中体现。在新工党看来，“‘权利与责任对等’的积极福利政策不赞同以往单纯向处境不利人群直接提供福利救助，而是通过各种教育和培训计划从根本上改善他们的适应能力和技能，使他们共享社会发展的成果……教育和培训是提升个体适应或就业能力，培养个人对自身负责和独立精神的最重要的途径”③。通过教育与培训可以增进个体关键技能，从而“扫除人们进步的各种障碍，创造真正的向上流动机会，建立一个开放的、真正以个人才能和平等价值为基础的社会”④。这种“投资于人”的教育福利改革旨在赋予个体更多的责任与担当，是新工党政府实现“建设公平社会，提高经济效率”总体战略目标的关键抓手。

在上一节内容中，我们提到“教育与培训”是新工党政府三大社会福利改革之一。正是由于新工党政府意识到了“技能”问题的独特

---

① 转引自陈荣政《英国新工党政府教育改革取向之研究》，台湾暨南国际大学博士论文，2008年，第71页。

② 陈荣政：《英国新工党政府教育改革取向之研究》，台湾暨南国际大学博士论文，2008年，第72页。

③ 江赛蓉：《英国教育福利制度的变迁及其启示》，《外国教育研究》2012年第7期，第82页。

④ Tony Blair, The Government's Agenda for the Future, http://www.number-10.gov.uk, 2001-08-02.

重要性，因此它在执政时期对于“教育与培训”这项福利改革倾注了大量精力，光是由教育部出面就出版了数十个相关政策文本（如表 4－5所示）。1997 年，英国教育与就业部颁布的白皮书《学会竞争：14—19岁的教育与培训》（*Learing to Compete*：*Education and Training for 14－19 Year Olds*），正式把增进“14—19 岁”儿童的关键技能作为今后政府工作的一大重心。1998 年 2 月，英国教育与就业部发布了《学习时代：为了新英国的崛起》（*The Learning Age*：*a Renaissance for New Britain*）绿皮书，该绿皮书强调了建立面向所有人的终生学习体系的迫切需要。在此基础上，英国教育与就业部又于次年发表了《学会成功：关于 16 岁以后学习的新框架》白皮书，其宗旨是“构建一种新的学习文化，以夯实国家竞争力与个人成功的基础，鼓励创造和革新并帮助建立一个全纳社会”[①]。白皮书提议成立学习与技能委员会（Learning and Skills Coucil）、构建有助于 16 岁以后学习成功的框架、通过新的严格的独立督学机构支持来提高继续教育质量、加强对年轻人的职业指导与教育培训、给成人提供各种终身教育的机会、鼓励工商企业成为学习型组织等。为了保证白皮书中的有关设想得以更好落实，2000 年新工党政府出台了《学习与技能法》，从而以法律的形式将其予以确立。新工党政府在短短三年内，就连续完成了从绿皮书到白皮书再到法案的一整套“组合拳”，从而为此后几年英国的教育与培训改革提供了一个基本的政策架构。

表 4－5　　**新工党政府教育技能主题的相关政策文本**

| 时间 | 名称 | 形式 |
|---|---|---|
| 1997 | 《学会竞争：14—19 岁的教育与培训》（*Learing to Compete*：*Education and Training for 14－19 Year Olds*） | 白皮书 |
| 1998 | 《学习时代：为了新英国的崛起》（*The Learning Age*：*a Renaissance for New Britain*） | 绿皮书 |

① DfEE, *Learning to Succeed*：*a New Framework for Post*-16 *Learning*, London：DfEE Publications, 1999, p. 6.

续表

| 时间 | 名称 | 形式 |
| --- | --- | --- |
| 1999 | 《学会成功：关于16岁以后学习的新框架》(*Learning to Succeed: a New Framework for Post-16 Learning*) | 白皮书 |
| 2000 | 《学习与技能法》(*Learning and Skills Act*) | 法案 |
| 2002 | 《为了所有人的成功：改革继续教育与培训》(*Success for All: Reforming Further Education and Training*) | 绿皮书 |
| 2003 | 《21世纪技能：实现我们的潜能》(*21st Century Skills: Realising Our Potential*) | 白皮书 |
| 2005 | 《14—19岁教育与技能》(*14-19 Education and Skills*) | 白皮书 |
| 2005 | 《技能：在商务与工作中提高》(*Skills: Getting on in Business, Getting on at Work*) | 白皮书 |
| 2006 | 《继续教育：提高技能，改善生活机遇》(*Further Education: Raising Skills, Improving Life Chance*) | 白皮书 |
| 2006 | 《全球经济中为了所有人的繁荣：世界一流技能》(*Prosperity for all in Global Economy: World Class Skills*)，又称《雷奇报告》(*Leitch Review*) | 咨询报告 |
| 2007 | 《提高期望：16岁之后的继续教育和培训》(*Raising Expectations: Staying in Education and Training Post-16*) | 绿皮书 |
| 2007 | 《世界一流技能：关于雷奇技能报告在英国的实施》(*World Class Skills: Implementing the Leitch Review of Skills in England*) | 白皮书 |
| 2007 | 《继续教育与培训法案》(*Further Education and Training Bill*) | 法案 |
| 2008 | 《教育与技能法案》(*Education and Skills Bill*) | 法案 |
| 2009 | 《以技能求增长：国家技能战略》(*Skills for Growth: The National Skills Strategy*) | 白皮书 |

资料来源：何伟强：《英国教育战略研究》，浙江教育出版社2014年版，第214—215页。

事实上，新工党在第一任期的教育与培训改革还只是个序曲，到了第二、三任期，其有关政策文本的出版密度大大增强。特别是第二任期，"教育技能"成为新工党政府教育改革的新主题。在2001年英国大选工党的竞选纲领中，"技能"一词出现频率居然高达33次。新工党在成功连任后不久，干脆将原有的“教育与就业部”（Department for Education and Employment）更名为“教育与技能部”（Department for Education and Skills）。“从表面看，只是教育部的名称改变，但实际上却反映了英国新一届政府教育视焦的重新调整……它反映了英国政府的教育视焦已从教育与学生初入社会的一次性的联接，调整为教育与学生终生学习、工作、生活的深远联接。”[①] 这一更名大大凸显了“技能”的地位，该“技能”不仅包括学生在校习得的各种技能，而且涵盖了“学生未来学习、工作、生活方面要用到的种种技能”。可以看出，英国教育部的这一更名将着眼点放在了终生学习体系的构建上，教育不仅要为未来生活做准备，而且要让人们掌握不同环境、不同场合所需的各种技能。[②]

最具典型意义的要数 2003 年的《21 世纪技能：实现我们的潜能》（*21st Century Skills: Realising Our Potential*），该文本被视作英国的“国家技能战略”（National Skills Strategy）白皮书。单单就白皮书的序言得到时任首相托尼·布莱尔（Tony Blair）、教育与技能部大臣查理斯·克拉克（Charles Clarke）、贸易与工业部大臣帕特里夏·休伊特（Patricia Hewitt）、财政大臣戈登·布朗（Gordon Brown）、劳动和保障部大臣安德鲁·史密斯（Andrew Smith）5 位政治大腕联合亲笔署名这一点，就足以看出这一白皮书的分量所在。该“国家技能战略”的目的是“既确保雇主拥有支持其工商企业成功的合适技能劳动力，又确保学习者个体拥有就业与自我实现所需的技能”[③]。具体一点说，新工党政府旨在实现三大方面目标：“第一，提高英国的生产率和人民的生活质量。第二，通过帮助人们获得技能以使其在私人、公共和志愿部门从事高效工作，并为其提供所需的物质和服务，来建设更美好的社会。第三，帮助个人获得与发展技能，以支持其持续就业、更高的生活报酬以及为社区

① 冯大鸣：《从英国教育部的最新更名看英国教育视焦的调整》，《全球教育展望》2002 年第 1 期，第 60 页。

② 王志强、姜亚洲：《从教育部“分家”看英国中央教育行政机构的改革及其影响》，《世界教育信息》2008 年第 4 期，第 19—29 页。

③ DfES, DTI, HM TREASURY, DWP, *21st Century Skills: Realising Our Potential*, London: The Stationery Office, 2003, p. 11.

作出更大的贡献。"① 从上述目的与目标可以看出，"国家技能战略"兼顾了社会与个体双重目标，它一方面旨在推动社会经济发展，另一方面则是为了提高个体的生活质量服务。

应该说，《21 世纪技能：实现我们的潜能》白皮书所确立的"国家技能战略"为之后若干年英国的教育与培训改革做出了较为系统的规划与部署。在其基础上，新工党政府又陆续颁发了落实这一"国家技能战略"的相关政策文本，如：2005 年的《技能：在商务与工作中提高》（*Skills*：*Getting on in Business*，*Getting on at Work*）、2006 年的《继续教育：提高技能，改善生活机遇》（*Further Education*：*Raising Skills*，*Improving Life Chance*）、2008 年的《教育与技能法案》（*Education and Skills Bill*）等。随着 2008 年世界金融危机态势的恶化与蔓延，新工党辛辛苦苦积累的经济成就遭到重创。摆在刚接替布莱尔不久的布朗首相面前的核心政策议题是如何复苏经济并保持长期经济繁荣。在这一背景之下，布朗政府上下纷纷围绕这一核心议题群策群力。2009 年 11 月，英国创新、大学与技能部（BIS）大臣彼得·曼德尔森（Peter Mandelson）向国会提交了《以技能求增长：国家技能战略》（*Skills for Growth*：*The National Skills Strategy*）白皮书，他在序言中指出："技能是我们经济复苏计划的关键组成部分，也是我们迫切的挑战。我们国家的前途维系在受过良好教育、积极进取且有合适技能的人民手中，这种技能是全球知识经济中的现代工作所必需的。技术性人才更富生产力、创新性，而且他们将建设更加坚实的业务。"② 该报告着力解决六个方面问题：（1）如何促进技能在现代英国的经济繁荣中发挥重要作用；（2）如何明显扩大针对青年人的高级见习制；（3）如何确保技能制度能适应工商企业的需求；（4）如何进一步保证所有成人在寻求未来工作时武装好自己；（5）如何让更多工商企业认识到投资于劳动力技能的价值；（6）如何进一步改善继续教育学院与其他培训机构的质量。总的来看，此份白皮书并没有跳出"国家技能战略"的基本框架，它

---

① DfES，DTI，HM TREASURY，DWP，*21st Century Skills*：*Realising Our Potential*，London：The Stationery Office，2003，p. 17.

② BIS，*Skills for Growth*：*The National Skills Strategy*，London：The Stationery Office Limited，2009，p. 2.

只是做了进一步的延伸而已。

总体上看，新工党政府在比较其他竞争对手在全球化、新科技革命、知识经济等国际背景下所作的战略应对，以及在对国内高失业率与严重社会分化原因的反思过程中，逐渐将焦点锁定到了“技能”上面。新工党政府意识到，要真正落实社会公平，光靠过去那种直接“授之以鱼”的“福利救济”是行不通的，而改由“授之以渔”的做法，注重帮助人民提升就业所需的合适技能，在增强个人与社会的经济竞争力基础上，才能更好地实现社会公平。①

（三）引入“准市场机制”提升教育公共服务水平

在教育领域引入“市场机制”，实施教育市场化、私有化改革，是保守党政府的一大创举。当政权接力棒交接到新工党政府手中时，它并没有另起炉灶，提出全新的教育政策，而似乎在市场化和私有化的道路上越走越远。正如孟照海博士所言，“20 世纪 80 年代出现的公共部门管理方法最初被视为应对经济萧条的权宜之计，但它们最终成为了重要的政策取向，并波及众多发达国家。选择、竞争、放权、绩效、集权和规约现已成为全球教育政策的趋势，新工党政府也不能例外”②。新工党最初接受这些政策显然背离了其传统的理念，它一直努力搭建“政府（公）”与“市场（私）”两股力量之间的桥梁——“第三条道路”。

“第三条道路”强调重新分配机会，具体到教育福利政策上，政府所要做的就是创造教育机会与教育资源的均等，然后再付诸于市场化的竞争。换句话说，政府要设法引入一种公私合作的“准市场机制”，兼顾好教育公平与教育效率之间的关系。新工党在 1997 年颁布的第一份白皮书《追求卓越的学校教育》中，就提出要寻求“新的合作者”（a new partnership），新工党试图让更多的公私部门成为“伙伴”。1998 年推行的“教育行动区”计划更是对这种倡导公私合作的“准市场机制”做出了最好的注脚。该计划旨在通过吸引社区家长、慈善团体、专业人士、企业界等民间力量共同参与教育品质的提升，它充分反映了强调公

① 何伟强：《英国教育战略研究》，浙江教育出版社 2014 年版，第 139—143 页。

② 孟照海：《英国 1988 年至今教育政策的演变》，《新华教育观察》2009 年第 21 期，第 32 页。

私合作的“第三条道路”政策精神。它借由政府力量与民间力量的通力合作，通过各教育行动区对学生教育品质的提升来弥补特定地区在先天就学与就业机会上的不足。由此可以看出，新工党在公共教育服务的提供上，已经摒弃了老工党主张广设综合中学作为各地区义务教育福利提供方式的做法，它也有别于前任保守党时期强调通过教育选择权的保障来促进市场化机制。当然，新工党也并不是另辟蹊径，它只是创造性地对两者进行了整合。值得一提的是，新工党政府在实施“教育行动区”计划的过程中有一个配套方案，那就是“从头开始”（fresh start）计划。所谓“从头开始”，指的是当一所学校有超过学生总数 30% 的学生在 GCSE 测试中，有 5 科成绩都未达到 C 时，学校就被列为“失败学校”（failing school），必须暂时停止运行并进入“从头开始”方案之中，由地方教育当局和地方教育行动区委员会决定由民间企业、宗教团体、家长团体或志愿组织来接手经营。可见，新工党把民营精神融入了学校经营之中，它倡导以一种标准导向的政策思维和绩效管理的运作方式来引导公私合作。《2002 年教育法》（*Education Act 2002*）的问世，进一步落实了民间力量对于学校经营的参与。法案明确规定，凡经由教育标准局评定后无法达标的学校，就可以考虑由私人企业或志愿团体接手经营，并连学校的校名与管理队伍一律替换。可见，新工党为了达到教育标准，不惜将市场机制“残酷”的淘汰规则引入公立学校的经营之中。这其实也说明了“新工党在后福利国家时代的教育政策，其实已经逐渐转向经营商业化靠拢，而这过程中国家、教育市场、政党、私人企业、宗教团体、志愿团体、社区、家长、学生等不同阶层和团体，在新工党政府在一连串教育政策主导下，已渐渐融入强调竞争的市场特性、重视学科成绩表现与效率经营的概念中”①。

新工党这种对于民间力量的引进，其实有其社会发展脉络可寻，“因为在全球化的发展下，国家的角色不若以往占有绝对主导的地位，取而代之是一种结盟、弹性的政策思维……而在市场化的经营特质下，此时相对于国家力量在福利服务上的退缩，来自民间的经济整合与投入

---

① S. Ball, “The Teacher's Soul and The Terrors of Performativity”, *Journal of Education Policy*, 2003, 18 (2): 215 – 228.

力量却是逐渐的成形，所以在教育服务的投入方面，可以明显观察到民营力量，逐渐的进入原来政府部门所提供的服务中”①。对于新工党而言，它“在教育政策制定过程中，受到了太多国际经济与资本环境改变的影响，而不得不在教育服务的提供上，减少公共部门在教育执行上的干预和支出……其中最为关键的地方，就是国家的力量在跨国企业逐渐扩大的影响下，已失去原有国家主义风潮主导下，所强调的一致性与统合，取而代之的却是弹性、公私合营”②。因而，我们可以看到，新工党在教育服务的提供形式上，开始强调这种弹性、公私合作的精神。在 2001 年英国大选工党竞选纲领中，有关教育政见的篇章被置于“世界一流公共服务”（World-Class Public Services）标题之下，“这一细微变化，除了反映出教育在建设世界一流公共服务事业中居于第一优先位置之外，它还折射出新工党从‘公共管理’向‘公共服务’的行政理念转变，从‘政府掌舵’向‘政府服务’的角色定位转变”③。“服务”这一新的关键词开始频繁出现，预示着“公民（或个体权利）优先”成为新工党政府提供教育福利服务的又一重要政策伦理诉求。新工党在第三届任期继续努力扮演政府的“教育服务”角色。它在 2005 年英国大选的竞选纲领中分别对学生、学校、家长等做出了服务承诺，决定要“为每位学生拥有更好的教育”“让每所学校拥有更多经费和更有效能的领导”“把父母作为最好的伙伴”等。它还鼓励民间力量参与办学，创办公办民营性质的学校，这是一个将公共教育服务予以民营化（privatizations）的过程，它实际上也是政府致力于树立教育服务形象的很好例证。实际上，将教育服务民营化的观念早在 20 世纪 80 年代保守党执政时期就已经成形，“借由一些半官方机构的设立，可以协助公共部门进行许多的‘调节’（regulation），这种趋势发展下去，将会让国家和这些代理的半官方机构，融合成为一个大的‘调节体’（regulatory body）”④。新工党执政以后继续扩大这个观念，并将其转化为广为实施

① 陈荣政：《英国新工党政府教育改革取向之研究》，台湾暨南国际大学博士论文，2008 年，第 59—60 页。

② M. Fielding, *Taking Education Really Seriously*, London: Routledge, 2001.

③ 何伟强：《英国教育战略研究》，浙江教育出版社 2014 年版，第 58 页。

④ P. Dorey, *Policy Making in Britain*, London: Sage, 2005, p. 254.

的教育政策，它“以落实‘去中心化’（decentralizations）和民营化的方式，来面对全球化所带来的竞争压力，依托半官方的教育机构，既可解决庞大国家机器不易运作的问题，又可灵活运用民间力量的资源”①。所以在新工党主政期间，国家角色试图在教育领域创造出一个“宽松的结构”（permissive framework），许多协助执行官方教育政策的半官方教育机构纷纷设立，譬如：“学校基金代理处”（Funding Agency for Schools）、“高等教育基金协会”（Higher Education Funding Council）、“高等教育质量保证局”（Higher Education Quality Assurance Agency）、“专门特色学校与公办民营学校信托基金会”（Specialist School and Academy Trust）等，新工党寄希望于通过引入这些半官方教育机构的力量，来改善政府所提供教育服务的质量，进而提高教育“消费者”的满意度。

① J. Zajda, *Decentralisation and Privation in Education*, Netherlands: Spring, 2007.

# 第五章　卡梅伦政府教育福利政策的发展新动向（2010年以来）

## 第一节　新工党的福利政治遗产与新政府的社会治理困境

2010年4月12日，时任英国首相戈登·布朗解散议会，英国正式拉开了新一轮大选序幕。历史上大部分时间是由工党与保守党轮流执政，但这次大选在英国政党政治史上具有里程碑意义，其结果居然形成了工党、保守党和自由民主党三足鼎立的政治格局，出现了自1974年以来的首个“悬浮议会”（Hung Parliament）。经过三大政党的激烈角逐与博弈，最终由保守党和自由民主党联袂组建了新一届“联合政府”，由时任保守党党魁大卫·卡梅伦（David Cameron）出任首相。新工党连续执政13年之后，留给后继者的最大“政治遗产”莫过于其坚持的“第三条道路”政治哲学。对于卡梅伦政府来说，其同样选择了一条“中间道路”来走，它在强化自身“新自由主义”政党意识形态的同时，也整合了工党和自由民主党所竭力倡导的“社会民主正义”思想。与此相应，“大社会”（Big Society）、“授权于民”（Empower to People）之类的政治宣言，很好地折射出新任政府的社会政策兼顾了“社会共同善”与“个体权利”的双重伦理诉求。

### 一　新工党执政13年的福利政治遗产

（一）“第三条道路”——新工党的最大政治遗产

新工党在上台执政之后，启动了雄心勃勃的政治改革与现代化进程。政府一方面维护了社会正义与团结的价值观，同时力图与全球新秩序的现实接轨。它认识到，在新时代的诸般挑战之下，旧的政治观已经显得有些格格不入。和欧洲其他国家的众多政府一样，新工党希望超越左派右派的传统政治范畴，并采取中间偏左的新政治风格。因为这种思路试图避免通常的政治分界，所以它经常被称作“第三条道路的政治”①。

“第三条道路的政治”有六个主要维度：（1）政府的重建（reconstruction of government）。要想适应迅速变迁的世界的需要，就得打造一个积极主动的政府。然而政府不应只是让人想到自上而下的科层机构以及全国统一性政策，政府管理应适当学习借鉴工商领域那样活力灵动的表现，政府应与之携手捍卫和重振公共领域。（2）公民社会的培养（the cultivating of civil society）。单凭政府与市场的力量，尚不足以应对后现代社会出现的众多挑战。因而必须加强国家与市场之外的领域，也就是公民社会，并且让它与政府和工商业相贯通。在解决从犯罪到教育等社会问题方面，志愿团体、家庭和公民团体可以发挥极其重要的作用。（3）经济的重建（reconstruction of the economy）。第三条道路构想了一种新型的混合经济，其特点就是兼顾政府调控与政府放权。（4）福利国家的改革（reform of the welfare state）。诚然，通过提供有效的福利服务来保护弱势群体是至关重要的。但为了提高效率，也必须对福利国家进行改革。第三条道路的政治希望建立一个“关怀社会”（society of care），但也承认，旧的福利形式常常不能很好地减少不平等，对于穷人只是控制、约束，而不是赋能、增权。（5）生态的现代化（ecological modernization）。第三条道路的政治拒绝接受所谓环境保护与经济发展不相契合的观点。奉行环境保护的路线，可以通过多种方式创造就业机会，并刺激经济发展。（6）全球体系的改革（reform of the global system）。在一个全球化的时代，第三条道路的政治注意到了全球治理的新形式。跨国团体可能会使民主超越民族国家的层面，而且能够使人们更有可能改善对于变化莫测的国际经济的治理。

---

① ［英］安东尼·吉登斯：《社会学》（第五版），李康译，北京大学出版社 2009 年版，第 713 页。

第三条道路的政治是在双重政治危机的背景下应运而生的。1989年的一系列巨变固然使世人认识到，社会主义并不是一种富有生机活力的经济组织思路，但新自由主义立场的保守派所倡导的那种不受约束地热忱追捧自由，却也有很多缺陷。英国以及其他地方所采纳的第三条道路的政治的现代化议程，是从较为务实的态度出发的，其主要目的是对全球化的各种力量以及英国国内的政治社会环境所做出的一种创造性反应。“用第三条道路来形容工党的政治立场，其主要原因是他们的政纲一方面是与其所属政党的传统立场出现明显甚至本质性的差异；另一方面，其立场与主要敌对党的政策，有相当程度之相容性和延续性。”① 尽管持有不同政见的人士对“第三条道路的政治”褒贬不一，但不管人们喜欢不喜欢，新工党连续 13 年的执政生涯业已证明该理论的合理性和生命力。因而，当政权“接力棒”转交至卡梅伦政府手中的时候，虽说其并不完全认同“第三条道路”的有关政见，但它还是不可避免地将受到这一政治哲学新范式的强有力影响。从一定意义上说，“第三条道路”是新工党政府留给继任者最大的“政治遗产”，卡梅伦政府恐怕也很难在短时期内跳出这一政策框架。

（二）“社会投资国家”——新工党的福利改革遗产

“第三条道路”倡导了一种新的社会福利理论范式。这个范式包括的内容主要有：第一，在财富分配风险转到人为风险、机会风险的环境下，国家必须采取积极的态度，联合其他部门，采取国家、集体和个人高度参与、共担风险的积极福利政策。第二，福利国家过去的实践说明，过分依赖国家的社会福利提供是福利国家危机产生的根源之一。因此，新范式强调社会公民权利与责任的平衡，强调企业创业精神与正义的共存，提倡建立权利与责任平衡的社会福利制度。第三，新的社会福利范式主张改革英国传统福利国家模式。具体措施是：以就业机会代替救济性福利保障，减少传统社会救济的受益范围。注重人力资本投资，而以教育和培训作为一种促进就业、提高就业者收入的普遍福利形式。第四，新社会福利范式还致力于消除社会排斥，促进社会融合，建立合

① 丰华琴：《从混合福利到公共治理——英国个人社会服务的源起与演变》，中国社会科学出版社 2010 年版，第 295 页。

作包容型的新社会关系。[①] 新工党将“第三条道路”这一新的社会福利理论范式作为其推行福利改革，建立一个面向21世纪福利国家的根本指导思想。在1998年发布的绿皮书《一项新的福利契约：我们国家的新目标》（*A New Contract for Welfare*: *New Ambitions for Our Country*）中，“第三条道路”被新工党视作是福利国家四个发展阶段中的第三个阶段。第一个阶段是伊丽莎白时代的济贫法，它考虑的是彻底消除赤贫者的问题。第二个阶段是集中于通过以保险为基础的现金救济制度来缓解贫困问题。如今福利国家面临对未来的选择：一种是私有化的未来，它使福利国家成为那些最贫困者和最边缘化者的一张残余性的安全网；一种选择是维持现状，但保持更为慷慨的福利；或者是新工党所倡导的“第三条道路”，用创造机会和赋能授权来解决福利依赖问题。它所基于的基本原则是：工作是那些有能力工作者的最好摆脱贫困的途径，同时它又为那些没有工作能力的人提供尊严和保障。[②] 在新的时期，这一制度是以一种新的伙伴关系把公共和私人的福利服务结合起来。到2020年左右，这些政策将把福利国家推向第四个阶段。

如果说“第三条道路”是新工党连续执政13年的最大“政治遗产”，那么新工党主导的福利国家转型——从“福利国家”到“社会投资国家”，则是通过“第三条道路”理论来实现的。正如吉登斯所言，“在可能的情况下投资于人力资本，而不是直接提供经济资助。我们应该提出社会投资国家以取代福利国家的概念，它是在一种积极的福利社会环境下运行的”[③]。“社会投资国家”主要考虑的问题主要集中于四个方面：（1）积极的预防性的福利。“福利不只是关于事情已经发生之后的行动……福利制度应该是前摄性的，通过确保人们拥有正常的教育、培训和帮助而预防贫困。”[④]（2）确立工作的中心地位。“新的福利国

---

① 彭华民等：《西方社会福利理论前沿：论国家、社会、体制与政策》，中国社会出版社2009年版，第153页。

② ［英］马丁·鲍威尔：《新工党，新福利国家？英国社会政策中的“第三条道路”》，林德山等译，重庆出版集团2010年版，第14—15页。

③ Anthony Giddens, *The Third Way*: *The Renewal of Social Democracy*, Cambridge: Polity Press, 1998, p. 117.

④ Department of Social Security, *A New Contract for Welfare*: *New Ambitions for Our Country*, London: The Stationery Office, 1998, p. 20.

家应该帮助那些处于工作年龄的人们在他们所能的情况下去工作。政府的目的是重建围绕工作的福利国家……那些从福利转向工作的人们将获得积极的支持，而不只是一种救济。”[①]（3）重视机会的平等。“第三条道路”重新界定了平等和再分配，从结果的平等转为机会的平等。在时任新工党领袖戈登·布朗看来，“在太长的时间里，我们用税收和福利制度来补偿那些贫困人口，而不是做一些更为根本性的事情——解决贫困和不平等的根源问题”。布朗“重新描绘了工党的平等之图——强调终生机会的平等而不是结果的平等，主要集中在对能力的分配上而不是集中在通过税收和福利进行的第二次再分配上”[②]。（4）权利和责任的平衡。在新工党眼里，传统福利国家那种只讲权利不谈责任的“无条件的福利”，容易滋长人们的福利依赖。它强调“权责相称”，主张“有条件的福利”。最为典型的例子是它在工作“新政”中对年轻失业者享受福利作了严格的条件限制，这是一种“胡萝卜加大棒”的社会政策方式，它为那些愿意接受就业、教育和培训机会的人提供了新的机会，而对那些不愿接受或参与的人来说则可能意味着福利的减少或失去。这种强调权利与责任平衡的做法使得社会福利计划带有了一定的强制性。

“社会投资国家”理念从某种意义上，代表了现代社会福利制度的走向和发展规律，这一新工党福利改革的遗产，想必也将影响到卡梅伦政府的相关社会福利改革。

## 二　卡梅伦政府面临的社会治理困境

### （一）后金融危机时期英国政府焦头烂额的经济状况

对于卡梅伦政府而言，其2010年上台执政这一时间点正好处于全球“后金融危机”时期。作为全球金融中心之一的英国，它在这场自20世纪30年代以来最严重的全球金融危机风暴中也无法独善其身。受到金融危机的拖累，英国经济在2009—2010年出现连续6个季度下滑，

① Department of Social Security, *A New Contract for Welfare: New Ambitions for Our Country*, London: The Stationery Office, 1998, pp. 23 - 24.

② ［英］马丁·鲍威尔：《新工党，新福利国家？英国社会政策中的“第三条道路”》，林德山等译，重庆出版集团2010年版，第19页。

经济规模缩水了 6.1%。虽然从 2009 年最后一个季度起经济开始复苏，但 2009 年第 4 季度和 2010 年第 1 季度经济环比增速分别只有微不足道的 0.4% 和 0.2%，这令各界感到失望。与此同时，这场金融危机还导致英国失业率的大幅上升。截至 2010 年 2 月，英国失业总人数已高达 250 多万，失业率为 8%，已升至 1996 年 9 月以来的最高水平。[①] 英国民众普遍感到就业和生活之艰难。与此同时，卡梅伦政府面临着巨额公共财政赤字。2009—2010 财政年度，英国的财政赤字高达 1528 亿英镑，这也是二战以来的最高纪录。据英国国家统计局于 2010 年 4 月 22 日颁布的统计数据显示，当时英国政府的财政赤字已经高达 148 亿英镑，已经占到国内生产总值的 12%[②]。就在 2010 年英国大选前夕，英国前财政大臣阿利斯泰尔·达林（Alistair Darling）声称，如果英国经济复苏步伐过于缓慢，政府还会再借钱，公共部门的财政状况无疑仍将进一步恶化，财政赤字仍将继续增加。这一局面对于英国经济的进一步复苏无疑是雪上加霜。

面对焦头烂额的经济状况，卡梅伦政府一经组建，就把削减财政赤字、压缩公共开支确立为首要的应对策略。2010 年 6 月，英国财政部公布了《2010 年预算报告》(*Budget 2010*)，该预算报告确立了重建英国经济的 5 年计划，它基于新政府的三大核心价值观——责任（responsibility）、自由（freedom）与公平（fairness），确立了削减赤字、支持企业、确保公平三个方面旨在使经济复归平衡并实现可持续增长的战略行动计划。其中，削减赤字被列为政府最紧急的一项工作任务。该预算报告计划大幅度削减结构性赤字（structural deficit），拟在 2014—2015 年之前每年要额外节余出 400 亿英镑资金。这些计划包括："（1）在 2014—2015 年之前每年从公共开支中压缩出 320 亿英镑；（2）作为公共开支紧缩的一部分，政府将从福利改革中节省出 110 亿英镑，同时还宣布了一项为期两年的冻结公共部门工资计划（年收入低于 21000 英镑

① 该数据源于英国国家统计局，参见 http：//www.statistics.gov.uk/cci/nugget.asp？id = 12。

② 该数据源于英国国家统计局，参见 http：//www.statistics.gov.uk/cci/nugget.asp？id = 206。

者除外)；(3) 每年的税收净增长 80 亿英镑等。”[①] 新政府第二项恢复经济平衡的战略举措是减少对工商企业的干预并降低税率，同时花大力气支持基础设施、低碳经济与区域发展。第三项必不可少的战略举措是确保公平，新政府在保证动员全社会力量来缩减财政赤字的同时，兼顾对最贫弱社会群体的支持，通过建设长期的公平税收与保障制度来实现按劳分配并提升经济竞争力。[②]

(二) 从“青少年社会暴力骚乱”事件管窥英国社会治理困境

2011 年 8 月 4 日在伦敦北部的托特纳姆，一名 29 岁的黑人男性平民马克·达根 (Mark Duggan) 被伦敦警察厅的警务人员枪杀，民众上街抗议警察暴行。8 月 6 日，大约有 500 人走上街头要求“正义”，随后与警察冲突，示威演变成骚乱。数百名青年在夜色中焚烧警车、公共汽车和沿街建筑，切断交通，占领高速路，劫掠数十家店铺。8 月 9 日，骚乱已扩散至伯明翰、利物浦、利兹、布里斯托等英格兰地区的大城市。这次骚乱恐怕是英国数十年来最为严重的一次社会群体冲突事件，其对于卡梅伦政府乃至世界各国政府都是一个不小的震惊。在短时间内爆发如此大规模的青年骚乱，这绝不是一次突发的偶然性事件，透过该事件的背后，我们可以管窥出英国政府的政治伦理窘况和社会治理困境。

从经济成因上探源，英国经济不景气恐怕是此次骚乱的总根源。“据英国公共政策研究院的报告显示，英国长期失业人数自 2009 年起开始上升，失业一年以上的人数创 1997 年以来的新高。受教育程度低的群体以及年轻人群体就业十分艰难。据统计，英国 16 至 24 岁年龄段中，失业人数超过 100 万，创上世纪 80 年代以来之最。英国财政大臣认为，英国经济状况是‘60 年来最糟糕的’。”[③] 越来越多被政府“遗忘”的年轻人因找不到工作最终走上街头寻衅闹事，甚至打砸抢烧，发泄不满情绪，青年群体高失业率是导致社会不稳定的重要因素。在此背景之下，卡梅伦政府上台之初实施的“财政紧缩计划”更加加剧了

① HM Treasury, *Budget 2010*, London: The Stationery Office, 2010, pp. 1 - 2.

② 何伟强：《英国教育战略研究》，浙江教育出版社 2014 年版，第 174—175 页。

③ 中央组织部党建研究所课题组：《英国骚乱的原因及启示》，《党建研究》2011 年第 11 期，第 57 页。

社会不安，成为此次骚乱的重要“催化剂”。正如部分参与骚乱的年轻人所坦陈的那样，“我们没有工作，没有经济来源。有些人可以不用劳动就能得到一切，为什么我们不可以?”“经济不景气，失业率高，看不到前途，才是一些年轻人选择与政府对抗的重要原因”。①

从政治成因上探源，不合时宜的“大社会”理念是引发骚乱的重要政治因素。卡梅伦首相将当前英国社会描述为“破裂的社会”。2011 年 8 月 11 日他在下议院发言时就提到：“我们的社会现在有个大问题，孩子们长大，但不知道对和错有什么区别。这无关贫困，问题在文化。这种以暴力为荣的文化、藐视权威的文化、只谈权利不谈责任的文化。”为了弥补“破裂社会”的缺憾，卡梅伦出任首相后立即推广“大社会”理念。“‘大社会’的理念本身是美好的：主张公民更多地为自己的决定负责，而不是依靠政府自上而下的行政指令。如父母对自己孩子的教育、居民对自己社区建设和环境维护、市民对自己所在城市的治安等，都要承担起更大责任——用中国人熟悉的话来说，大概就是‘每个人都要发挥主人翁精神’。但放在英国财政紧缩的背景下，让‘大社会’作为一个理念的光芒大打折扣。”②“卡梅伦政府无视英国社会存在的诸多问题，主张政府不要去管那么多社会问题，把社会问题更多地交给民间社会组织去解决。实际上，许多服务项目民间组织无力接手。”③

从社会成因上探源，贫富社会分化加剧与国家再分配机制弱化是骚乱发生的另一罪魁祸首。英国的儿童贫困是英国社会分化的一个缩影。根据英国财政研究所对英国近 30 年以来社会贫困和社会分化状况的跟踪调查显示，“英国的基尼系数从前保守党领袖撒切尔上台初期的 0.25 持续上升到现在的 0.36，2009 年首次突破发达国家社会不平等的上线，进入普遍认为的高危水平。”④ 从 20 世纪 90 年代末期至今，英国的贫富社

---

① 张永汀：《英国青年骚乱的深层次原因及警示》，《当代青年研究》2012 年第 3 期，第 62 页。

② 吴敖祺：《破裂的社会——对于“英国骚乱”的回顾思考》，《文化纵横》2012 年第 2 期，第 103—105 期。

③ 中央组织部党建研究所课题组：《英国骚乱的原因及启示》，《党建研究》2011 年第 11 期，第 57 页。

④ 转引自樊鹏《英国骚乱与国家暴力：新自由主义的诅咒》，《开放时代》2011 年第 11 期，第 107—108 页。

会分化与国家暴力机制几乎同步增长。在社会分化与国家暴力之间，有一个重要的控制变量，这就是一个国家的再分配功能。研究显示："如果一个国家的再分配功能较好，那么社会分化与国家暴力之间的关系的显著性就会下降，如果再分配功能较弱，那么这一关系的显著性就会上升。"① "自 1997 年英国工党上台以后，虽然声称要终结 20 世纪 80 年代的新自由主义政策，继而在社会政策方面也推出了一些举措，但是英国社会的整体分配体制似乎并没有摆脱长期以来形成的新自由主义的诅咒，相反，英国的国家再分配功能似乎出现了越来越严重的问题。"②

除了上述三个方面的成因之外，还有一个更加深层的综合问题在于：英国的"社会结构与经济结构正变得越来越不兼容，而曾经先进的社会政策体系在经济危机中已无力弥合这种断裂，甚至面临浮现的政治伦理困境"③。在英国福利国家体系建立之初，英国人口构成尚且比较单纯，但是时隔六、七十年之后，随着大量外来移民的涌入，英国整个社会的人口结构发生了巨大变化，穆斯林等少数族裔的人数正在赶超英国主流白人的人数。这些外来人口的剧增，对于英国社会福利体系本身无疑是一个巨大考验。要真正支撑起这样一个人口结构的社会福利体系，需要的产业结构是能吸纳基数巨大的缺少高级技能的少数族裔人口。然而，对于英国这样一个依靠仅需少数特殊人才的金融行业和高端制造业来挣钱的经济结构来说，注定是很难做到的。这一深层矛盾迫使卡梅伦政府陷入社会治理困境之中。

## 第二节　卡梅伦政府教育福利政策的价值分析与可能趋向

经过上一节内容的讨论，我们可以感受到卡梅伦政府的现实处境非常艰难。一方面，面对日益恶化的财政赤字，政府不得不强令缩减社会

① 樊鹏：《中国社会结构与社会意识对国家稳定的影响》，《政治学研究》2009 年第 2 期，第 54 页。

② 樊鹏：《英国骚乱与国家暴力：新自由主义的诅咒》，《开放时代》2011 年第 11 期，第 109 页。

③ 贾晋京：《从骚乱看英国社保体系困境》，《21 世纪经济报道》2011 年 8 月 26 日。

福利支出，顺势打出“大社会”旗帜，以掩护政府角色逐渐后撤；另一方面，不断加剧的贫富社会分化，进而引发的恶性骚乱事件，又亟待政府在解决就业、削减贫困、促进社会公平上有更大作为。正是这一两难处境，决定了卡梅伦政府在“政府主导”或“市场主导”、“社会共同善优先”还是“个体权利优先”的价值定位上无法做出明确的立场选择。因而，沿袭前任政府既定的“第三条道路”——兼顾政府力量与市场力量、坚持社会共同善与个体权利平衡的社会政策价值取向，成了卡梅伦政府短时间内难以绕开的一个选择。

## 一 卡梅伦政府教育福利政策的价值诉求与具体实践

### （一）基于竞选纲领与施政纲领的政策伦理分析

“英国是一个议会民主制国家，政党政治一直伴随其议会历史的发展而发展。英国政党从最早的托利党和辉格党两党对峙，发展到今天工党、保守党和自由民主党三足鼎立的格局。一般来说，在每一次英国大选之前，各大政党都会依据当时面临的社会形势和本党所持的意识形态提出各自的竞选纲领（Manifesto），获胜执政后适当调整竞选纲领，并据此颁布与贯彻本党的施政纲领。”[①] 竞选纲领和施政纲领反映了政党的治国理政方略，是其关于未来执政期间各项内政外交（包括教育施政在内）的官方承诺和行动指南。因而，透过竞选纲领和施政纲领中有关教育政见的内容分析，我们可以管窥政党的教育政策价值取向，并预见未来教育政策的可能走向。

在2010年英国大选中，保守党的竞选纲领标题为“诚邀您参与英国政府”（Invitation to Join the Government of Britain），它将“早期教育”与“中小学教育”议题置于“改变社会”（Change Society）篇章之中，而将“技能教育与高等教育”议题置于“改变经济”（Change Economy）篇章之中。透过通篇竞选纲领的相关教育政见，我们并没有看到多少标新立异的观点。换句话说，保守党的教育政见并没有显著差异于新工党的教育政见。反映“社会共同善”伦理观与“个体权利”伦理观的教育政见都可以从竞选纲领中找到印痕。其中，折射出“社会共

① 何伟强：《英国教育战略研究》，浙江教育出版社2014年版，第49页。

同善”伦理观取向的教育政见表现为：（1）在早期教育上，竞选纲领中指出：“我们认为‘确保开端计划’需要运行得更好，因为许多人迫切需要它，贫困家庭没能从中充分受益。我们将使‘确保开端计划’回到儿童干预的初衷，集中关注最需要的家庭，并更好地破天荒地参与支持家庭。”（2）在中小学教育上，保守党的态度是：“我们将提高所有学生的水平并弥合贫富学生之间的成绩差距……完善学校制度是我们创设更加公平的机会和解决不断下降的社会流动性的最重要事情……贫富学生之间的成绩差距也在不断拉大，与其他国家相比我们落后了，为了下一代，我们不能再这样继续下去……我们将把目前只属于少数幸运者的教育优惠带给更多的儿童。这些优惠包括：安全的教室、优秀的专业教师、最好的课程和考试，以及便于老师记住孩子姓名的小班与小学校。”“我们的学校改革方案是我们扶贫战略的一个重要组成部分，这就是我们将首要任务确立为在国家最贫困的地区建立新学校的理由所在。我们将把这些新学校办成教育水平薄弱地区的标杆学校。我们想让每位孩子都能从我们的改革中受益。教育的真正力量在于其可以改变生活，我们不能继续给最贫困的孩子最差劲的教育。这就是我们要实施学生奖学金，给家境不好的孩子更多资助的原因所在。最容易受到伤害的儿童应得到格外高规格的照顾，我们将结束意识形态偏见，将有特殊需要的儿童纳入主流学校。”（3）在技能教育与高等教育上，保守党认为：“经济的不断发展滋生了许多有高技能要求的工作岗位。英国每年有成千上万的年轻人毕业时没能掌握足够的技能，我们要参与国际角逐就需要大幅度提高英国的劳动力技能。我们不能接受我们下一代人没有工作和单纯依赖救济度日。我们将让来自不同背景的年轻人能公平接受大学教育、获取职业和好工作。”① 而折射出“个体权利”伦理观取向的教育政见则表现为：(1) 提高学校教育质量。保守党承诺：“我们将加强教师专业的威望与质量，并给予校长与教师维持纪律的新的强硬权力。我们将恢复严格的课程与考试制度。”(2) 让每位家长选择到称心的学校。保守党提出：“为了便于家长更好地选择到好学校，我们将：

---

① *Conservative manifesto* 2010—*Invitation to Join the Government of Britain*, London: Conservative Party, 2010, pp. 51 - 53.

让家长有权参与挽救当地濒临倒闭的学校，让社区有机会接管并运行小型的好学校；给示范学校更多自主权，使它们率先成功；让失败学校受到更多监督，降低学校参访的频率。”（3）提高个体技能水平和学习品质。保守党承诺：“我们将投资于工党没有多大建树的就业和培训计划，为改善国民的技能素养提供我们的帮助……为了应对我们面临的技能挑战，我们允许培训部门自由创新。我们将把一些高校从国家直接控制中解脱出来，并取消许多工党成立的继续教育半官方机构。公共经费的分配将依照学生的选择，并由一个独立机构——继续教育拨款委员会来负责……我们将确保英国大学享有追求学术卓越的自由，并侧重于提升学生的学习品质。”①

2010年5月20日，卡梅伦政府公布了《我们的联合施政纲领》(*The Coalition*：*Our Programme for Government*)。在施政纲领中，卡梅伦政府分别阐述了基础教育、高等与继续教育的政见。这些教育政见实际上是其执政时期将据以推动的教育改革政策框架。因而，基于这份施政纲领中的教育政见的政策分析，我们可以较好地把握卡梅伦政府的教育政策价值取向以及它的教育改革脉搏。实际上，施政纲领只不过是执政党对其当初竞选纲领所做承诺的政策回应，因而透过此份施政纲领，就如同我们分析竞选纲领时一样，我们也看不出其有何特殊新意之处，它同样凸现出了“第三条道路”的影子。在施政纲领中，保守党和自由民主党组成的联合政府共同声明：“我们需要改革我们的学校体制，以解决近些年不断扩大的教育不平等问题，并赋予广大家长和学生更多权利来选择一所好学校；要确保高标准的课堂纪律和最高质量的教学；国家应当帮助家长、社会群体和其他人一起通过创办新学校来改善教育体制。”② 从这份声明中，我们就不难洞悉到新一届联合政府将追求“社会共同善”与保障“个体权利”很好地兼顾到了一起。在具体的教育政见中，反映了“社会共同善”价值取向的条目有：在学校预算外的其他项目开支中节省出一定的费用，用来设立一大笔针对贫困学生的助

① *Conservative manifesto* 2010—*Invitation to Join the Government of Britain*, London: Conservative Party, 2010, pp. 51 – 53.

② HM Government, *The Coalition*: *Our Programme for Government*, London: Cabinet Office, 2010, p. 28.

学金；给最易受伤害的孩子提供最高质量的关爱，致力于全纳（inclusive）教育；确保所有新的公办民营学校能奉行全纳招生政策（inclusive admissions policy）；创造更多的学院和大学招生名额，设法支持创设见习生、实习生、工作搭配，帮助促进大学、学院和企业之间加强联系；增加社会流动，重视大学生债务的影响，确保适当资助大学部门，提高奖学金，吸引更高比例的来自弱势背景的学生；重新考虑支持业余学生的贷款和学费等。而反映“个体权利”价值取向的条目则更多，如：推进学校改革，以保证新的办学主体能响应家长的需求进入公立学校系统，使所有学校拥有更多的课程自由，并适当地承担责任；给家长、教师、慈善机构和地方社区创办新学校的机会；支持“教学优先”（Teach First）计划，创设“马上从教”（Teach Now）计划，构建“大学毕业生从教计划”（Graduate Teacher Programme），并寻求其他方式来提升教学专业品质；改革现行僵硬的薪酬待遇制度，给学校奖励优秀教师和处理不佳业绩等方面更多的自由；简化教育监管标准，重点检查失败领域；努力吸引更多科学和数学毕业尖子生加入教师队伍；公布教育办学者的业绩数据和往年的试卷；创造更具弹性的考试制度，使公立学校能提供与私立学校同等规格的普通中等教育证书；改革学校成绩排名制度，使学校能够集中呈现孩子们各项能力的进步；提高职业教育质量，包括增进 14—19 岁学生的学习灵活性、创办新的公办民营性质“技术学院”（Technical Academies）；改变国家直接控制，给高校自由，并废除许多半官方的继续教育机构，公共资金应公平并遵循学生的选择；公布更多有关成本、毕业生收入和不同大学课程的学生满意度信息。① 尤值一提的是，在新工党执政时期，“新自由主义”盛行之下的英国教育改革过分强调了教育的社会经济功能，而淡化了学校教育的本体功能。因此学校纪律涣散、校园暴力频发等问题日益凸显，因此在新一届政府看来，重视学校价值观教育，引导青少年个体更多的责任担当是弥合“破裂社会”的根本。为此，卡梅伦政府在施政纲领中，花了大量笔墨来强调这一问题，比如：“帮助学校处理校园暴力问题；隐匿

---

① HM Government, *The Coalition: Our Programme for Government*, London: Cabinet Office, 2010, pp. 28 – 32.

受到学生指控的教师姓名，并采取其他措施来保护教师不受到错误指控；赋予校长和教师维持课堂纪律和改善良好行为所需的权力等。”①

（二）卡梅伦政府首届任期的教育福利政策实践

对于卡梅伦政府而言，严格执行财政赤字缩减计划是其上台之初不得不做的一件事情。当然，它也并不是强令所有部门都要压缩公共开支，而是带有选择性的。“它已经将焦点聚集到缩减福利开支与无谓的公共开支上，而优先考虑国家健康服务、学校、早教机构以及资本投资等领域以支持经济长期增长，开创一条使国家通向长期繁荣与公平的新路径。”② 可见，“新政府实际上是想力求把好钢使在刀刃上，将有限的公共经费向影响经济可持续增长的领域集中倾斜，教育福利服务就被其列为重点经费倾斜的对象之一”③。如今，卡梅伦主导的联合政府使命已经终结，在2010—2015年执政期间，卡梅伦政府依据施政纲领，开展了一系列教育福利改革行动。主要包括：

1. “社会共同善”伦理观取向的教育福利政策实践

卡梅伦政府确立的教育福利总体愿景是：建设一个让来自不同家庭背景的青少年儿童都拥有更多公平教育机会的高教育水平社会。这一愿景折射出卡梅伦政府对于实现“社会共同善”的价值追求。为了达成这一总体愿景，卡梅伦政府还确立了五大战略目标，依次是：“其一，通过国家课程改革和更加健全的学术和职业资格证书制度，确保所有0—19岁儿童获得他们应对今后成年生活所需要的知识准备；其二，通过确保增加教育机会和改善教育成效，来缩小贫富家庭背景青少年儿童之间的成绩差距；其三，改革学校体制，为家长提供更多可供选择的优质学校，给所有学校更多自主性，提高教学水平，公平合理地分配教育经费和安排资金，使其更加透明和物有所值；其四，通过支持家庭和集中改善最脆弱儿童（包括受欺凌或受排斥的儿童）的生活，来帮助儿

① HM Government, *The Coalition: Our Programme for Government*, London: Cabinet Office, 2010, pp. 28 – 29.

② HM Treasury, *Spending Review 2010*, London: The Stationery Office, 2010, p. 5.

③ 何伟强：《英国教育战略研究》，浙江教育出版社2014年版，第176页。

童充分施展各自的潜力；其五，提高教育行政部门的工作效率和效能。”① 围绕这五大战略目标，卡梅伦政府开展了一系列相关的教育福利政策实践，主要包括以下几个方面：

（1）为儿童早期教育服务提供新的支持

“儿童贫困”（child poverty）和“贫困代际传递”（intergenerational cycles of poverty）是令英国政府颇为头疼的社会顽疾，重点关注儿童学前教育和早期干预被认为是破解“儿童贫困”和“贫困代际传递”难题的关键突破口。② 正因如此，卡梅伦政府基本沿袭了新工党对于儿童早期教育问题的高度重视态度，它在其执政期间出台的第一部教育法令——《2011年教育法》（*Education Act 2011*）中，就将儿童早期教育的有关规定列入了第一款条文。条文对《2006 年儿童保育法案》（*Childcare Act 2006*）作了适当修改，进一步扩充了地方教育当局的职责，要求它们为所有被确认为处境不利的 2—4 岁儿童免费提供每周 15 小时的早期教育。作为对此条规定的回应，2011 年 4 月 5 日，英国工作和养老保障部（Department for Work and Pensions）和教育部（Department for Education）联合发布了英国第一份“国家儿童贫困战略”白皮书——《削减儿童贫困的新方法：解决致贫成因和改变家庭生活》（*A New Approach to Child Poverty: Tackling the Causes of Disadvantage and Transforming Families' Lives*），该白皮书确立了 2011—2014 年英国削减儿童贫困的目标和路径。③ 在该白皮书的指导下，卡梅伦政府在 2011—2014 年加大了早期教育的财政投入，并为来自低收入家庭的 2 岁儿童增加了经费支持，到 2013 年 2 岁贫困儿童每周享受 15 小时免费早期教育的政策受益人数已从原来的 20000 名递增至 130000 名，同时政府还

---

① Department for Education, *Equality Objectives*, London: UK government publications, 2014, pp. 1 – 3.

② Department for Work and Pensions and Department for Education, *A New Approach to Child Poverty: Tackling the Causes of Disadvantage and Transforming Families' Lives*, London: UK government publications, 2011, p. 42.

③ 英国政府将削减儿童贫困作为破解贫困代际循环的重要环节，其宏伟目标是到 2020 年彻底消除儿童贫困，为此它于 2010 年出台了《2010 年儿童贫困法案》（*Child Poverty Act 2010*）。为了确保最终目标的如期实现，该法案明确要求政府每隔三年出台一份“儿童贫困战略”，并严格监督其具体进展情况。

坚持每年花费22亿英镑用于支持所有3—4岁儿童接受每周15小时的免费早期教育。此外，政府仍以“早期干预拨款”（Early Intervention Grant）的名义资助执行“确保开端计划”的儿童中心。时隔三年之后，卡梅伦政府于2014年6月26日又颁发了第二份旨在削减儿童贫困的白皮书——《2014—2017年儿童贫困战略》（*Child Poverty Strategy 2014 - 2017*），该白皮书中确立了2014—2017年的支持儿童早期教育行动计划，主要包括：“（1）继续为所有3—4岁儿童接受每周15小时的免费早期教育提供福利资助；（2）额外增加7.6亿英镑资金，用于支持2岁贫困儿童享受每周15小时免费早期教育福利，每年将使大约260000名2岁儿童（占到所有2岁儿童40%）受益于此项政策；（3）在2015—2016年度实行‘学前儿童奖学金’（Early Years Pupil Premium）计划，以帮助3—4岁贫困儿童过上最好的童年生活；（4）通过提高幼儿教师专业资格水平和地位的制度以及启动优秀毕业生支教计划，确保为最贫困地区提供更多的优秀幼儿教师；（5）简化学前教育课程，减少官僚形式主义，确保为最重要地区的儿童发展和未来学习提供支持；（6）为从事5岁以下儿童教育工作的老师提供专业支持，让他们知道什么样的早期干预最有利于儿童发展。”①

（2）为家境贫困和特殊需要的学龄儿童提供支持

卡梅伦政府声称：“我们的愿望是保证所有家境贫困的儿童都能获得高质量的教育。”② 大量研究证据显示，家境贫困的儿童与家境富裕的儿童在学业成绩表现上差距巨大，贫困儿童在英国中考结果上更是逊色太多。这种差距大都不是因为贫困儿童自身天赋和努力程度不够，而是在很大程度上取决于他们所处的家庭背景和社会环境。这种社会不公现象恐怕正是需要政府出面干预的动因所在。为了帮助贫困儿童提高学业成绩，卡梅伦政府在首届任期内也推行了不少切实的举措，如：“通过设立‘学生奖学金’（Pupil Premium）形式额外资

---

① HM Government, *Child Poverty Strategy 2014 - 2017*, London: UK government publications, 2011, p. 38.

② Department for Work and Pensions and Department for Education, *A New Approach to Child Poverty: Tackling the Causes of Disadvantage and Transforming Families' Lives*, London: UK government publications, 2011, p. 44.

助学校，用于帮助大部分贫困儿童取得更大进步，2011—2012年度政府设立的‘学生奖学金’总额为6.2亿英镑，2013—2014年度增加至18.75亿英镑，2014—2015年度进一步将增加至25亿英镑。”① “要求学校每年在线公布它们使用‘学生奖学金’情况及其收效状况；要求学校分享帮助贫困儿童取得成绩进步的经验，并保证为无法取得令人满意成果的学校寻求专家帮助；从2012年开始资助5000万英镑用于‘暑期学校项目’(Summer Schools Programme)。”② 另值一提的是，大量贫困学生无法接触“主流教育”(Mainstream Schooling)，而只能接触“主流教育”之外的“另类教育”(Alternative Provision)。研究显示，“2011—2012学年，只有1.3%接受‘另类教育’的学生能在中考中取得5门科目（含英语和数学）以上A*—C的成绩”③。为了帮助这些学生接触到主流学校学生同样优质的教育，政府采取的行动有：“要求地方教育当局负责为无法参与主流教育的学生提供全日制教育；给予所有‘学生收容所’(pupil referral units)更多预算与员工的支配权，并鼓励更多‘学生收容所’转成‘学院’(亦即公办民营学校)(academies)；允许‘学生收容所’在实习教师中择优录用等。”④

残疾或有特殊教育需要的青少年儿童较之于正常同龄人更有可能陷入贫困。研究显示，“2010年，28%有特殊教育需要的儿童符合免费学校膳食的条件，而其他正常儿童则只有13%符合此条件”⑤。为了帮助

---

① HM Government, *Child Poverty Strategy 2014 - 2017*, London: UK government publications, 2011, p. 57.

② Department for Education, 2010 to 2015 Government Policy: Education of Disadvantaged Children, https://www.gov.uk/government/publications/2010 - to-2015-government-policy-education-of-disadvantaged-children/2010-to-2015-government-policy-education-of-disadvantaged-children, 2015 - 05 - 08.

③ Department for Education, 2010 to 2015 Government Policy: Children outside Mainstream Education, https://www.gov.uk/government/policies/improving-education-for-pupils-outside-mainstream-school, 2015 - 05 - 08.

④ Ibid..

⑤ Department for Work and Pensions and Department for Education, *A New Approach to Child Poverty: Tackling the Causes of Disadvantage and Transforming Families' Lives*, London: UK government publications, 2011, p. 46.

有特殊教育需要的青少年儿童，英国教育部于 2011 年 3 月发布了一份题为“支持与愿望：帮助特殊教育需要和残疾儿童的新方法”（Support and Aspiration：A New Approach to Special Educational Needs and Disability）的绿皮书，旨在终结社会对于这些孩子抱以低期许的文化。绿皮书提出了许多建设性的建议，不少建议最终被政府采纳并于 2014 年 9 月正式立法——《2014 年儿童与家庭法》（*Children and Families Act 2014*）。据此政策文本，卡梅伦政府主要开展了三大行动：“一是完善关于有特殊需要青少年儿童及其家庭的支持系统。其主要通过：推行教育、卫生和保健协同评估程序来决定特殊儿童的需要；实施‘教育、卫生和保健计划’（education，health and care plan），帮助特殊儿童及其家庭选择最好的服务；确保地方工作人员能依据特殊儿童的兴趣一起有效开展工作，并增进不同服务之间的沟通等。二是改善提供给特殊儿童的教育条件。其主要通过：保证将所有公办学校和大学（包括自由学校和公办民营学校在内）纳入特殊教育支持系统；特殊教育工作者接受专业培训提供经费资助；为 16 岁以下的特殊儿童提供继续教育和培训相关的权利与保护等。三是帮助有特殊需要的年轻人为学校教育以后的成人生活做准备。其主要通过：保证“教育、卫生和保健计划”能在特殊儿童 9 岁时就开始前瞻性地为其考虑将来离开学校之后的可能需要并提供支持；实行‘实习支持计划’（supported internships），用以帮助有特殊需要的年轻人学习将来职场所需的技能。”①

（3）为贫困青少年今后的工作生活准备提供支持

如果贫困青少年离开学校之后，既没有参加工作，又没有继续学习或培训，那么等到其成年之后非常容易陷入贫困“漩涡”之中。据统计，“自 1980 年以来，英国 16 岁以后的在校生人数已经增长不少，但是到 2010 年，够条件享用免费学校膳食的 11 岁儿童人数与没有参加工

① Department for Education，2010 to 2015 Government Policy：Special Educational Needs and Disability （SEND），https：//www. gov. uk/government/policies/increasing-options-and-improving-provision-for-children-with-special-educational-needs-sen，2015 - 05 - 08.

作或继续学习的 19 岁青少年人数差不多都翻了三倍"[①]。这一现象引起了卡梅伦政府的高度关注。为了支持贫困青少年继续接受教育或培训，政府实施了一系列有针对性的措施，主要包括：发挥"国家职业服务"(National Careers Service) 角色作用，改进职业咨询服务并为学校提供新指南，以保证学生能更多地接触雇主并对工作产生兴趣；为最贫困的青少年在 16 岁以后继续接受教育和培训提供 1.8 亿英镑的经费支持；通过"青少年契约"(Youth Contract) 帮助 16 岁和 17 岁未成年人重新参与教育、就业或培训等。[②]《2011 年教育法》的第 7 部分内容还专门对青少年 16 岁以后的教育和培训作了规定，如："取消'英格兰青少年学习处'(Young People's Learning Agency for England)，将其职能移交给教育部，并赋予教育部部长处置原先机构的员工、财产和债务的权利。"此项规定，实则强化了政府部门对于青少年继续教育和培训工作的干预力量，也表明了政府对此项工作的重视程度。该法还要求："'技能基金'(Skills Funding) 的首席执行官优先资助并保证 16—18 岁未成年人、19—24 岁的流浪者和残疾人这些特定人群获得学徒培训机会。"这一条规定，则为贫困青少年今后的工作生活提供了切实的制度保障和财力支持。

2. "个体权利"伦理观取向的教育福利政策实践

(1) 以"教学"为核心全面提升学校教育质量

自 1944 年以来，英国教育部的名称几经更迭，每一次更迭意味着教育改革重心的悄然变化（如表 5-1 所示)。2010 年，英国联合政府组建成之后，随即将布朗执政时期的"儿童、学校与家庭部"的提法重新更名为"教育部"，"这一回归表明英国政府'让教育做教育应该做的事'的决心，变革的焦点在多次游移后重新回到了教与学"。[③]

① HM Government, *Child Poverty Strategy 2014 - 2017*, London: UK government publications, 2011, p. 40.

② Ibid..

③ 段晓明：《聚焦教与学——2010 年英国学校教育变革图景》，《外国中小学教育》2011 年第 11 期，第 15 页。

表 5-1　　英国教育部名称更迭及其重心变化一览表

| 名称 | 时间段 | 重心 |
| --- | --- | --- |
| 教育部<br>(Department of Education) | 1944—1964 | 让每个人都致力于终生学习 |
| 教育与科学部<br>(Department for Education and Science) | 1964—1995 | |
| 教育与就业部<br>(Department for Education and Employment) | 1995—2001 | |
| 教育与技能部<br>(Department for Education and Skills) | 2001—2007 | 使所有人获得必备的核心技能 |
| 儿童、学校与家庭部<br>(Department for Children, Schools and Family) | 2007—2010 | 提升儿童的服务和教育的卓越 |
| 教育部<br>(Department for Education) | 2010 至今 | 为教与学提供支持 |

资料来源：段晓明：《聚焦教与学——2010 年英国学校教育变革图景》，《外国中小学教育》2011 年第 11 期，第 14 页。

2010 年 11 月 24 日，卡梅伦政府出台了题为“教学的重要性”(*The Importance of Teaching*) 的白皮书。首相大卫·卡梅伦与副首相尼克·克莱格在前言寄语当中指出：“我们没有选择，因为如果我们想成为世界一流的国家，那么我们只能做出根本性的改革。世界上最成功的国家已经将提高教学职业地位、提高学校自主性、实施综合且有效的问责制以及提升所有儿童（不论其背景）的强烈抱负感结合在了一起……如果我们的孩子希望能够得到他们应得的教育，那么像这样规模的改革是绝对必不可少的。”① 时任英国教育部部长的长迈克尔·戈夫(Michael Gove) 认为：“我们的计划核心内容是将教师视为我们社会最有价值的资产。我们都知道，没有什么能比让每个儿童都获得最好的教学更能提高教育水准了。没有什么号召是比教学更为高贵，没有什么职

① Department for Education, *The Importance of Teaching*, Department for Education Publications, 2010, pp. 4-5.

业是比教学更为必要，没有什么服务是比教学更为重要。正是因为我们相信教学的重要性——释放每一位儿童的潜能，使其实现自己的理想——才有了如今这本白皮书的发布。"[①] 从中不难看出，以"教学"为核心全面提升学校教育质量，成为新任政府的一项中心工作。白皮书共包含七个方面的学校教育改革行动计划，分别为：关于教学与领导的计划；关于处理学生不良行为的计划；关于课程、评价与学历资格的计划；关于新学校体制改革的计划；关于问责制的计划；关于学校改进的计划；关于学校经费的计划。这些行动计划的"主要目的是为了解决英国当前体系中存在的缺点，增强教师和教学的地位，强化课程和学历证书所设定的标准，向学校返还决定其自身命运的自主权，让学校对家长承担更大的责任等"[②]。之后《2011教育法》的出台更多地则是出于对《教学的重要性》这本白皮书的政策回应，其中关于维护教师和校长维持学校纪律的权威性、提高教师队伍的人员素质、完善证书与课程管理等方面的规定，其政策指向同样在于聚焦"教学"核心，全面提升学校教育质量。

依据这两份主要政策文本，卡梅伦政府实施的提高教育教学质量的主要举措包括：

其一，改善学校教学管理。其最主要的途径是努力提高教师队伍结构的整体水平，主要方式有："加大'教学优先'计划（Teach First）实施力度，以吸引更多的最优秀的毕业生，尤其是紧缺专业的最优秀的毕业生投身教育事业；开展'教学后补'（Teach Next）计划，以吸引其他行业领域经验丰富的优秀人才跳槽转投教育行业；推行'复员军人支教计划'（Troops to Teachers' program），鼓励退伍复员军人从事教师职业。"[③] 此外，政府还设法通过改革教师培训和发展机制、提升学校领导素质、减轻学校行政负担、赋予学校更多自主性并加强督导问责机制等方式来整体改善学校教学管理。

其二，维护教师和校长的权威。对于教师而言，政府将采取措施

① Department for Education, *The Importance of Teaching*, Department for Education Publications, 2010, p. 7.

② 何伟强：《英国教育战略研究》，浙江教育出版社2014年版，第183页。

③ 冯加渔：《英国学校教育改革新愿景》，《外国教育研究》2012年第8期，第41页。

“提高教师训导学生的权威性，赋予教师对学生进行搜查、必要时采取合理武力等权力；保护教师免受恶意指控——在受学生指控时，加快案情调查并通过教师匿名立法”。对于校长而言，政府将“加强校长维持纪律的权威性，改进学生开除程序，并授权校长采取强行干预学生欺侮行为；改变当前针对学生开除事件的独立申诉委员会体系，以减少他们在这上面所花费的时间，并确保校长免受对青少年犯下严重违规行为后又返回校园这一可能性的担忧等”。①

其三，推进国家课程与考试评估改革。根据《2011 年教育法》的规定，国家课程由教育部制定并提供课程纲要。2013 年 9 月，教育部颁布了指导基础教育课程改革的纲领性指导文件《英格兰国家课程——框架文件》(*The National Curriculum in England—Framework Document*)，该框架文本的出台，旨在通过构建高质量的国家课程，“为教学提供严谨的依据，为学校提供改进的基准，更好保证让学生和家长为未来取得成功，掌握知识和技能”②。与此同时，教育部还进一步“深化学生成就评估改革，加大独立、客观的评估项目的实施力度，创建科学的学业成就和质量评估体系”③。

(2) 扩大学校自主权和开放学校准入市场

在新任政府看来，“英国的学校体制远远落后于其他许多国家，其不利于提高教育质量，而且非常不公平，特别是贫困地区的教育状况很糟糕，这正是亟需我们改革的缘由所在……赋予校长和教师更多自由决定其所在学校的课程、预算和人事权力，可以有助于他们改进教育质量并缩减成绩差距……家长、教师和慈善机构有能力根据地方社区的需要创办优质的学校 ”④。这段话实际上清楚表达了卡梅伦政府拟开展学校体制改革的动因和路径。简言之，出于提高学校办学质量（注重教育

---

① 何伟强：《英国教育战略研究》，浙江教育出版社 2014 年版，第 181 页。

② 黄丽燕、李文郁：《英国基础教育 2014 年国家课程计划述评》，《课程·教材·教法》2014 年第 9 期，第 115 页。

③ 冯加渔：《英国学校教育改革新愿景》，《外国教育研究》2012 年第 8 期，第 44 页。

④ Department for Education, 2010 to 2015 Government Policy: Academies and Free Schools, https: //www. gov. uk/government/policies/increasing-the-number-of-academies-and-free-schools-to-create-a-better-and-more-diverse-school-system, 2015 - 05 - 08.

效率）和促进教育均衡化发展（兼顾教育公平）的双重目的考虑，政府拟通过扩大学校自主权和开放学校准入市场两条路径来达成。

在扩大学校自主权方面。《教学的重要性》白皮书明确指出，扩大所有学校的办学自主权是新一届政府推动教育改革的重头戏。政府力图确保所有的学校都能免受不必要的行政干扰，并享有越来越多的办学自主权。“鉴于享有自定办学方向权力的‘学院’发展势头良好，并取得优异的办学成果，政府在保留现有‘学院’办学自主权基础上，赋予它们更多的自主权，如自选课程权、招生自主权、延长学时权，以充分调动‘学院’的积极性，促使它们焕发出更大的生机和活力。”① 2010 年，英国政府出台了《学院法》（*Academies Act*），通过立法使所有公立中小学校（包括小学和特殊学校在内）都可以转型成为“学院”，进而力争让所有的学校都享有“学院”的充分办学自主权待遇，借以提高学校办学质量、缩小学校之间的差距。

在开放学校准入市场方面。鼓励社会力量参与办学，为家长提供更多可供选择的多样化学校，是兼顾效率与公平的又一重要策略。创办“自由学校”（free schools）是卡梅伦政府开放学校准入市场的一项全新教育举措。自由学校旨在为那些希望自己办学的家长、教师与社会团体提供渠道。“与一般的非学院学校相比，自由学校的‘自由’之处主要表现为：一是可以自行决定员工的薪酬，二是不用采纳国家课程，三是对自身的预算有更大的自主权，四是有改变学期长度和在校时长的自主权，五是不受地方当局控制。”② 政府表示要“大力推广‘自由学校’计划，开放自由学校准入市场，积极扶持教师联合会、慈善组织、家长团体以及其他社会机构开办自由学校。为方便自由学校的建立，英国政府预设的办学准入‘门槛’很低：任何人只要愿意推动平等和民主的价值观念，能够做到尊重个人、善待环境，并且承诺反对暴力和种族主义，就可申请开办‘自由学校’，按自己的意愿实施教学”③。

目前，英国“有超过一半的中学都成为了‘学院’，它们不再受地

① 冯加渔：《英国学校教育改革新愿景》，《外国教育研究》2012 年第 8 期，第 44—45 页。

② 马瑶：《英国：自由学校的教育创新》，《中国教师报》2015 年 4 月 1 日。

③ 冯加渔：《英国学校教育改革新愿景》，《外国教育研究》2012 年第 8 期，第 45 页。

方教育当局的控制，能够自行决定课程设置、经费预算、经营场地以及教师聘用等。同时每100所学校中就有一所由家长、教师、慈善机构或基金会设立的自由学校。卡梅伦承诺如果他在2015年5月的大选中连任首相，他将创办更多的学院和建立500多所自由学校，因为它们能取得更好的学业成就，并且能提高其临近学校的水平……相比承诺建立更多的自由学校或'学院'，卡梅伦更应想办法使他一手创立的体系变得更完整"[①]。

除了创办更多学院和自由学校之外，2011年英国教育部部长还响应社会要求，创办了许多"工作室学校（或半工半读学校）"（studio schools）和"大学技术学院"（University Technical Colleges）。这两种类型的学校是为14—19岁儿童专门设立的特殊"学院"，"它们得到了雇主们的支持，雇主帮助设计调整课程，以确保青少年能为将来的工作奠定必备技能"。[②]"工作室学校"注重学生的英语、数学和科学基础，它们还注重培养学生守时、沟通、诚信和团队精神等品质；"大学技术学院"关注技术性课程（特别是工程学和科学课程）和工作相关的学习（如经商、信息通信技术和设计技术等），同时还兼顾学术性课程的学习。这两类学校的创办，为更多家长选择适合其孩子教育的学校提供了可能。

## 二　卡梅伦政府教育福利政策的可能趋向：基于竞选纲领[③]的分析

2015年3月30日英国议会宣告解散，2015年英国大选也由此正式揭开序幕。5月8日，大选结果尘埃落定，保守党获得下议院超过半数的议席，成为新一届国会第一大党，并意外获得了单独组建新政府的权

① Gary McCulloch：《英国学校改革：面向21世纪的教育重建》，《湖南师范大学教育科学学报》2015年第7期，第7—8页。

② Department for Education, 2010 to 2015 Government Policy: Academies and Free Schools, https://www.gov.uk/government/policies/increasing-the-number-of-academies-and-free-schools-to-create-a-better-and-more-diverse-school-system, 2015－05－08.

③ 政党竞选纲领一般规定了政党在未来一定历史时期的奋斗目标以及实现这些目标的行动路线，它是政党关于内政、外交等诸多方面政见的官方阐述（引自何伟强《美国政党轮替对教育政策变革的可能性影响》，《比较教育研究》2010年第4期，第52页）。因而，基于竞选纲领的分析，我们可以预测政府未来教育福利政策的可能趋向。

力，保守党党魁大卫·卡梅伦也成功连任首相，开启了第二届卡梅伦政府的任期。本次大选中，保守党政府亮出的竞选纲领标题为“坚强的领导，明晰的经济计划，更加美好和安全的未来”（Strong Leadership，A Clear Economic Plan，A Brighter，More Secure Future）。从整份竞选纲领的字里行间，我们隐约可以感受到保守党本次大选明显比2010年大选时的“腰板”更硬，修辞语句都更加果敢自信。这种精神气象的微妙变化，首要原因得归功于卡梅伦政府对于英国不断恶化下行经济形势的力挽狂澜。正如卡梅伦在竞选纲领的序言开头描述的那样，“经过过去5年的努力，我们已经让我们的国家重新步入正轨。5年前，英国濒临绝境，作为当时即将离任的工党财政部部长曾直言不讳地说‘我们没钱了’。从那时起，我们就开始了扭转局面的努力。如今英国已经成为世界上经济增长速度最快的主要经济体之一，我们正在逐渐恢复国家金融秩序，已经解决了近乎一半的财政赤字，比过去有更多的人就业。英国正在重返正道，一天比一天更强大”①。对于新一届卡梅伦政府而言，其在接下来的执政时期需要解决的两大中心问题，“一是如何保持我们经济复苏的态势，这也是我们国家抱负所倚赖的根本；二是如何确保我们的每位公民在其生命的每个阶段都能享受到经济恢复所带来的好处”②。换句话说，一手抓经济建设，一手抓民生福利，兼顾促进经济发展与实现社会公平的双重目标，是卡梅伦政府的施政重点之所在。教育作为政府实现经济效率与社会公平的“纽带”，自然也得到了保守党应有的重视。

“给您的孩子提供最美好的生命开端”是保守党竞选纲领中关于教育政见内容篇章的标题名称，光从这一醒目的标题中，我们似乎就闻到了浓浓的“教育福利味道”。保守党作出承诺：“您的孩子值得拥有最美好的生命开端，好教育不是一件‘奢侈品’，而是每个人都可以享受到的权利。为此，我们将确保为您的孩子提供一所优质小学，对于失败持零容忍态度；将每一所薄弱的中学改制成‘学院’，并为家长和社团

① The Conservative Party Manifesto 2015, *Strong Leadership, A Clear Economic Plan, A Brighter, More Secure Future*, London: Conservative Party, 2015, p. 5.

② Ibid..

提供他们所想要的‘自由学校’；帮助教师发展数学、工程学、科学和计算机教学技能，以使英国成为世界上最好的国家；创设300万新的学徒岗位，并确保大学入学人数不封顶，这是我们对于所有人的愿望。”① 按照保守党的说法，其刚接手政府管理时，工党遗留下来的教育现实状况是：太多孩子离校之后没有掌握应有的知识和技能，1/3小学生毕业了都还不能正确阅读、书写和算术，学习普通中等教育证书考试核心学术科目的学生人数缩减了一半，学校数学与科学成绩在全球排名当中垫底，而且最贫困的儿童只能就读于最糟糕的学校。为此，他们在2010—2015年里进行了深远的教育改革，重新回归到高质量的教学、规范的学校纪律、富有挑战性的学科课程上。经过5年的努力，如今“100多万中小学学生被教育标准局认定为‘好’或‘优异’；1000多所被认定为‘不足’的学校已经转型为‘学院’，并任命新的领导来促使其纪律更严、质量更高；已有250多所新的‘自由学校’（由地方人士创办并运行）为最有需要的儿童提供了更好的教育；学徒岗位数量已经提升到新的纪录水平（过去5年里增加了220万个），截至2014年9月入大学的人数已是历史最高水平”。在取得这些成绩的同时，保守党也意识到：“我们仍然有许多孩子无法获得他们应得的优质教育，所以我们将继续改革，以使得每个儿童都能在生命最初阶段有一个最美好的可能。”②

为了实现“给每个儿童提供最美好的生命开端”这一美丽愿景，保守党确立了多项具体行动计划，主要包括：

（1）大幅提升学校办学质量。在小学阶段，将实施更加严格的语文和数学新标准，要求每位小学生11岁毕业时都会做长除法和复数乘法，并可以阅读一本书和运用正确的标点、拼写和语法写一篇短文，如果达不到规定要求，那么将在初中一开始就补考；在中学阶段，要求中学生必须学习英语、数学、科学、语言、历史或地理科目，对于拒绝开设这些核心科目的学校，教育标准局将无法给予这些学校最高的等级

---

① The Conservative Party Manifesto 2015, *Strong Leadership, A Clear Economic Plan, A Brighter, More Secure Future*, London: Conservative Party, 2015, p. 33.

② Ibid..

评定。

（2）为孩子提供优质小学的入学名额，对于办学失败持零容忍态度。卡梅伦政府在第一个任期已经花费50亿英镑（较之于工党翻了一倍多）的学校建设经费，用于应对工党遗留下来的学额不足的危机。它承诺将在下一届议会至少投资70亿英镑用于提供更多更好的学校场所。而且其不允许学校办学失败，承诺将通过扩大“国家教育领导”（National Leaders of Education）计划，让最好的校长接管薄弱小学。

（3）将每一所薄弱的中学改制成“学院”，并为家长提供所在地的满意“自由学校”。第一届任期结束后，已有4000多所学校从“学院”地位中获益，它们拥有了更多管理纪律和经费的自主性，有800多所最薄弱的小学得到最有经验的“学院”扶持并取得了成功。下一届议会，保守党承诺将继续增加“学院”“自由学校”“工作室学校”和“大学技术学院”的数量，将至少创办500所新的“自由学校”以扩充27万个新的学校入学名额；并迫使薄弱学校接受新的领导，任何被教育标准局判定为需要改进的学校，除非它自身有迅速改进的计划，否则都将被最好的校长接手管理；允许各种性质的好学校扩大学校规模。

（4）继续保证学校经费。过去5年里，政府已承诺投入180亿英镑用于建设新学校，以让孩子们有可能在最好的环境里学习。今后，保守党将继续为学校注入大量经费。随着学生数量的不断增加，学校经费也将得以相应增长。政府承诺将继续维持当前水平的学生奖学金，以使得那些最贫困地区的学校能获得额外经费支持，并为所有婴儿提供免费食品以支持家庭。政府将使学校拨款更加公平，不允许公立学校盈利。在上一任期已经在全国至少拨款资助了69个地方教育当局以使其资金充裕，这也是下一届议会政府拨款资助的基准。

（5）支持孩子们的老师。政府已经赋予广大教师更多纪律约束的权力，今后政府期待通过培训，每位教师不仅知道如何应对严重的学生行为问题，而且明白如何防止低层次的中断妨碍孩子正确学习；通过减少批改作业工作量、在最急需的学科设立助学金、为优秀教师提供更高报酬、进一步减少教育标准局的督查负担以及继续鼓励“教学优先”计划等措施，招募并留住最优秀的教师；将在学校里增加中文教师数量，以保证英国参与全球竞争角逐的能力；同时政府还希望教师职业能像其他高技术含量的职业一样被看待，所以将支持创办独立的“教学大学”（College of Teaching）来提升最高标准的教学和学校领导。

（6）在数学与科学上居于世界领先水平。政府已经增加了学校在数学教学上的时间，并保证孩子们一上学就有数学基础。今后将进一步通过在 PISA 测试中取得成绩进步，从而使英国成为世界上数学、科学和工程学方面最好的学习地。为此，政府将在接下来的 5 年里额外培训 17500 名数学和物理教师，确保所有学生能充分挖掘自身潜力并施展各自才华。

（7）保护儿童。每个孩子都需要一个温暖、充满爱的家庭，在网络上和学校里都能感到安全。在过去 5 年里，英国政府已经削减了 30 万儿童贫困人口。同时还完善了对有特殊需要和残疾青少年的优先支持，例如通过“自由学校”计划增设了 2200 多个特殊学校名额，启动了协作评估程序以决定青少年的需要，并为特殊儿童的教职人员提供专业培训资助等。为了保证其运行，教育标准局已正式对地方当局履行新职责的效能进行督导。今后，政府将成立“区域领养处”（regional adoption agencies），跨地方当局边界联合开展工作，让孩子们能拥有最合适的父母；将继续通过扩大培训计划来提高儿童社会工作质量；将继续处理学校里所有形式的欺凌行为，制止网上有害儿童的色情内容，要求登录色情网站和接触所有音乐视频都需要年龄验证。

（8）完善技能培训和改善继续教育。政府将给予雇主更多学徒课程的决定权，以使他们能传授更多实战技能；继续以半工半读的高质量学徒学习，来取代低水平、拘泥于课堂的继续教育课程；确保每个城市都有一所“大学技术学院”。政府将继续改善继续教育，通过“国家学院”（National Colleges）网络，在经济增长的关键部门提供专业的高水平的职业培训；出版更多继续教育课程方面的相关信息，并要求得到雇主更多认可的课程。

（9）保证想要上大学的就能如愿。截至目前，英国首次有超过 50 余万人次被大学录取，包括来自贫困地区的大学生比例也破了纪录。从 2015 年 9 月份开始，政府将进一步取消高等教育学生人数的上限。关于大学缴费的改革意味着大学生不需要急于在上学期间支付所有学费，而只需要在其今后每年工作收入超过 21000 英镑时开始付费。政府还将推行一项针对硕士生和博士生课程的国家研究生贷款制度。

（10）确保英国大学的世界领先地位。为了保持英国大学世界一流研究和学术卓越的荣誉，政府将基于《诺斯报告》（*Nurse Review*）继续支持世界一流的科学，充分发挥公共资金的最佳投资方式，鼓励在线教育作为学生的学习方式，不管学生是自主学习还是在大学里学习。

仔细梳理上述教育政见，并认真对照 2010 年英国大选时保守党竞选纲领中的教育政见，我们看不出两者有何本质性差异之处，其更多的恐怕只是原有教育政见的“升级版”而已。与 2010 年保守党竞选纲领中的教育政见类似，2015 年保守党的教育政见也表现出兼顾“社会共同善”和“个体权利”的伦理价值取向。比如，其中关于大幅提升中小学校办学质量、创办“学院”“自由学校”“工作室学校”和“大学技术学院”等更多办学类型的学校、赋予学校更多自主性和教师更多权力、完善技能培训和改善继续教育等举措，带有明显的“个体权利”伦理观取向。而关于改造薄弱学校促进学校教育均衡化发展的举措，在最贫困地区设立学生奖学金和为婴儿提供免费食品的举措，完善对有特殊需要和残疾青少年的优先支持和改革儿童收养制度举措，扩大贫困大学生的招生比例和设立国家研究生贷款制度等，又蕴含着“社会共同善”的价值取向。另值一提的是，2015 年保守党竞选纲领中的教育政见并没有将早期儿童教育的内容列入其中，关于“确保开端计划”方面的内容似乎只字未提，但是在第三部分题为“削减您的税收和建设更为公平的福利制度”的内容篇章里，提到了“我们将实施‘免税儿童保育’（tax-free childcare）计划来帮助家长重返工作，并给予参与工作且拥有 3—4 岁孩子的家长每周 30 小时免费儿童保育的福利”。[①] 此一提法实际上也带有追求“社会共同善”的色彩。

综合地看，新一届卡梅伦政府似乎比较务实，它并无明显的政治意识形态转向，也无特别标新立异的教育政见，追求“社会共同善与个体权利平衡价值观取向”的教育福利政策仍是未来较长一段时期英国政府的可能选择。

---

① The Conservative Party Manifesto 2015, *Strong Leadership, A Clear Economic Plan, A Brighter, More Secure Future*, London: Conservative Party, 2015, p. 27.

# 第六章　结语

英国作为世界上最早发展起来的老牌资本主义强国，在其工业化发展进程中出现了贫困人口基数庞大、社会贫富分化突出等一系列社会问题。而为了解决这些问题，英国政府率先开始了漫长的社会福利制度建设的探索之路。在英国福利国家现代化进程中，政府先后出台了一系列社会福利政策，其旨在通过干预和调节社会产品的分配来缓解或解决这些社会问题。教育福利政策作为社会福利政策体系的重要一环，它在处理具有普遍意义的教育公平问题，调节和满足社会或特定群体的教育需求，进而提升整体社会福祉等方面扮演着不可或缺的作用。伴随着英国福利国家现代化进程中的社会福利政策变革，其教育福利政策在指导思想、主导力量、价值取向、内容安排等诸多方面也经历了相应的变革，本书主要聚焦于英国教育福利政策变革的研究。经过前面几个章节的讨论，我们拟在结语环节对英国福利国家现代化进程中的教育福利政策变革特征做一番梳理总结，同时面对当前我国区域教育发展不均衡、个体教育机会不公平、儿童贫困代际传递等现实社会问题，如何探索合乎“后福利时代”特征的公共教育治理机制进行些许思考。

## 第一节　英国福利国家现代化进程中的教育福利政策变革特征

### 一　教育福利改革主导力量大体呈现从一元到多元的变革趋势

罗斯（R. Rose）作为“福利三角理论”（Welfare Triangle Theory）的代表人物，认为，“在现代社会中，福利的总量等于家庭中生产的福利，加上通过市场买卖而获得的福利，再加上国家提供的福利。”① 家庭、市场和国家三者作为福利的提供方，共同构成了一个福利整体。在罗斯基础之上，伊瓦思（A. Evers）将福利三角的分析框架置于文化、经济、社会和政治的情境中作了进一步发展，他将三者具体地解构为对应的组织形式、投射的价值意蕴和内生的关系结构（如表 6－1 所示）。

表 6－1　　**伊瓦思的福利三角：组织、价值和关系**

| 福利三角 | 组织形式 | 价值意蕴 | 关系结构 |
| --- | --- | --- | --- |
| （市场）经济 | 正式组织 | 选择、自主 | 行动者与（市场）经济的关系 |
| 国家 | 公共组织 | 平等、保障 | 行动者与国家的关系 |
| 家庭 | 非正式/私人组织 | 团结、共有 | 行动者与社会的关系 |

资料来源：A. Evers & H. Wintersberger, *Shifts in the Welfare Mix: Their Impact on Work, Social Services and Welfare Policies*, Bloomington: Campus Verlag, 1990, pp. 7－30.

根据伊瓦思的这一分析框架来考察英国教育福利政策变革历程，我们可以非常清晰地梳理出其内在的历史演进逻辑。在英国福利国家建成之前，教育一直被认为是某些阶层的特权，国家对教育事业采取不管不问的基本立场。因此，来自家庭、亲友或邻里等民间的自发力量，特别是教会体系成为当时提供教育服务的主导力量，而国家角色迟迟没有介入教育。对于广大贫民家庭而言，学校教育只是一种宗教慈善团体的救助与施舍，而不是一种作为普通公民应享有的基本社会权利。进入 19 世纪之后，随着工业革命影响的不断深入和“国家主义”思潮的兴起，英国逐渐意识到原有民间力量主导的补缺式教育，已经远远跟不上新形势下国家发展的需要，因而“国家”角色逐步以积极的姿态介入教育福利事业。二战结束后英国第一届政府按照《贝弗里奇报告》的有关建议开始了福利国家体系的全面建设，自此英国开始步入了经典福利国家时期。《1944 年教育法》作为福利国家体系的三大支柱之一，究其实质，它是“国家（或政府）主导范式”教育福利改革的顶层设计，它

① 彭华民等：《西方社会福利理论前沿：论国家、社会、体制与政策》，中国社会出版社 2009 年版，第 1 页。

的问世标志着国家力量开始全面加强对教育的领导与控制。庞大的福利国家体系建设必须有强大的经济后盾作支撑，进入20世纪70年代以后，英国的经济危机接踵而来，“停停走走”的经济病间歇性发作，严峻的经济形势下英国的福利国家建设渐渐陷入财政危机、动力危机、社会道德危机、功能危机、合法性危机、效率危机等重重危机之中。“国家（或政府）主导范式”的教育福利改革难以为继，国家角色不得不后撤。1979年，撒切尔出任英国首相之后，随即展开了一系列福利国家紧缩的社会福利改革，“自由市场”的力量开始被推向前台，一场“市场（或经济）主导范式”的教育福利改革由此开启。时至1997年，布莱尔首相上台，终结了保守党政府连续执政18年的历史。盖棺定论，保守党政府执政期间在扭转英国经济颓势、重塑政府形象等方面有一定建树，但是它对高居不下的失业率和持续加剧的贫富分化等社会问题也责无旁贷。历史经验业已表明，任何单一力量主导的教育福利改革都无法长期奏效。于是，一种融家庭（或民间）力量、国家力量、市场力量于一体的“多元力量混合型范式”的教育福利改革悄然掀起。这一范式在卡梅伦政府执政后似乎仍然延续了下来，“家庭、国家、市场”多元融合社会福利主体正成为后福利时代英国教育福利改革的主导力量。

### 二　教育福利政策的意识形态和价值取向从两极趋向中间发展

从上述讨论中，我们可以概括地说：经典福利国家时期英国教育福利改革的主导力量是“国家”；福利国家紧缩时期的主导力量是“市场”；社会投资国家时期和卡梅伦执政时期的主导力量是“家庭、国家、市场等多种力量的混合”。实际上，与教育福利改革主导力量密切相关的另有两点：一是每个特定历史时期的社会主流意识形态；二是每个特定历史时期教育福利政策的伦理观价值取向。前者是历届英国政府决定教育福利改革主导力量的根本指导思想，后者则体现了不同教育福利改革主导力量所倡导的核心伦理精神。与教育福利改革主导力量变革的趋势相应，英国教育福利政策的意识形态和价值取向总体上呈现出从两极趋向中间发展的态势。具体体现在：

就经典福利国家时期而言，当时英国的社会主流思潮集体“左转”，以费边社会主义、新的自由主义与凯恩斯主义为代表的集体主义社会思潮，主张“国家干预主义”，强调倚赖政府这只“有形的手”来解决社会不公问题，最终实现“社会共同善”的价值诉求。《1944 年教育法》作为一项宏观教育政策，集中体现了崇尚“平等”与“保障”的“社会共同善优先”的核心伦理精神，它为经典福利国家时期英国教育福利政策的发展确立了一个总体框架。在此框架指导下，英国政府一方面面向全体儿童推行“中等教育综合化”带有“普惠型”取向的义务教育福利制度结构性改革；另一方面则实施了按照“积极的区别对待”原则建立“教育优先区”、针对特殊儿童出台相关教育福利政策、为在校（贫困）儿童提供免费牛奶和膳食等“补缺型”教育福利举措。其最终目标是为了实现“最大多数人的最大幸福”这一美好夙愿。

就福利国家紧缩时期而言，伴随着福利国家危机的出现，倡导“国家干预主义”的集体主义社会思潮开始黯然失色，取而代之的“新右派思潮”渐成主流，“新右派思潮”既吸收了“新自由主义”思想元素，主张运用市场机制，实现自由经济的目标，同时又融入了“新保守主义”的思想元素，主张通过强大的国家来维护市场秩序，使社会经济运行更有效率。与之相应，“市场至上主义”渐趋成为保守党政府教育福利改革的关键指导思想。教育福利提供者的国家角色后撤、注重市场效率优先的政策导向、赋予家庭和个体更多责任担当等举措带有鲜明的“市场取向”，其中投射出了崇尚“选择”与“自主”的“个体权利优先”政策伦理观价值意蕴。《1988 年教育改革法》作为保守党政府教育福利改革顶层设计的集大成者，更是对“个体权利优先”伦理精神的最好诠释。

就社会投资国家时期而言，保守党政府连续 18 年推动的“市场至上主义”教育福利改革，大大削减了教育福利开支，提高了教育效率，但是却忽视了教育公平，造成了社会贫富分化矛盾的加剧。出于更加务实的考虑，新工党上台执政以后，创造性地提出了“第三条道路”政治哲学主张，它将老工党推崇的“国家干预主义”思想和保守党力主的“市场至上主义”思想巧妙地嫁接起来，将国家力量主导的“社会共同善”价值取向和市场力量主导的“个体权利”价值取向两种看似对立的观念有机地统一了起来。反映“社会共同善”伦理精神的教育福利改革举措有：教育优先发展，以国家力量确立战略目标；强调教育公平，稳步推进教育均衡化发展；注重全纳教育，使未成年人免遭社会排斥等。反映“个体权利”伦理精神的教育福利改革举措有：延续“标准而不是结构”的“新右派”思想；实施“国家技能战略”以增进个体关键技能；引入“准市场机制”提升教育公共服务水平等。

就卡梅伦执政时期而言，卡梅伦上台之初正好处于后金融危机时间节点，其面临着焦头烂额的经济状况，2011 年爆发的“青少年群体骚乱事件”更是投射出卡梅伦政府的政治伦理和社会治理困境。在很长一段时间内，卡梅伦政府很难跳出新工党政府遗留的“第三条道路”和“社会投资国家”的政治经济理念框架。“社会共同善与个体权利平衡”同样成了卡梅伦政府教育福利政策的伦理观取向。其中，反映“社会共同善”伦理精神的教育福利改革举措有：为儿童早期教育服务提供新的支持；为家境贫困和特殊需要的学龄儿童提供支持；为贫困青少年今后的工作生活准备提供支持等。反映“个体权利”伦理精神的教育福利改革举措有：以“教学”为核心全面提升学校教育质量；扩大学校自主权和开放学校准入市场等。

### 三　教育福利被视作是破解儿童贫困代际传递问题的根本途径

“‘教育’与‘贫困’在微观与宏观层面均存在关联。”① 从微观层面（或者说是个体层面）来说，教育水平低下、知识技能准备不足容易使个体或家庭陷入贫困，而陷入贫困的个体或家庭由于教育投资能力有限，又影响其子女受教育的机会，因而贫困又将顽固地代际传递下去。从宏观层面（或者说是社会层面）来说，妨碍阶级流动的教育结构化制度安排、区域或校际之间教育资源与质量的不均衡等都不利于弱势群体改变贫困现状，而弱势群体无力脱贫的状况同样又会间接地形成代际循环。正是因为“教育”与“贫困”之间存在如此密切的关系，所以英国历届政府都高度重视把“教育福利”作为破解儿童贫困代际传递问题的根本途径，“对弱势群体及其子女进行教育支持，才能保证

---

① Philip Robinson, *Education and Poverty*, London: Routledge, 2012, pp. 24 – 25.

源头活水，才能从根本上解决贫困和弱势问题”[①]。

在英国，有不少政客与学者关于贫困产生的原因存在争论，而争论的焦点大体集中于：到底是微观层面的个人懒惰原因所致，还是宏观层面的社会经济结构不合理所致。关于这一问题的不同回答，决定了英国政府在不同历史时期教育福利改革的实践方式上有所不同。具体表现在：（1）经典福利国家时期，英国政界总体上倾向于认为贫困源于社会经济结构不合理，因此其强调国家干预，旨在通过社会资源的二次分配来实现“社会共同善优先”的价值目标，似乎有点“劫富济贫”的意思。与此相应，这一时期在工党主导之下，围绕“人人可以公平接受中等教育”这一目标，开始了艰难曲折的中等教育综合化改革行动，这一改革旨在破除传统“三轨制”教育结构制度设计上的不公。同时，针对教育落后地区实施的“教育优先区”计划，针对特殊儿童和贫困儿童的补缺性教育福利举措等都是倾向于从宏观层面解决教育不公平的问题。（2）福利国家紧缩时期，英国政界总体上又倾向于认为贫困源于个体懒惰或家庭责任缺乏，因此其又转向强调市场调节，旨在通过市场机制激活个体抱负与家庭责任担当来体现“个体权利优先”的价值目标，似乎又有点“助人自助”的味道。与之相应，这一时期在保守党主导之下，开始了“市场化（或私有化）”的教育福利改革行动，其最大的一个转变就是把关于教育公平的理解从社会学意义上的“阶级间入学机会的平等”转向个体意义上的“个人间追求教育成就的平等”，其教育福利改革的实践方式也从宏观层面转向微观层面。（3）社会投资国家时期以及卡梅伦执政时期，英国政界总体上又倾向于认为贫困既有个人层面的原因又有社会层面的原因，于是其又转向主张国家干预与市场调节两者相结合，强调家庭、国家、市场多元力量的混合介入，最终实现“社会共同善与个体权利平衡”的价值目标，似乎又有点“政府扶持，自助为主”的感觉。与之相应，该时期英国政府既从宏观层面解决地区教育不均衡、薄弱学校教育质量低下、弱势群体子女的社会排斥问题，又试图从微观层面去激发每个儿童的教育潜能，其从

① 余秀兰：《社会弱势群体的教育支持》，中国劳动社会保障出版社 2007 年版，第 4 页。

“追求教育成就的平等”进一步“迈向有差异的教育平等”。[①] 其最大的一个转变就是把教育福利从“授之以鱼”的消极福利视角转向“授之以渔”的积极福利视角。

## 第二节 关于后福利时代我国教育福利事业发展的若干启示

### 一 发挥“国家—市场—家庭”多元混合教育福利治理的合力作用

进入20世纪70年代以后，包括英国在内的许多西方福利国家出现了一系列社会福利危机。为了应对这些危机，西方国家在社会福利政策领域纷纷进行了改革和创新，提出了“再造福利国家”“后福利国家”“后福利社会”等概念。“从狭义上看，‘后福利社会’是指通过福利创新，使福利的责任主体多元化，以追求社会公正，消除社会排斥，维持社会团结为终极关怀的社会；从广义上看，‘后福利社会’是一个动态的时间观念，它指自20世纪70年代以来，面对不断出现的挑战，福利国家体现为不断进行创新、改革和完善的治理过程。”[②] 步入后福利时代，特别是自20世纪90年代开始，“‘治理’（governance）[③]一举成为学术研究中的热门词语，并在全球范围内掀起一股治理之风，消解了20世纪80年代至90年代在公共政策争论中占统治地位的政府范式和市场范式，掀开了向治理范式转型的序幕”[④]。就英国的教育福利政策变革而言，其路径轨迹同样是在政府范式和市场范式的对垒中不断反思形成一种“治理范式”。比如，经典福利国家时期英国政府崇尚的是一种带有普遍主义取向的国家（或政府）范式，而福利国家紧缩时期英国政府则转向信奉一种带有选择主义取向的市场范式。

① 倪小敏：《从阶级分析到经验的社会学研究——范式转换视角下英国基础教育公平研究的进展》，《浙江社会科学》2012年第1期，第136—138页。

② 吴士余、丁开杰：《后福利国家》，上海三联书店2004年版，第12页。

③ 所谓“治理”，是指在一个既定的范围内运用多元的权力与权威实现对特定事务的管理，以此更好满足公众的需要。引自俞可平《治理与善治》，社会科学文献出版社2000年版，第7—8页。

④ 韩央迪：《从福利多元主义到福利治理：福利改革的路径演化》，《国外社会科学》2012年第2期，第42页。

实践证明这两种范式都有失偏颇，因而进入社会投资国家时期以后，英国政府开始迈向“国家—市场—家庭”多元混合教育福利治理格局，其意在充分发挥国家、市场、家庭以及第三部门等各个福利供给主体的合力作用，从而真正保障每位公民受教育权利的实现。

教育福利改革的本质是改进有限教育资源的配置。后福利时代各国面临的教育福利改革核心问题是如何在既定条件下既满足民众高质量的基本教育需求，又能尊重公民个体差异的个性教育需求并充分挖掘每个人的教育潜能。对于我国而言，“福利治理”视角的借鉴意义在于如何推动教育福利行动主体间良性关系的建构。从国家（或政府）层面来说，应该不断强化义务教育的法定责任，在义务教育领域需要国家实行普惠型教育福利制度，所有义务教育阶段儿童不管在公立学校还是私立学校均应享受到免费教育机会，真正实现“学有所教”的目标；在非义务教育领域，则应实行补缺型教育福利制度，对于贫困儿童、残疾儿童、流动儿童等社会弱势群体应予以特别的教育支持。在强化国家角色的同时，我们当然也不能忽视来自市场和家庭角色的教育福利补充作用。英国福利国家现代化的历史经验告诉我们，那种依靠政府大包大揽的教育福利举措实在难以为继，更何况我们国家人口基数那么庞大，仅就当前国家的经济实力根本无法支撑起一个全方位普享型的教育福利局面。可以说，“政府包办教育的时代已经成为历史，面对教育需求的持续扩张和国民不同的教育需求，有必要走官民结合的发展道路”①。因而，在当前我国“大政府，小社会”的公共教育治理格局下，政府除了在义务教育阶段责无旁贷之外，在非义务教育阶段应当采取有条件的“策略性后撤”战略，同时应积极培育第三部门的力量，优化教育福利服务的供给模式，充分发挥“国家—市场—家庭”多元混合教育福利治理的合力作用。

## 二　追求“社会共同善与个体权利平衡”教育福利政策价值目标

1979 年对于英国而言是一个具有“分水岭”意义的年份，因为

① 郑功成：《从福利教育走向混合型的多元教育体系——中国的教育福利与人力资本投资》，《清华大学教育研究》2004 年第 5 期，第 7 页。

1945—1979年英国在新左派思潮的影响之下，工党与保守党两大主要政党形成了难得的第一次“新民主主义福利共识”，“社会共同善优先”成了这一时期英国教育福利政策的核心价值诉求。但是，随着20世纪70年代世界性经济危机的爆发，强调国家力量至上的“凯恩斯主义”失灵，而“新自由主义”和“新保守主义”等新右派思潮渐趋成为社会主流思潮，1979年撒切尔上台之后，马上掀起了一场轰轰烈烈的市场力量至上的“私有化”革命，与此相应，“个体权利优先”成了此后连续18年英国教育福利政策的核心价值诉求，自此开始英国又逐渐形成了第二次“新自由主义福利共识”[1] 的局面。历史具有惊人的相似之处，在差不多的时间点上，中国在以邓小平总书记为核心的第二代领导集体领导之下，自1978年12月十一届三中全会起，开始实行对内改革、对外开放的政策，这也标志着中国从计划经济向市场经济时代转型的开始。计划经济时代，我国教育福利改革中的“国家角色”绝对占据主导地位，“社会共同善优先（或教育公平优先）”也是这一时期中国教育福利政策的价值目标定位。迈入市场经济转型时期之后，“新自由主义”思潮同样也对我国的教育改革产生了影响，我国教育福利政策的价值目标也随之融入了“个体权利（或教育效率）”的色彩，而且这一色彩似乎愈来愈浓。

值得一提的是，在“新自由主义福利共识”框架指导之下，英国的教育福利改革“呈现出了明显的功利主义色彩。教育为社会政治经济服务的社会功能被过于夸大，而教育促进个体身心和谐发展的本体功能却被渐渐淡化”[2]。2011年爆发的青少年群体骚乱事件更是为世界各个国家都敲响了警钟，好在英国政府似乎已经觉察到了这一问题的症结。卡梅伦政府新近几年出台的一系列教育政策，如《教学的重要性》《2011年教育法》等都可以反映出政府已经开始回归到对基础教育的重视、对学生品行教育的关注等政府必须履行而不应被市场化所冲淡的基本教育职责上来。再将视焦转向我国，当前我国的教育不公平现象日益突出，在有些地方甚至出现了“义务教育不义务，教育福利无福利”

---

① 孙洁：《英国的政党政治与福利制度》，商务印书馆2008年版，第230页。

② 何伟强：《英国教育战略研究》，浙江教育出版社2014年版，第193页。

的尴尬局面。市场化、民营化以及分权化等教育改革实践同样显现出政府责任又被弱化的现象。事实上，“政府作为教育改革的设计者、执行者，要切忌满脑子的市场逻辑、经济学概念和政治意识，而应站在教育理论和教学的立场上，敬畏教育规律，尊重人的发展规律，更多地从学校自身因素、内部规律出发来思考变革”①。令人欣慰的是，《国家中长期教育改革和发展规划纲要（2010—2020年）》已明确将“促进公平”作为今后10年我国教育改革的5大工作方针之一，它确立的战略目标之一是“形成惠及全民的公平教育。坚持教育的公益性和普惠性，保障公民依法享有接受良好教育的机会。建成覆盖城乡的基本公共教育服务体系，逐步实现基本公共教育服务均等化，缩小区域差距。努力办好每一所学校，教好每一个学生，不让一个学生因家庭经济困难而失学。切实解决进城务工人员子女平等接受义务教育问题。保障残疾人受教育权利”。由此不难看出，在教育福利政策的“个体权利（或教育效率）”价值意蕴愈来愈浓的同时，及时往“社会共同善优先（或教育公平优先）”价值目标上拉回来一点，妥善平衡好两者之间的价值尺度，是当下我国政府教育福利改革顶层设计理念的战略抉择。

### 三　将教育福利作为破解我国儿童贫困代际传递难题的根本途径

近些年来，伴随着社会经济的迅速发展，我国的贫富分化越来越突出，贫困群体已出现了代际传递的趋势。父母的社会地位越高，拥有的权力越大，社会关系越多，子女也更容易获得较高的社会地位和工作收入。而社会底层的人群日趋定型，缺乏改变自己命运的渠道和机会，难以实现公正、合理、开放的向“上”流动。我国目前的贫困群体主要包括：农村贫困人口、进入城市的农民工、城市中以下岗失业者为主体的贫困阶层、残疾人群体、老龄与高龄人口等。造成贫困的原因是极为复杂的，既有历史的原因也有现实的原因，既有个人的原因也有社会的原因，既有客观的原因也有主观的原因。在诸多原因之中，儿童自身以及父母或监护人的受教育水平状况无疑是一根本因素，这可以从罗斯

① 贺武华：《新自由主义主导下的学校重建研究》，光明日报出版社2008年版，第385页。

（R. Rose）关于家庭生命周期与福利需求研究结论中得到验证（如图6－1所示）。

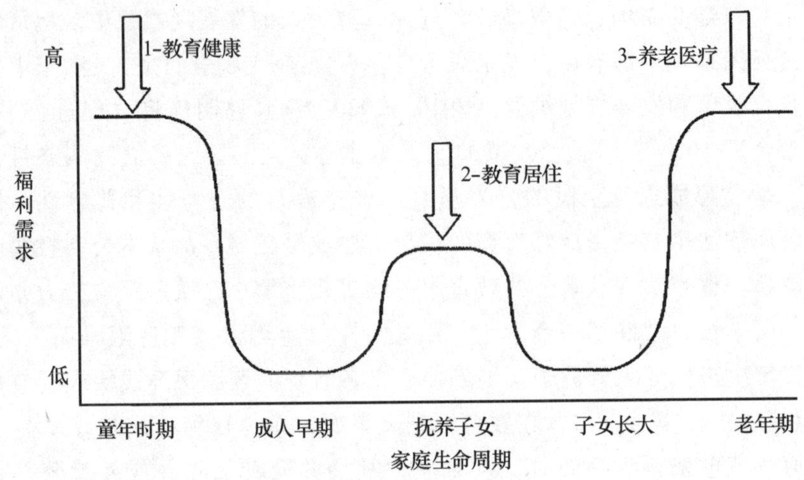


**图6－1　福利需求的W型曲线**

"在Rose的需求曲线中，三个箭头所标示的阶段是家庭生命周期中福利需求较高的三个阶段，在第一和第二阶段教育需求是家庭的主要需求之一，关系到子女的教育福利和整个家庭的正常周期历程。"[①] 教育需求之所以在人的一生中如此重要，主要是因为人类社会发展到特定阶段，"不再是单纯为生存资料斗争，而是为发展资料，为社会地生产出来的发展资料而斗争"[②]。作为儿童自身而言，如果他在童年时期到成人早期过渡阶段（曲线中的第一阶段）未能拥有良好的受教育机会，那么他就会因为缺乏知识和技能而无法在将来激烈的劳动力市场竞争中立足，其要么无法就业要么从事低收入的职业，从而陷入贫困；一旦等其成为父母或具有监护人资格的时候（曲线中的第二阶段），由于其自身受教育水平的低下而负面影响到子女的家庭教育，加上其家庭贫困原

① 陈晨：《教育贫困反思——关于农民工流动子女的研究》，知识产权出版社2012年版，第16页。

② 中共中央马克思恩格斯列宁斯大林著作编译局：《马克思恩格斯选集》（第四卷），人民出版社1995年版，第623页。

因无法为子女接受高质量的学校教育或课外教育提供额外经济支持，从而极易致使其子女也由此陷入贫困的代际循环怪圈之中。可见，“教育是人力资本形成和切断贫困代际传递链条的关键因素”①。“教育福利是协助弱势群体摆脱困境的根本途径，因为教育福利的实现是普及教育资格和增强主体能力的双重过程。”②

显然，卡梅伦政府是看到了这一点，它先后于2011年发布了英国第一份“国家儿童贫困战略”白皮书——《削减儿童贫困的新方法：解决致贫成因和改变家庭生活》和2014年颁发了第二份旨在削减儿童贫困的白皮书——《2014—2017年儿童贫困战略》，其真实意图正是想通过为每一个儿童提供从童年时期到成人早期过渡阶段的教育支持，以及为父母或监护人提供税收减免、工作福利等政策支持，来促进人力资本的形成和切断贫困代际传递的链条。英国的做法为我们提供了可资借鉴的经验，对于我们国家而言，要真正破解儿童贫困的代际传递、打破贫富阶层的固化壁垒，教育福利无疑是一条根本途径。

---

① 张兵：《贫困代际传递理论发展轨迹及其趋向》，《理论学刊》2008年第4期，第49页。

② 江赛蓉、刘新民：《教育福利：弱势群体解困的根本途径》，《江苏教育研究》2010年第4期，第7页。

# 参考文献

## 英文文献

### 一 著作论文类

A. Evers & H. Wintersberger, *Shifts in the Welfare Mix: Their Impact on Work, Social Services and Welfare Policies*, Bloomington: Campus Verlag, 1990.

Adrian Webb, Gerald Wistow, *Whither State Welfare? Policy and Implementation in the Personal Social Services, 1979 – 1980*, London: Royal Institute of Public Administration, 1982.

Asa Briggs, Samuel Smiles, "The Gospel of Self-help", *History Today*, Vol. 37, 1987.

Anthony Giddens, *The Third Way: The Renewal of Social Democracy*, Cambridg: Polity Press, 1998.

B. Simon, *Education and the Social Order 1940 – 1990*, London: Lawrence and Wishart, 1991.

Central Office of Information, *Britain 1995: An Official Handbook*, London: HMSO, 1995.

Clyde Chitty, *Education Policy in Britain*, New York: Palgrave Macmillan, 2004.

Commission on Social Justice, *Social justice: Strategies for National Renewal*, New York: Vintage, 1994.

D. F. Smith, *Nutrition in Britain: Science, Scientists and Politics in the Twen-*

*tieth Century*, London: Routledge, 1997.

David Cannadine, *Class in Britain*, London: Yale University Press, 1998.

Dennis Lawton, *Education and Politics in the 1990s: Conflicts or Consensus?* London: the Falmer Press, 1992.

E. Show, *The Labour Party Since 1945*, Oxford: Blackwell, 1996.

F. W. S. Craig, *Conservative and Labour Party Conference Decisions: 1945 – 1981*, Parliamentary Research Services, 1982.

G. Brown, *Where There is Greed: Margaret Thatcher and the Betrayal of Britain's Future*, Edinburgh: Mainstream Publishing, 1989.

Geoffrey Walford, "Introduction: Education and the Labour Government", *Oxford Review of Education*, 2005, 31 (1).

H. Silver, *Equal Opportunity in Education: A Reader in Social Class and Education Opportunity*, London: Methuen & Co. Ltd. , 1973.

J. Lawson & H. A. Silver, *Social History of Education in England*, London: Methuen & Co. Ltd. , 1973.

J. Zajda, *Decentralisation and Privation in Education*, Netherlands: Spring, 2007.

Jeremy Bentham, *Theory of Legislation*, London: Continuum Intl Pub Group, 1894.

Kenneth O. Morgan, *Labour in Power 1945 – 1951*, Oxford: Clarendon Press, 1984.

Lindsay Paterson, "The Three Educational Ideologies of the British Labour Party (1997 –2001)", *Oxford Review of Education*, 2003, 29 (2).

M. Fielding, *Taking Education Really Seriously*, London: Routledge, 2001.

Michael Hill, *Understanding Social Policy*, 6th ed. , London: Blackwell Publishers Ltd. , 2000.

Nicholas Barr, *The Economics of the Welfare State*, London: Weidenfeld and Nicholson, 1987.

Nick Llison, Christopher Pierson, *Developments in British Social Policy*, Basingstoke: Macmillan, 1998.

Nigel Lawson, *The View from No. 11: Memoirs of a Tory Radical*, London:

Corgi, 1993.

Oliver Schmidtke, *The Third Transformation of Social Democracy: Normative Claims and Policy Initiatives in the 21st Century*, Aldershot: Ashgate, 2002.

P. Bellaby, *The Sociology of Comprehensive Schooling*, London: Methuen, 1977.

P. Dorey, *Policy Making in Britain*, London: Sage, 2005.

Peter Gorden, etc., *Education and Policy in England in the Twentieth Century*, London: The Woburn Press, 1991.

Philip Robinson, *Education and Poverty*, London: Routledge, 2012.

R. M. Titmuss, *Essays on "The Welfare State"*, 2nd ed., London: Allen & Unwin, 1958.

Richard Hudelson, *Modern Political Philosophy*, New York: M. E. Sharpe, 1999

Robert Walker, Michael Wiseman, "Making Welfare Work: UK Activation on Policies under New Labour", *International Social Security Review*, 2003, 56 (1).

Rodney Lowe, *The Welfare State in Britain since 1945*, New York: St. Martin's Press, 1999

S. Ball, "The Teacher's Soul and The Terrors of Performativity", *Journal of Education Policy*, 2003, 18 (2).

Sally Tomlinson, *Education in a Post-Welfare Society (second edition)*, London: Open University Press, 2005.

Schulze, Max-Stephan, ed., *Western Europe : Economic and Social Change Since 1945*, London: Longman, 1999.

Sharon Gewirtz, *The Managerial School: Post-Welfarism and Social Justice in Education*, London: Routledge, 2001.

Stephen J. Ball, *Politics and Policy Making in Education: Explorations in Policy Sociology*, London: Routledge, 1990.

Steve Ludlam and Martin J. Smith, *Contemporary British Conservatism*, Basingstoke, Hampshire: Macmillan press Ltd., 1996.

T. H. Marshall, *Social Policy*, London: Hutchinson University Press, 1965

J. R. G. Tomlinson, "Comprehensive Education in England and Wales, 1944 - 1991", *European Journal of Education*, 26 (2).

Tony Blair, *The Third Way: New Politics for New Century*, London: Fabian Society, 1998.

T. R. Malthus, *An Essay on the Principle of Population*, London: Routledge, 1826

W. Mitter, "Nationalism, regionalism and internationalism in Europe", in K. Schleicher (ed.), *Nationalism in Education*, Berlin: Peter Lang, 1993.

W. B. Stephens, *Education in Britain 1750 - 1914*, London: Routledge, 1998.

A. Weeks, *Comprehensive School: Past, Present and Future*, London: Methuen, 1986.

Wilensky, Harold L., Lebeaux, Charles N., *Industrial Society and Social Welfare: The Impact of Industrialization on the Supply and Organization of Social Welfare Services in the United States*, New York: Russell Sage Foundation, 1958.

## 二　政策报告类

*Background Report for the United Kingdom*, Worcester: Centre for Research in Early Childhood, 1999.

BIS, *Skills for growth: The national skills strategy*, London: The Stationery Office Limited, 2009.

*Conservative Manifesto* 2010—*Invitation to Join the Government of Britain*, London: Conservative Party, 2010.

DCSF, *Children's Plan: Building Brighter Futures*, London: DCSF Publications, 2007.

DCSF, *National Challenge: A Toolkit for Schools and Local Authorities*, London: DCSF Publication, 2008.

DCSF, *Promoting Excellence for All-School Improvement Strategy: Raising Standards, Supporting Schools*, London: DCSF Publications, 2008.

Department for Education, *Equality Objectives*, London: UK government publications, 2014.

Department for Education, *The Importance of Teaching*, Department for Education Publications, 2010.

Department for Work and Pensions and Department for Education, *A New Approach to Child Poverty: Tackling the Causes of Disadvantage and Transforming Families' Lives*, London: UK government publications, 2011.

Department of Social Security, *A New Contract for Welfare: New Ambitions for Our Country*, London: The Stationery Office, 1998.

Department of Work and Pensions, *Opportunity For All: Seventh Annual Report*, London: Department of Work and Pensions, 2005.

DES, *The Growth of Comprehensive School*, 1977.

DfEE, *Excellence in Cities*, London: DfEE Publications, 1999.

DfEE, *Excellence in Schools*, London: DfEE Pubilication, 1997.

DfEE and SocialSecurity and Minister for Women, *Meeting the Childcare Challenge*, London: DfEE Publications, 1998.

DfEE, *Learning to Succeed: a New Framework for Post*-16 *Learning*, London: DfEE Publications, 1999.

DfES, *Delivering Results: A Strategy to* 2006, London: DfES Publications, 2002.

DfES, DTI, HM TREASURY, DWP, 21*st Century Skills: Realising Our Potential*, London: The Stationery Office, 2003.

Haroon Chowdry, Alastair Muriel, Luke Sibieta, *IFS Election Briefing Note* 2010: *Education Policy*, London: Nuffield Foundation, 2010.

HM Government, *Child Poverty Strategy 2014 – 2017*, London: UK government publications, 2011.

HM Government, *The Coalition: Our Programme for Government*, London: Cabinet Office, 2010.

HM Treasury, *Budget* 2010, London: The Stationery Office, 2010.

HM Treasury, Department of Education and Skills, Department for Work and Pensions, Department of Trade & Industry, *Choice for Parents, the Best Start for Children: a Ten Year Strategy for Childcare*, London: DfES Publications, 2004.

HM Treasury, *Spending Review 2010*, London: The Stationery Office, 2010.

HM Treasury, *Tackling Poverty and Extending Opportunity*, London: HM Treasury, 1999.

*Labour Party General Election Manifesto* 1997—*New Labour Because Britain Deserves Better*, London: Labour Party, 1997.

*Labour Party General Election Manifesto* 2001—*Ambitions for Britain*, London: Labour Party, 2001.

*Labour Party General Election Manifesto* 2005—*Britain Forward, Not Back*, London: Labour Party, 2005.

*Strategy Unit*, *Strategic Audit*: *Discussion Document*, London: Cabinet Office, 2003.

The Conservative Party Manifesto 2015, *Strong Leadership*, *A Clear Economic Plan*, *A Brighter*, *More Secure Future*, London: Conservative Party, 2015.

## 三　网络报刊类

Verity Campbell-Barr, Alison Garnham, Childcare: A Review of What Parents Want, http: //www. equalityhumanrights. com/uploaded _ files/research/childcare_ what_ parents_ want. pdf. 2010 - 10 - 01.

Department for Education, 2010 to 2015 Government Policy: Education of Disadvantaged Children, https: //www. gov. uk/government/publications/2010-to-2015-government-policy-education-of-disadvantaged-children/2010-to-2015-government-policy-education-of-disadvantaged-children, 2015 - 05 - 08.

Derek Gillard, Education in England: A Brief History, http: //www. educationengland. org. uk/history, 2011.

Gordon Brown, Speech on Education, http: //www. number10. gov. uk/Page13675, 2007 - 10 - 31.

OECD Country Note: Early Childhood Education and Care Policy in the United Kingdom, http: //www. oecd. org/dataoecd/52/32/2535034. pdf. 2000 - 12 - 01.

Tony Blair, The Government's Agenda for the Future, http: //www. number-10. gov. uk, 2001 - 08 - 02.

Willian Safire, The Third Way: New Paving for The Middle of The Road, *The New York Times*, Feb 28, 1999.

# 中文文献

## 一　著作类

曹现强:《当代英国公共服务改革研究》, 山东人民出版社 2009 年版。

陈晨:《教育贫困反思——关于农民工流动子女的研究》, 知识产权出版社 2012 年版。

崔树义:《当代英国阶级状况》, 浙江大学出版社 2006 年版。

陈晓律:《英国福利制度的由来与发展》, 南京大学出版社 1996 年版。

陈晓律、陈祖洲等:《当代英国》, 贵州人民出版社 2000 年版。

陈晓律等:《英国发展的历史轨迹》, 南京大学出版社 2009 年版。

丁建定:《社会福利思想》(第 2 版), 华中科技大学出版社 2009 年版。

范斌:《福利社会学》, 社会科学文献出版社 2006 年版。

丰华琴:《从混合福利到公共治理——英国个人社会服务的源起与演变》, 中国社会科学出版社 2010 年版。

高鹏怀:《历史比较中的社会福利国家模式》, 中国社会科学出版社 2004 年版。

顾俊礼:《福利国家论析》, 经济管理出版社 2002 年版。

顾钰民、伍山林:《保守的理念——新自由主义经济学》, 当代中国出版社 2002 年版。

韩德森:《英国的衰落及其原因和后果》, 上海外语教育出版社 1985 年版。

何秉孟、姜辉:《阶级结构与第三条道路》, 社会科学文献出版社 2005 年版。

何伟强:《英国教育战略研究》, 浙江教育出版社 2014 年版。

贺武华:《新自由主义主导下的学校重建研究》, 光明日报出版社 2008 年版。

何子英：《社会政策》，中国人民大学出版社 2012 年版。
胡昌宇：《英国新工党经济与社会政策研究》，中国科学技术大学出版社 2008 年版。
胡云超：《英国社会养老制度改革研究》，法律出版社 2005 年版。
黄晨熹：《社会政策》，华东理工大学出版社 2008 年版。
李琮：《西欧社会保障制度》，中国社会科学出版社 1989 年版。
李奉儒：《英国教育：政策与制度》，（台湾）涛石文化事业有限公司 2001 年版。
李培林：《中国社会分层》，社会科学文献出版社 2004 年版。
林本：《世界各国中学教育制度》，（台湾）开明书店 1976 年版。
林卡、陈梦雅：《社会政策的理论和研究范式》，中国劳动社会保障出版社 2008 年版。
刘波：《当代英国社会保障制度的系统分析与理论思考》，学林出版社 2006 年版。
刘成：《理想与现实——英国工党与公有制》，江苏人民出版社 2003 年版。
刘世清：《教育政策伦理》，上海教育出版社 2010 年版。
陆谷孙：《英汉大词典》，上海译文出版社 1993 年版。
吕楠：《撒切尔政府劳资政策研究》，社会科学文献出版社 2009 年版。
毛锐：《撒切尔政府私有化政策研究》，中国社会科学出版社 2005 年版。
牛长松：《英国高校创业教育研究》，学林出版社 2009 年版。
彭华民等：《西方社会福利理论前沿：论国家、社会、体制与政策》，中国社会出版社 2009 年版。
瞿葆奎：《英国教育改革》，人民教育出版社 1993 年版。
冉隆勃：《当代英国》，中国社会科学出版社 1990 年版。
阮宗泽：《第三条道路与新英国》，东方出版社 2001 年版。
孙洁：《英国的政党政治与福利制度》，商务印书馆 2008 年版。
孙绵涛：《教育政策学》，武汉工业大学出版社 1997 年版。
滕大春：《外国教育通史》（第五卷），山东教育出版社 1995 年版
王承绪、徐辉：《战后英国教育研究》，江西教育出版社 1992 年版。

王振华：《撒切尔主义》，中国社会科学出版社 1992 年版。
王皖强：《国家与市场——撒切尔主义研究》，湖南教育出版社 1999 年版。
魏所康：《国民教育论——和谐社会建设与公共教育政策》，东南大学出版社 2008 年版。
吴士余、丁开杰：《后福利国家》，上海三联书店 2004 年版。
谢峰：《英国第三条道路研究》，贵州人民出版社 2003 年版。
徐辉、郑继伟：《英国教育史》，吉林人民出版社 1993 年版。
阎照祥：《英国政党政治史》，中国社会科学出版社 1993 年版。
阎照祥：《英国政治思想史》，人民出版社 2010 年版。
俞可平：《治理与善治》，社会科学文献出版社 2000 年版。
余秀兰：《社会弱势群体的教育支持》，中国劳动社会保障出版社 2007 年版。
于维霈：《当代英国经济——医治“英国病”的调整与改革》，中国社会科学出版社 1990 年版。
曾令发：《探寻政府合作之路：英国布莱尔政府改革研究》，人民出版社 2010 年版。
张才国：《新自由主义意识形态》，中央编译出版社 2007 年版。
中共中央马克思恩格斯列宁斯大林著作编译局：《马克思恩格斯选集》（第四卷），人民出版社 1995 年版。
周弘：《福利的解析：来自欧美的启示》，上海远东出版社 1998 年版。

## 二　译著类

[奥] 路德维希·冯·米塞斯：《自由与繁荣的国度》，韩光明等译，中国社会科学出版社 1995 年版。
[德] 尤尔根·哈贝马斯：《合法性危机》，刘北成、曹卫东译，上海人民出版社 2009 年版。
[法] 埃米尔·迪尔凯姆：《社会分工论》，渠东译，生活·读书·新知三联书店 2000 年版。
[加] Benjamin Levin：《教育改革——从启动到成果》，项贤明、洪成文译，教育科学出版社 2004 版。

［美］艾萨克·康德尔：《教育的新时代——比较研究》，王承绪等译，人民教育出版社 2001 年版。

［美］戴安娜·M. 迪尼托：《社会福利：政治与公共政策》（第五版），何敬、葛其伟译，中国人民大学出版社 2007 年版。

［美］马克·赫特尔：《变动中的家庭——跨文化的透视》，宋践、李茹等译，浙江人民出版社 1988 年版。

［美］迈克尔·W. 阿普尔：《文化政治与教育》，阎光才译，教育科学出版社 2005 年版。

［美］米尔顿·弗里德曼：《自由选择》，张琦译，商务印书馆 1982 年版。

［美］威廉姆·H. 怀特科、罗纳德·C. 费德里科：《当今世界的社会福利》，解俊杰译，法律出版社 2003 年版。

［日］小川利夫：《教育福祉的基本问题》，（日本）劲草书房 1985 年版

［英］阿尔弗雷多·萨德－费洛等：《新自由主义：批判读本》，蔡毅译，凤凰出版传媒集团、江苏人民出版社 2006 年版。

［英］埃德蒙·金：《别国的学校和我们的学校》，王承绪等译，人民教育出版社 2001 年版。

［英］安东尼·吉登斯：《第三条道路：社会民主主义的复兴》，郑戈译，北京大学出版社、生活·读书·新知三联书店 2000 年版。

［英］安东尼·吉登斯：《社会学》（第五版），李康译，北京大学出版社 2009 年版。

［英］保罗·皮尔逊：《拆散福利国家——里根、撒切尔和紧缩政治学》，舒绍福译，吉林出版集团有限责任公司 2007 年版。

［英］彼罗·斯拉法：《李嘉图著作和通信集》，郭大力译，商务印书馆 1983 年。

［英］邓特：《英国教育》，杭州大学教育系外国教育研究室译，浙江教育出版社 1987 年版。

［英］E. H. 雷森纳：《德法英美教育与建国》，崔载阳编译，上海民智书局 1930 年版。

［英］弗·奥·哈耶克：《通往奴役之路》，王明毅等译，中国社会科学出版社 1997 年版。

[英] 霍布豪斯:《自由主义》,朱曾汶译,商务印书馆 1996 年版。
[英] 霍华德·格伦内斯特:《英国社会政策论文集》,苗正民译,商务印书馆 2003 年版。
[英] 杰夫·惠迪等:《教育中的放权与择校:学校、政府和市场》,马中虎译,教育科学出版社 2003 年版。
[英] 罗素:《教育论》,靳建国译,东方出版社 1990 年版。
[英] 马丁·鲍威尔:《新工党,新福利国家?英国社会政策中的"第三条道路"》,林德山等译,重庆出版集团 2010 年版。
[英] 玛格丽特·撒切尔:《撒切尔夫人自传:通往权力之路》,李宏强译,国际文化出版公司 2009 年版。
[英] 迈克尔·希尔:《理解社会政策》,商务印书馆 2003 年版。
[英] 斯蒂芬·鲍尔:《政治与教育政策制定——政策社会学探索》,王玉秋、孙益译,华东师范大学出版社 2003 年版。
[英] 托尼·布莱尔:《新英国:我对一个年轻国家的展望》,曹振寰等译,世界知识出版社 1998 年版。
[英] W. O. L. 史密斯:《英国的教育》,(台湾)开明书店 1968 年版。
[英] 肖伯纳:《费边论丛》,袁续藩等译,生活·读书·新知三联书店 1958 年版。
[英] 约翰·梅纳德·凯恩斯:《就业、利息和货币通论》,高鸿业译,商务印书馆 1963 年版。

## 三　论文类

陈荣政:《英国新工党政府教育改革取向之研究》,台湾暨南国际大学博士论文,2008 年。
段晓明:《聚焦教与学——2010 年英国学校教育变革图景》,《外国中小学教育》2011 年第 11 期。
樊鹏:《英国骚乱与国家暴力:新自由主义的诅咒》,《开放时代》2011 年第 11 期。
樊鹏:《中国社会结构与社会意识对国家稳定的影响》,《政治学研究》2009 年第 2 期。
冯大鸣:《从英国教育部的最新更名看英国教育视焦的调整》,《全球教育展望》2002 年第 1 期。

冯加渔：《英国学校教育改革新愿景》，《外国教育研究》2012 年第 8 期。

Gary McCulloch：《英国学校改革：面向 21 世纪的教育重建》，《湖南师范大学教育科学学报》2015 年第 7 期。

黄丽燕、李文郁：《英国基础教育 2014 年国家课程计划述评》，《课程·教材·教法》2014 年第 9 期。

马瑶：《英国：自由学校的教育创新》，《中国教师报》2015 年 4 月 1 日。

马忠虎：《撒切尔主义对当代英国教育改革的影响》，《比较教育研究》2001 年第 10 期。

韩央迪：《从福利多元主义到福利治理：福利改革的路径演化》，《国外社会科学》2012 年第 2 期。

何伟强：《美国政党轮替对教育政策变革的可能性影响》，《比较教育研究》2010 年第 4 期。

贺武华：《英国"教育行动区"计划改造薄弱学校的实践与启示》，《教育科学》2006 年第 6 期。

贾晋京：《从骚乱看英国社保体系困境》，《21 世纪经济报道》2011 年 8 月 26 日。

江赛蓉：《英国教育福利制度的变迁及其启示》，《外国教育研究》2012 年第 7 期。

江赛蓉、刘新民：《教育福利：弱势群体解困的根本途径》，《江苏教育研究》2010 年第 4 期

阚阅：《促进教育均衡发展的新举措——英国"追求卓越的城市教育"计划评析》，《全球教育展望》2004 年第 9 期。

林德山：《英国新工党"第三条道路"思想特征评析》，《当代世界与社会主义》1999 年第 2 期。

刘玉安：《从巴茨克尔主义到布莱尔主义》，《欧洲》1999 年第 6 期。

刘焱：《英国学前教育的现行国家政策与改革》，《比较教育研究》2003 年第 9 期。

孟照海：《英国 1988 年至今教育政策的演变》，《新华教育观察》2009

年第 21 期。

闵凡祥:《福利:国家与社会——从英国社会福利观的演变看撒切尔政府社会福利制度改革》,南京大学博士学位论文,2005 年。

倪小敏:《从阶级分析到经验的社会学研究——范式转换视角下英国基础教育公平研究的进展》,《浙江社会科学》2012 年第 1 期。

尚晓援:《“社会福利”与“社会保障”再认识》,《中国社会科学》2001 年第 3 期。

石伟平:《西方新自由主义和新保守主义对英国当前教育改革的影响》,《教育研究》1996 年第 7 期。

汪利兵:《公立学校私营化:英国教育行动区案例研究》,《比较教育研究》2001 年第 1 期。

王艳玲:《“教育行动区”计划——英国改造薄弱学校的有效尝试》,《全球教育展望》2004 年第 9 期。

王志强、姜亚洲:《从教育部“分家”看英国中央教育行政机构的改革及其影响》,《世界教育信息》2008 年第 4 期。

吴敖祺:《破裂的社会——对于“英国骚乱”的回顾思考》,《文化纵横》2012 年第 2 期。

吴至翔、刘海湘:《我国教育福利政策的功能与价值分析》,《福建省社会主义学院学报》2009 年第 1 期。

许建美:《教育政策与两党政治——英国中等教育综合化政策研究》,华东师范大学博士学位论文,2004 年。

杨军:《英国促进基础教育均衡发展之政策综述》,《外国教育研究》2005 年第 12 期。

杨义萍:《撒切尔政府的教育改革政策》,《西欧研究》1990 年第 3 期。

杨玉新:《撒切尔夫人执政方略研究》,吉林大学博士学位论文,2003 年。

闫玲玲《英国 1944 年教育法述评》,华中师范大学硕士学位论文,2006 年。

易红郡《撒切尔主义与〈1988 年教育改革法〉》,《湘潭大学社会科学学报》2003 年第 7 期。

尹力:《多元化教育福利制度构想》,《中国教育学刊》2009 年第 3 期。

张兵：《贫困代际传递理论发展轨迹及其趋向》，《理论学刊》2008 年第 4 期。

张济洲：《“国家挑战”计划——英国政府改造薄弱学校的新举措》，《外国中小学教育》2008 年第 10 期。

张永汀：《英国青年骚乱的深层次原因及警示》，《当代青年研究》2012 年第 3 期。

赵鹏：《英国新福利制度介评》，《世界经济情况》1998 年第 15 期。

郑功成：《从福利教育走向混合型的多元教育体系——中国的教育福利与人力资本投资》，《清华大学教育研究》2004 年第 5 期。

郑丽：《试论英国艾德礼政府的福利国家政策》，华中师范大学硕士学位论文，2003 年。

中央组织部党建研究所课题组：《英国骚乱的原因及启示》，《党建研究》2011 年第 11 期。

周真真、尹建龙：《试析英国从福利国家向社会投资国家的转变》，《临沂师范学院学报》2009 年第 1 期。

# 后　记

最初之所以作此选题，主要源于自己内心感受到的冲击。我儿时学习生活在穷乡僻壤的一个山沟沟里头，祖辈们大都过着面朝黄土背朝天的日子。相比起童年时期的许多玩伴我实属幸运，我的父母非常勤奋刻苦，他们为了心中一个坚定的家庭奋斗目标——“走出盆地”，所以他们在田间劳动之余拿起书本努力自学，父亲从起初的一个代课教师慢慢地通过进修考试、脱产转正，最后居然奇迹般地成为一名具有“小教高级”职称的乡村学校校长；母亲则从开始的“赤脚医生”，也慢慢地通过进修考试、脱产转正，最后成为一名方圆几十里德艺双馨的妇产科医师。在他们的引领和鼓励之下，姐姐和我一步一个脚印通过考学，从农村小学先考到镇里的初中，再从镇里的初中考到县城的高中，最后又从县城的高中考到省城的大学。就这样，我们全家人奔着一个共同的方向，步履艰难地走出了那座大山。如今茶余饭后，父母时常知足地夸我们姐弟俩争气，其实作为子女的我们何尝不知道没有他们根本就不可能有我们的今天。与其说是我们自己争气，倒不如说是上天眷顾我们，让我们投胎到了一个好家庭，拥有一对有榜样力量的好爹妈。

我所经历的三十余年成长历程，恰好是中国从计划经济向市场经济转型的过程。现如今这世道似乎变得更像是一个赤裸裸的“拼爹拼妈”的时代。如果说之前计划经济时代的爹妈（就像我的爹妈一样），拼的是他们的励志故事、汗水智慧，那么现在市场经济时代的爹妈，拼的更多的却是他们的经济收入、社会地位。随着时代的变迁与社会的流动，身边的“土豪”人物越来越多，眼睛看得见的繁华景象越来越多，但是内心真切感受到的隐性社会不公也是越来越多。不说别的，就说说我那些儿时玩伴们现在的生活境遇，他们之中也不乏“走出盆地”现在光景不错的朋友，他们有能力为自己的下一代子女选择一所好学校，想必今后小日子也会越来越顺畅。但是，也还有一些仍然守着一亩三分地原地打转的，或者背井离乡打工赚钱接济家里留守老人和儿童的朋友。我为这些小伙伴而揪心，因为社会经济转型的负面问题——贫富阶层固化、贫困代际传递等，正在他们身上残酷地发生着。他们没有办法改变自己的生活状况，恐怕在这“拼爹拼妈”的时代也没有能力为其子女选择一所好学校，不难想象他们今天的“留守子女”将来会面临着什么。我很难准确分辨，到底是他们家庭和自身的懒惰导致了贫困，还是社会制度不合理注定了这部分人的世代贫困，抑或两者兼而有之。带着这样的疑惑，我开始了求索……

在攻读博士学位期间，我在导师指点下研究关注英国的宏观教育政策，最终的学术成果《英国教育战略研究》已经出版。在学习研究英国教育政策的过程中，我直观感受到，我们国家经济转型过程中所发生的诸多社会问题，在英国这样一个老牌福利国家里都曾发生过甚至还在延续着。当然英国政府一直都在设法破解这些社会难题，不同历史阶段里，其解决问题的指导思想与实践方式有所不同，每一种观念与行为均有各自利弊。我所想要做的工作是，如何通过研究英国福利国家现代化进程中的教育福利政策变革，了解把握英国政府处理教育公平、破解贫困代际传递等方面的特别经验。正是出于这样的考虑，继博士论文出炉之后，我于 2012 年申报教育部人文社会科学课题“英国福利国家现代化进程中的教育福利政策变革研究”获准立项，从此便开始了这项工作。

原本我是计划两年时间完成此项课题，但是自 2011 年 11 月走上学校中层岗位之后，顿时发现既定计划难以如期往前推进。短短三四年时间里，我先后辗转了两个部门、两个岗位。担任继续教育学院党总支副书记期间，我面对的是近两千名自考学生，如何帮助这批被主流教育边缘化了的学生重新点燃梦想、逐渐回归主流，是我为自己确立的教育管理使命。而要完成这一使命，自然离不开一支有教育理想和教育素养的学生管理团队。于是我不得不俯下身来组建、培训、打造自己想要实现的工作团队。一年多时间下来，各项工作正朝着自己设定的方向发展。然而，正到可以稍微轻松一些的时候，组织上又把我调到了刚筹建不久的教师培训学院担任副院长。来到新部门都还没来得及等我熟悉各项工作，我的好拍档要去德国访学半年，于是我不得不全神贯注于方方面面的工作。新学院有许多基础工作要做，加上部门的培训任务又异常繁重，工作日内根本无法分配精力做点教学研究的事情。我所能专注思考的时间只能是寒暑假、节假日，或是熬夜加点钟，一晃两年结项的时间就到了，但是我的研究工作只进展了一半，无奈之下我申请了延期一年。好在如今此项研究已接近尾声，我终于可以长吁一口气，总算快要告别三年焦虑的情绪状态了。

此时此刻，心中感念的人特别多。首先我要感谢我的家人！感谢父母和岳父母倾心倾力的无私关爱，感谢爱人柔情似水的百般温暖，感谢儿子天真灿烂的嬉笑作伴，这些特殊的情感是我浑身不竭动力的源泉。其次我要感谢我的工作团队！感谢我的好拍档吴卫东女士，她的知遇之恩让我铭记于心，她对事业的忠诚和教育的信念深深地感染并激励着我，我俩价值观的不谋而合让彼此之间的合作无缝对接；感谢洪岗先生、金运成先生、刘力先生、周中山先生等领导对我工作的肯定与包容；更要致敬我们这支训练有素和责任担当的工作团队，正是因为大伙儿的心在一起，所以我们才可以完成那么多了不起的工作。再次我要感谢我的恩师和朋友！感谢徐辉老师把我领进“比较教育研究”这扇学术之门，感谢巨浪兄隔三岔五对我醍醐灌顶式的“精神洗礼”，感谢启迪、汉林、洪飞等好兄弟为本研究提供的各种帮助，感谢赵剑英社长和陈雅慧编辑为本书出版付出的辛勤劳动……